◆ 西北民族大学重点学术著作资助项目

房地产制度与税制改革衔接机制研究

孙阿凡 著

中国社会科学出版社

图书在版编目（CIP）数据

房地产制度与税制改革衔接机制研究／孙阿凡著．—北京：中国社会科学出版社，2018.12

ISBN 978-7-5203-3768-7

Ⅰ.①房… Ⅱ.①孙… Ⅲ.①房地产业—经济体制改革—研究—中国②房地产税—税收改革—研究—中国 Ⅳ.①F299.233.1②F812.424

中国版本图书馆 CIP 数据核字（2018）第 285445 号

出 版 人	赵剑英
责任编辑	孔继萍
责任校对	周　昊
责任印制	李寡寡

出　　版	中国社会科学出版社
社　　址	北京鼓楼西大街甲 158 号
邮　　编	100720
网　　址	http://www.csspw.cn
发 行 部	010-84083685
门 市 部	010-84029450
经　　销	新华书店及其他书店
印　　刷	北京明恒达印务有限公司
装　　订	廊坊市广阳区广增装订厂
版　　次	2018 年 12 月第 1 版
印　　次	2018 年 12 月第 1 次印刷
开　　本	710×1000　1/16
印　　张	19.25
插　　页	2
字　　数	251 千字
定　　价	85.00 元

凡购买中国社会科学出版社图书，如有质量问题请与本社营销中心联系调换
电话：010-84083683
版权所有　侵权必究

序　言

　　房地产制度是人类文明社会制度建立的基石，既是各国财政税收的主要来源，也离不开税收对房地产产权的确认、保障与调控，二者在社会经济发展中存在天然不可分割的关联。20世纪90年代以来，市场化改革使我国城市房地产制度发生巨大变化，形成相对健全的市场体系，广大农村却受限诸多、停滞不前，是城乡二元分治的结果，也是地方政府"分税制"后解决财政缺口的主要来源。十八届三中全会后，集体经营性建设用地入市改革的推进与宅基地有偿使用、自愿退出和转让的试点，加快农村建设用地市场化，更对地方政府"土地财政"资金来源带来严峻挑战，如何解决彼此矛盾成为当前房地产领域体制改革的关键。

　　本书以房地产制度与税制改革的衔接为主题，在分析世界上典型国家、地区的房地产制度与配套税制规制特点后，提出土地所有制属性与房地产市场经济的发展程度没有必然联系。相反，处理好政府与市场的关系，引入竞争同时加强宏观调控反而更为重要。同时，以完善的房地产权利为基石，以完备的法律体系为保障，设置税收减免制度，并建立起能够适应国家政体、促进社会经济发展、保障绝大多数人民利益的体系，兼顾效率和公平，实现相对公平就已足够。进而，结合我国当前正在推行的集体建设用地入市改革、房产税扩围至居民住房改革、城乡统筹发展改革等，提出集体经营性建设用地的直接入市带来与国有建设用地"同流转"及部分"流转同税"挑战的同时，根本上对地方政府依赖的低征高卖"土地财政"体系带来挑战，利益分享博弈同时，也使地方政府"土地财政"核心支柱——征地制度和土地储备制度面临成本提高、数量受限的困境，以及土地供应的价格竞争与需求分流的挑战，使占土地出让收入80%以上的"招拍挂"和协议出让方式丧失了存在基础，去"土地财政"成为必然，但去"土地财政"后地方政府财力缺口的填补要求必须改变现行房地产及税制利益的分享模式，构建起具有中国特色的土地财政转型体系。与此同时，城乡一体化的推进形成了新的以减少闲置房地产、减轻房地产交易环节的流转税负、缩小贫富财产分配差距和采用累进税率增强保有环节公平调控的城乡一体房地产制度及税制改革中的公平、效率要求。需要坚持联动改革，加快推动城市房地产保有税收改革，并将征税范围按照"城市—郊区—远郊农村"的层次逐步全面覆盖居民住房。与此同时，房地产制度与税制改革的推进和衔接的良好实施，还需农村"三权分置"改革、住房租售并举制度、房地产增值收益分配和遗产税、赠予税的配套，以及乡村振兴战略推行中，建立起以房地产市场机制效率和公正为改革指针、配套服从房地产市场体制公平和效率需求税制改革的动态交汇及体系化。但这种体系化以及其中房地产与税收制度的建立，都只是制度变迁过程的次优选择，需要今后与时俱进的不断改进与完善。

房地产制度与税制的改革是一个综合、复杂的体系，其运行是一个多目标实现、多环节配套、多层次结构相互作用的动态过程。本书仅从集体经营性建设用地入市、去"土地财政"和城乡一体化三个角度对房地产制度与税制改革的衔接与协调对策进行了研究，受知识水平、资料与篇幅所限，对一些结论的分析细化程度还略显不足，今后还需继续深化。

目　录

第一章　导论 ……………………………………………（1）
　　第一节　研究背景及意义 ………………………………（1）
　　第二节　文献研究综述 …………………………………（11）
　　第三节　研究思路与章节安排 …………………………（25）
　　第四节　研究方法 ………………………………………（27）
　　第五节　本书可能的创新与不足 ………………………（29）

第二章　房地产制度与税制改革的概念内涵、理论
**　　　　及交汇现状** …………………………………（31）
　　第一节　房地产制度及税制改革的研究内涵 …………（31）
　　第二节　房地产制度及税制改革研究相关理论基础 ……（40）
　　第三节　房地产制度与税制改革的交汇点及存在问题 ……（54）

第三章　房地产制度与税制改革衔接处置的
**　　　　他国及地区经验** ……………………………（72）
　　第一节　"一物多权"理念下的英美法系国家、
　　　　　　地区改革经验 ……………………………………（72）
　　第二节　"一物一权"理念下的大陆法系国家、
　　　　　　地区改革经验 ……………………………………（85）

第三节　共通结论 …………………………………… (93)

第四章　集体经营性建设用地直接入市与税制改革的衔接 …………………………………………… (96)
第一节　集体经营性建设用地入市对房地产制度及其税制的挑战 ………………………………… (96)
第二节　集体经营性建设用地入市的博弈分析 …………………………………………… (110)
第三节　集体经营性建设用地入市后房地产及税制改革的协调 ………………………………… (130)

第五章　去"土地财政"后房地产制度改革与税制改革的衔接 …………………………………………… (149)
第一节　去"土地财政"的客观必然性 ……………… (150)
第二节　去"土地财政"后房地产及税制利益的重新分配转换 …………………………………… (156)
第三节　去"土地财政"后房地产制度与税制改革的协调 ………………………………………… (171)

第六章　城乡一体下房地产制度改革与税制改革的衔接 …………………………………………… (189)
第一节　城乡一体化是房地产制度改革加速的助推器 …………………………………………… (190)
第二节　城乡一体房地产制度及税制改革中的公平、效率要求 …………………………………… (193)
第三节　与城乡一体房地产制度协调的税收制度设计 …………………………………………… (204)

第七章 完善房地产制度及其税制改革的协调配套制度 …… （221）
  第一节 深化农村"三权分置"改革 …… （221）
  第二节 完善住房租售并举制度 …… （233）
  第三节 协调房地产增值收益分配格局 …… （237）
  第四节 适时开征遗产税和赠予税 …… （251）

第八章 乡村振兴视域下房地产和税制改革动态衔接制度体系化构想 …… （256）
  第一节 乡村振兴战略中的房地产制度要求 …… （256）
  第二节 以房地产市场机制效率和公正为改革指针 …… （263）
  第三节 税制改革服从房地产市场体制公正和效率需求 …… （267）
  第四节 采用"试点、扩大、推广"的逐步改革路径 …… （270）
  第五节 制度变迁中的次优选择 …… （273）
  第六节 以税收制度保障土地的资源属性和房屋的居住属性 …… （277）

参考文献 …… （281）

后　记 …… （300）

第一章

导　论

土地和房屋的制度调控是人类文明社会制度建立的基石，也是各国财政税收的主要来源。这使得房地产制度与税收制度存在天然的联系，其改革也必然交汇在一起。目前，国内外研讨两种制度变迁的论著可谓汗牛充栋，然将两者交汇衔接的源流、现状、未来协调对策等进行体系化的研究者却极少。以本章为引，提出问题并明确需要研究的具体问题，有助于认清未来深化房地产制度和税制改革衔接的着力点，明确未来实体经济和虚拟经济发展方向调控的把手，以及决策者和研究者肩负的历史责任。诚然，作者的这些愿望可能是自不量力。笔拙曲意，难负本心。基于此，本章作为开篇，将逐一介绍研究背景、意义、研究内容、研究方法、技术路线及可能的创新与不足等。

第一节　研究背景及意义

一　研究背景

（一）房地产制度改革和税制改革交汇关系错综复杂

20世纪90年代中期以来，我国房地产制度和市场都发生了重大变化。房地产业蓬勃发展，成为国民经济增长支柱产业之一，为GDP高速增长发挥了重要作用。包括住房、土地以及房地产金融、市场运行在内的房地产制度，已演变为渗透在国民经济各个角落的综合体系。与此同时，与房地产有关的税收制度也在不断变化，并与房地产制度改革呈现错综复杂的交汇关系。

1994年，国务院颁布《关于深化城镇住房制度改革的决定》，该政策推动城镇商品房市场快速发展，并引发了2002年后房地产业的爆发性增长。为抑制过热、加强调控，2003年十六届三中全会决定提出要优化房地产税收政策，推进城镇建设税费改革，条件具备时开征不动产物业税；同时完善农村土地制度、改革征地制度，严格建设用地的公益性、经营性界定。2005年国务院关于深化经济体制改革意见中，提出"进一步研究探索集体建设用地使用权进入市场"；2006年修订、颁布《城镇土地使用税暂行条例》和《耕地占用税》，将纳税人范围扩大到外商投资企业和外国企业，大幅提高税率标准，并于2008年废止1951年颁布的《城市房地产税暂行条例》，要求涉外企业、组织和个人在中国的房地产适用《房产税暂行条例》缴税。2009年国务院关于深化经济体制改革工作意见中再次提出"深化房地产税制改革、研究开征物业税"，"推进集体建设用地管理制度改革、探索建立城乡建设用地市场"。2010年《深化经济体制改革重点工作意见》中则提出逐步推进房产税改革，深化国有建设用地有偿使用制度，进而以上海、重庆为试点，于2011年1月开征个人住房房产税。

2013年十八届三中全会决定提出集体经营性建设用地在符合规划和用途管制前提下可直接入市，与国有土地同权、同价，进而形成统一的城乡建设用地市场；同时提出要加快房地产税立法并适时推进改革。这一配套理念在此后连续几年的中央"一号文件"、"十三五"规划等重要文件和十九大报告中提及，房地产制度及相关税制改革的同时推进也已成为构建新时期中国特色社会经济体制的有力手段之一，二者衔接关系错综复杂。

(二) 当前房地产市场正常运行离不开税制适当调控

我国房地产价格自1998年全面实行住房分配货币化改革后上涨迅猛，在增加民众生活成本、降低实际购买力的同时，贫富差距进一步加大，引发了诸多社会矛盾。中央先后出台了一系列调控政策，但效果并不明显。现实中房地产市场多种矛盾并存：一方面，工业化、城镇化和城乡一体化的推进使建设用地数量急剧上升，对18亿亩耕地红线的保障产生威胁，但同时又存在诸多"圈地不用"、废弃撂荒现象；农村的住宅建设用地增加与村庄空心化并存，"一户多宅"与"空宅"现象并存。另一方面，城市高房价与高库存并存，一、二线城市房地产市场需求旺盛，"高总价、高单价、高溢价率"的三高现象此起彼伏，"地王"频现，房价日益攀高；三、四线城市则出现高流拍率、高库存现象。

这就意味着当前房地产市场既要"保耕地"，又要"增供给"；既要"满需求"，又要"减浪费"；既要"去库存"，又要"稳房价"。这些任务单一依靠政府"限购、限贷"无法有效完成，事实也证明效果并不明显，一、二线城市房价越调越高，三、四线城市去库存任务仍然较重。

从各国实践来看，房地产市场的调控有赖于财政、金融、产业等多种手段的配合。房地产税制作为主要财政手段之一，因其对社会经济总量调节的内在稳定器功能，已成为各国调控经济结构、组织财政资金的重要工具。我国现行房地产税制因调控体系、范围、方式、力度等方面存在诸多弊端，未能发挥应有的调控功能，通过房地产税制改革保障市场稳定运行也已成为社会希望所在。

(三) 房地财政改革直接触动房地产市场运行根本机制

分税制改革的特点之一是地方政府财力与事权的不对称，利用"土地经营"增加收入、缓解财政收支压力、推动地方发展已成为普遍现象。不可否认，这种"土地经营"制度是我国近几年快速推进城镇化的主要动力之一，但不断扩张的"土地财政"也引起诸多经济社会问题，既包括宏观产业结构的房地产偏向、地方财政的潜在危机和城镇化的不可持续，又包括微观居民消费倾向的房地产抑制、失地农民财产权的侵害和日益严重的城乡收入不公。改革土地财政的呼声越来越高，中央政府也通过顶层设计，不断的试点改革，如2005年开始的城乡建设用地"增减挂钩"流转试点，2011年开始试点的房产税改革，2015年开始试点的集体经营性建设用地入市和宅基地退出。这些改革每一项都触动到地方政府现有的建设用地垄断利益，牵涉到土地使用制度、征用制度、储备制度、流转制度以及房地产金融、财税制度等房地产市场运行根本机制的改变，进而影响到整个国民经济的发展和社会的进步。

（四）有效的市场调控制度呼唤两种改革衔接体系化

我国房地产市场与政府调控近些年出现"屡高屡调""愈调愈高"的怪圈。早在2003年，国土资源部和中国人民银行就开始采取停止别墅类土地供应、清理、整顿开发区和加强房地产信贷业务管理等方式来避免房地产发展过热，但因遭到开发商的抨击，当年8月，国务院发布《关于促进房地产市场持续健康发展的通知》，首次明确了房地产业是国民经济支柱产业，肯定其对经济增长的重要性。在该文件指引下，房地产业进入高速发展轨道，2003年房地产投资比2002年增长30.33%，2004年第一季度投资增长43%，比上年同期提高15.2个百分点。2004年，中央决定从紧从快抑制房地产过热局面，开始重新调控，包括当年3月国土资源部联合监察部下发《关于继续开展经营性土地使用权招标拍卖挂牌出让情况执法监察工作的通知》，10月国务院颁布《关于深化改革严格土地管理的决定》，银监局出台《商业银行房地产贷款风险指引》。2005年，国务院办公厅先后下发《关于切实稳定住房价格的通知》和《关于做好稳定住房价格工作意见的通知》，即"国八条"和"新国八条"，将控制房地产价格上涨、稳定住房价格提升到一定的政治高度，并提出房地产宏观调控重点多元化，抑制房价快速上涨的同时要满足中低收入阶层的住房需求。2006年继续从土地、信贷、税费等多个方面从严调控。但这些措施都未能降温市场，房价依然持续走高，不考虑通货膨胀因素影响，从2003年到2008年，全国商品房平均售价增长36.78%，同期住宅商品房均价增长62.77%。2008年为应对世界金融危机，房地产调控指向从抑制转为刺激，在宽松救市政策下2009年房地产市场再次火爆。以2010年1月国务院办公厅发布《关于促进房地产市场平稳健康发展的通知》为标志，新一轮从紧房地产宏观调控开始，各地纷纷结合信贷、保障房建设、限购、限价等多种手段频出"组合拳"，但收效甚微。根据国家统计年鉴数据计算，2016年全国住宅商品房平均售价已是2003年的3.17倍，比2008年增长了96.74%，一、二线大中城市的房价更是上涨迅速、居高不下，并呈现明显的愈调愈高、不断反弹的态势。

造成这种现象的根本原因在于政府调控事实上仅对房地产市场"治标不治本"。不可否认，严厉调控对房地产市场有一定积极作用，但由于土地供给不足、地价过高、住房持有成本较低、囤积现象严重等深层次矛盾没有得到根本解决，房价的间歇性上涨就不可避免，房地产市场也无法真正回归理性发展。同时，政策调控容易与现实不匹配而逐渐效力衰减，作用无法持续，如果不能在坚持调控的同时及时推进房地产制度综合配套改革，房价将会再度面临失控风险，市场将会出现大起大落。

由此可见，目前我国单一依靠政府调控规制房地产市场运行的方式存在弊端，需要全面调整"重调控、轻改革"思路，在坚持调控不放松的同时，加速推进房地产市场制度的综合改革，尤其要将房地产制度改革与房地产税制改革协调起来，将二者的衔接体系化，通过完善的制度供给从根本上解决房地产市场问题，才有可能真正突破房价"屡高屡调、屡调屡高"的怪圈，也才能促进房地产市场的均衡、合理、可持续发展，实现与国民经济的良性协调发展。

二 研究意义

"深化市场体制改革和税收体制改革，建立城乡统一的建设用地市场，完善地方税体系，加快房地产税立法并适时推进改革"已成为新时期我国全面深化改革的重要目标之一，也使得房地产制度与税制改革的衔接研究重要性凸显。

（一）有利于房地产市场制度体系的建立

房地产制度及其税收制度既有利于规范人们在房地产交易中的行为方式，还有利于规范政府与纳税人在房地产交易中的权利义务，是国家、政府、集体、民众围绕房地产这一客体而形成的经济、社会、政治等领域的体制，在维持稳定和推动经济社会发展中作用重大。进入21世纪以来，社会经济发展与民众生活水平的提升引发了新的房地产及税收制度调控需求，二者的改革已提上议事日程，成为当下制度改革的核心内容之一。将房地产和税收制度改革视为整体，对其衔接机制予以研究，有利于理清两种关联改革之间的关系，求同存异，建立起彼此区别，却又目标一致、手段配套、融会贯通的调控体系，从而适应新时期房地产市场中权属关系保障与调节的需要。尤其在城乡一体化推进中，两种改革衔接的研究更是有利于缓解长期存在的城、乡经济社会割裂现象，建立公开、公平、公正的城乡一体房地产市场制度体系。

（二）有利于提高房地产资源配置效率

我国工业化、城镇化建设加快同时，建设用地需求量日益增加，但地少人多的基本国情和土地资源有限的现状，使国家房地产资源配置压力日益增大。《国民经济和社会发展第十一个五年规划纲要》和2008年国务院《土地利用总体规划纲要》中将未来耕地保有量定为18亿亩，并反复重申要严守，但同期"土地城镇化"速度加剧。1996—2012年，全国建设用地年均增加724万亩，其中城镇建设用地年均增加357万亩，约占全国年均增加量的49.2%；2010—2012年的三年间，城镇建设用地年均增加量515万亩，占全国建设用地年均增加量953万亩的54%；同期，农村人口减少1.33亿人，农村居民点用地却增加了3045万亩。[①] 造成建设用地面积数量上升的绝对原因，除实际建设需求外，土地粗放利用、开发强度低、房地产空置也不容忽视。国土督察发现，截至2014年9月底，近五年内全国闲置土地105.27万亩，其中包括大量的房地产土地。2000—2010年十年间，全国人均城镇工矿用地从130平方米增加到142平方米，城市人口建成区密度却从每平方千米7700人下降为7000人；工业用地容积率一般只有0.3—0.6，发达国家和地区在1.0以上。[②] 而2014年西南财经大学中国家庭金融调查与研究中心公布的《城镇住房空置率及住房市场发展趋势》报告中则指出2013年我国城镇住房空置率为22.4%，远高于欧美6%左右

[①] 中共中央、国务院印发：《国家新型城镇化规划（2014—2020年）》，《国务院公报》2014年第9号。

[②] 袁业飞：《新型城镇化：解套土地财政——新型城镇化如何破题？》，《中华建设》2013年第9期。

的空置率。① 国际货币基金组织2015年初也表示"中国楼市空置面积达10亿平方米"。数据合理与否不做讨论，但上述现象足以反映我国目前房地产资源配置效率中存在的问题。

房地产制度与税制改革衔接的研究，有利于构建起市场与政府共同发挥作用的调节体制，通过市场自身调节和政府税收调控"两只手"的共同作用，实现城乡房地产流转方向、速度、规模的市场化，又尽可能地提高政府调控下的房地产资源利用效率最大化。

（三）有利于"土地财政"的转型和税制完善

《宪法》、《土地管理法》限定的须通过征收方式转变集体土地性质并用于建设的权限，授予国家对建设用地的绝对垄断权——既是城乡土地性质转换过程中唯一的合法购买方，也是城市建设用地的唯一供给方。这一授权在财政分权体制不合理、地方政府入不敷出、房地产税制作用微弱的环境下发挥着组织财政收入的巨大作用，卖地收入已成为地方政府财政主要来源。根据资料统计，地方政府土地出让收入绝对额从2001年的1296.9亿元上涨到2014年的4.29万亿元，其占地方财政收入比例从16.62%上涨至56.59%，而同期房地产税收收入②所占比例仅从6.41%上涨至18.21%。但是，中央已将抑制房地产投机投资性需求作为一项长期政策，贯彻"房子是用来住的、不是用来炒的"理念，不断辅之各项调控措施，并加强土地规划管制和对土地出让金使用用途的硬性部署，使一些地区出现土地交易宗数和土地出让金收益走低现象。更重要的是，随着土地制度城乡一体改革的推进，农村集体建设用地的"农转国"流转形式必然发生新的变动。十八届三中全会以来逐步推进的

---

① 美国住房空置率长期保持在较低水平，即使在楼市最差的2007—2008年次贷危机期间，租房空置率最高也就达到10.7%，自有住房空置率最高只有2.9%，而欧洲国家也很低，荷兰、瑞典一般住房空置率只有2%，法国6%左右，德国约为8%。

② 此处指房产税、城镇土地使用税、土地增值税、耕地占用税、契税之和。

集体经营性建设用地入市改革、宅基地有偿退出等已为变动提出政策导向，意味未来集体建设用地可直接流转。这一改变直接影响地方政府在建设用地使用权"低征高卖"中获得的差价，缩减土地收入来源，但长期形成的财政开支却不会因此而降低，甚至随着社会发展而日益扩张。如何解决未来财政缺口成为悬在各级政府头上的重要难题。

这也使城乡房地产制度改革需要与税收制度改革配套，二者的衔接研究是解决"土地财政"转型和地方税制完善的必然，也是协调解决地方政府财政困境的共同举措，需要将土地出让的"短期收益"变为"长期的稳定性收益"，将一次性高额收取的土地出让金收入转变为长期持续获取的税收收入。这种转变既可以避免当代政府的财政行为过度被土地、房地产市场所牵制，还可以避免后代政府可能遭遇的"无地可卖""无财政收入"的困境，实现政府代际之间财政收入的可持续发展。

（四）有利于乡村振兴战略的推进

乡村振兴战略是我国推进城乡一体化发展的又一重要举措，要求重点赋予农村新的发展机遇与权限，健全体制机制，让广大农民平等参与现代化进程、共同分享现代化成果。该战略强调要合理解决农民的土地问题、就业问题、收入增长问题、生存环境问题和农民组织问题等，从而在政治、经济、文化、社会、生态文明等各个领域逐步实现与城市的一体化，但土地是其根本问题。对农民而言，土地是赖以生存的基本生活资料，也是个体拥有的最大财富，怎样在确保长远保障功能的同时最大程度的实现利益增长，是目前农村制度改革重点。但近年来农村农地制度和非农用地制度的演进明显不一致。农地制度在不断向强化土地物权和以农户为主体的市场交易方向改进的同时，非农用地制度却朝着强化地方政府垄断和土地利益最大化的方向发展。① 房地产制度与税制改革的衔接研究，直接涉及包括宅基地在内的集体建设用地使用、流转、处分方式的改革，对处理好城乡建设用地中的人地关系矛盾有积极意义，也有助于推进乡村振兴战略的落实。

（五）有利于弥补房地制度系统化理论的空缺

房地产制度和相关税收制度改革涉及国民经济诸多领域，极其复杂。长期以来，各国理论界都十分重视对该问题的区域性研究。国外研究起步早，现已形成相对完善的房地产制度、房地产税制及其理论研究范式；国内学者从20世纪90年代开始关注，并从政治、经济、社会等多角度展开研究，提出相应结论，这些都为本书提供了理论基础和研究思路的有益参考。但是，因房地产制度与税制存在的土地属性根本不同，国外研究建立在土地私有制基础上，无法完全适应我国土地公有的国情；而国内现有研究主要集中在房地产制度、房地产税制的单一研究上，将二者统一在改革中的制度衔接视角进行系统研究的较少。因此，在目前研究现状基础上，开展针对我国房地产及其税制改革衔接的研究具有较强的理论意义，一方面可以进一步完善城乡房地产制度统筹发展的理论和税制改革的理论，弥补房地制度系统化理论的空缺；另一方面也可以进一步完善税收的公、私法融合理论。税法的公法品性是多数人的共识，但税法私法化理念也已成为公共财政理念的核心。无论是启蒙思想家孟德斯鸠、卢梭，还是现代法学家阿尔巴特·亨塞尔，或是当代法学家金子宏、北野弘久、袁克昌、黄茂荣等，都认同税收法律关系契约说，认为税法是以私法契约关系为基础，以公共财政目的和公共强制力为价值追求与调整方式的具有私法性质的公法。② 我国税

---

① 刘守英：《中国的二元土地权利制度与土地市场残缺——对现行政策、法律与地方创新的回顾与评估》，《经济研究参考》2008年第31期。

② 参见杨大春《试论税收领域的公私法互动》，载何勤平主编《公法与私法的互动》，法律出版社2011年版，第334—345页。

法学知名学者刘剑文、熊伟等也认同这一界定。本课题的研究将从房地产税制角度进一步完善税收的公、私法融合理念，并结合公平、效率理论进一步提升其理论内涵。

第二节 文献研究综述

一 国外学者研究文献综述

在世界各国的城市化浪潮中，建设用地扩张、农业用地减少是普遍现象，但由于各国土地制度和经济发展阶段不同，其研究重点也不同。从搜集到的资料来看，近些年国外有关房地产制度及其税制的研究主要可归纳为以下几方面。

（一）对土地制度与税收关系的研究

Shelley M. Mark 和 Hiroshi Yamauchi 研究认为市场作用下传统租金理论与农地保护目标出现不一致，因土地质量引起的价值增长主要针对资源消耗，并非资源保护，农地使用价值税已经不能阻止农业用地向非农用地的转化。主张修改现行高质量土地的低税率估价政策，使其符合保护经济学原则，解决农地价值与税率不一致的问题。[1]

Adma Wasilewski 和 Krzysztof Krukowski（2004）针对20世纪90年代以来波兰快速城市化现象，提出城市周边住房土地的需求上升、同期农业生产利润的下降和新土地法对农地买卖的许可，促使农民开始注重"农转非"的转换，并有利于农民、地方政府和第三方的获益：对农民，农业生产的低利润和住房用地的高价格刺激了卖地积极性；对地方政府，这种土地转换是促进经济发展的有利因素，既可以因房地产税取代农业税和城市人口流入带来个人所得税

---

[1] Shelley M. Mark & Hiroshi Yamauchi, "Agricultural Use Value Taxation and Farmlands Preservation: A Basic Inconsistency" *The Annals of Regional Science*, Vol. 16, No. 2, 1982.

的增加,提高地方政府财政预算收入,又可以从基础设施改善中长期获益。对地方社会团体等第三方则可以从就业机会和新增服务的增加中获益。①

Jyh-Bang Jou 和 Tan Lee (2008) 对税收中性政策与闲置土地发展的促进关系分析后认为监管者可通过对资本、闲置土地和发展后土地价值的征税,降低对税前土地价值的补贴率以实现财产税的中性,促使土地所有者在资本密度和发展时期不变的情况下加速土地资源开发。② 另外,还通过分析完全竞争房地产市场中对土地价值税和开发税的设计,指出可通过对开发行为征收正税或对土地价值征收负税,或对二者同时正向调整,同时提高或降低土地开发税率和土地价值税率,来纠正土地所有者早于社会规制而提前开发土地的选择。③

Mercy Brown-Luthango (2010) 指出土地是南非城市化进程中的重要问题,大规模的城市化随之而生了土地资源的减少,应提高土地使用管理效率和公平分配。英国国际发展部和瑞士合作发展署在20世纪90年代提出的"使市场为穷人运行的M4P方案"对促进市场发展有积极作用,但没有政府干预,土地不会分配给穷人;不改变社会政策和立法,仅通过市场干预改变城市土地规划,其作用也极其有限。主张应对城市土地全面核查并公开相关信息,采用累进税制,增加地方政府税收收入,为贫困地区提供更好的公共设施和服务,并促进土地的利用公平。④

---

① Adma Wasilewski & Krzysztof Krukowski, "Land Conversion for Suburban Housing: A Study of Urbanization Around Warsaw and Olsztyn, Poland" *Environmental Management*, Vol. 34, No. 2, 2008.

② Jyh-Bang Jou & Tan Lee, "Neutral Property Taxation Under Uncertainty" *Real Estate Finan Econ*, No. 37, 2008.

③ Jyh-Bang Jou & Tan Lee, "Taxation on Land Value and Development When There Are Negative Externalities from Development" *Real Estate Finan Econ*, No. 36, 2008.

④ Mercy Brown-Luthango, "Access to Land for the Urban Poor—Policy Proposals for South African Cities" *Urban Forum*, No. 21, 2010.

（二）对房地产制度与房地产税关系的研究

Oates（1969）[①]对美国新泽西州东北部53个城镇调查发现房地产价格与地区公共支出水平正相关，与财产税负相关，在房地产税收入大规模用于地区公共支出时，居民有较高意愿承担高税赋。Per Lundborg 和 Per Skedinger（1999）认为房价内生性较强，征收房地产交易税会促使房地产价格短期内下降。[②]

（三）对房地产税与城市扩张关系的研究

Dennis R. Heffley & Daniel P. Hewitt（1988）通过模型分析，认为商业和住宅用地规划的改变会对地方土地租金、房地产税率、政府公共服务以及家庭和企业的选址决定有重要影响，从而与地方经济关系极其密切。[③] Jan K. Brueckner 等（2004）认为住房和其他商品的低替代效应使财产税对降低人口密度、抑制城市空间扩张作用消极，通过反补贴效应来实现降低住宅面积、提高密度并使城市变小的做法会占据主导地位。[④] Seong-Hoon Cho 等（2011）通过对现存住宅区和预测住宅区在房地产税和开征土地价值税后的住宅距离进行比较和实证分析，得出土地价值税能使美国田纳西州那什维尔地区现存的住宅区面积更紧凑，是调整该地区无限扩张的有效工具，可促使城市紧密发展。[⑤]

[①] Wallace E. Oates, "The Effect of Property Taxes and Local Public Spending on Property Values: An Empirical Study of Tax Capitalization and the Tiebout Hypothesis" *The Journal of Political Economy*, No. 77, June1969.

[②] Per Lundborg & Per Skedinger, "Transaction Taxes in a Search Model of the Housing Market" *Journal of Urban Economics*, No. 45, 1999.

[③] Dennis R. Heffley & Daniel P. Hewitt, "Land-Use Zoning in a Local Economy with Optimal Property Taxes and Public Expenditures" *Journal of Real Estate Finance and Economics*, No. 1, 1988.

[④] Jan K. Brueckner & Hyun-A Kim, "Urban Sprawl and the Property Tax" *International Tax and Public Finance*, No. 10, 2003.

[⑤] Seong-Hoon Cho & Seung Gyu Kim & Roland K. Roberts, "Measuring the Effects of a Land Value Tax on Land Development" *Appl. Spatial Analysis*, No. 4, 2011.

(四) 对房地产税与地方政府的关系研究

John D. Benjamin 等（1993）指出房地产交易税是一种不易被公众察觉的税，可以解决地方政府既增加税收、又不影响因税基流入低税率地区而引起的税收恶化。并通过特征价格模型检测了1988年费城提高房地产交易税后对住房价格的影响，发现住房价格和预期一样呈现下跌，毫无疑问的将财富从财产所有者转移到税收当局。[①] Edward L. Glaeser（1996）认为地方政府税收最大化时，房地产税有利于提供充分的社会公共设施，而地方公共设施的好坏决定了房地产价值高低，进而决定地方税收规模。只要住房需求无弹性，对地方政府而言，房地产税的吸引力就比定额税强。由于现行财产价值反映着对未来公共设施水平的期望，房地产税刺激即使是目光最短浅的政府也选择投资未来。而且房地产税还可以限制地方税收的增长；某些情况下，较高的地方房地产税可以导致总体税负的降低。[②] Joshua Vincent（2012）认为较高的土地价值税有利于房地产市场的有效运转，促使土地所有者卖掉土地或作改变，而不是长期持有、待价而沽，由此，可以增加地方政府税收，改善社区质量、提高税基。[③]

二 国内学者研究现状及文献综述

国内学者在借鉴国外比较先进的研究成果基础上，结合我国房地产业发展实际，对相关制度与税制进行了富有成效的积极探索，主要体现在以下几方面。

[①] John D. Benjamin & N. Edward Coulson & Shiawee X. Yang, "Real Estate Transfer Taxes and Property Values: The Philadelphia Story." *Journal of Real Estate Finance and Economics*, No. 7, 1993.

[②] Edward L. Glaeser, "The incentive effects of property taxes on local governments." *Public Choice*, No. 89, 1996.

[③] Joshua Vincent, "Neighborhood Revitalization and New Life: A Land Value Taxation Approach." *American Journal of Economics and Sociology*, Vol. 71, No. 4, 2012.

(一) 关于房地产制度及配套税制改革的必要性研究

长期以来，学者们普遍认为我国现行房地产制度与税制存在诸多问题：一方面，房地产制度城乡二元化明显，表现为国有土地与集体土地权属的截然不同引起的房地产制度差异。如城市国有土地可以"招拍挂"、协议等方式出让一定年限的土地使用权，但集体土地除兴办乡镇企业、村民住宅、乡村公共设施外，其他建设行为需经国家征收转为国有土地后方可进行；城市房产交易自1998年住房体制市场化改革起日益正规，商品房及公有住房出售的逐步放开使城市房产交易自由程度大大增加，但城市居民不得介入农村土地，禁止在农村购买宅基地，使城市发展与农村发展之间存在不公平[1]；这种二元性使集体建设用地产权缺失，非法入市与大量闲置同时并存，并助长地方政府征地冲动，既损害农民土地权益，又影响了政府土地宏观调控能力，进而威胁国家耕地安全，不利于资源的优化配置[2]。陈志刚、曲福田等（2010）也认为产权制度不完善、土地征收制度僵化、法律制度失效，以及政府管理不善和市场发育滞后等现行房地产制度原因，造成耕地资源的大量损失、农村土地质量的急剧退化和利用效率的低下。[3] 许为则认为现行市场化的房地产制度引致社会财富高度集中，影响民众、社会经济的后续发展，易形成房地产泡沫，引发金融市场的动乱和经济的崩溃。[4]

另一方面，房地产税制也存在诸多问题。早在2000年，邓宏乾就提出我国房地产税制存在税种设计不合理，税收政策不统一，

---

[1] 宓明君：《论中国发展城市房地产的不公平及其克服——基于二元社会结构的视角》，《社会科学战线》2013年第5期。

[2] 郑云峰、李建军：《我国城乡建设用地市场一体化的问题探究与对策前瞻》，《江西农业大学学报》2012年第2期。

[3] 陈志刚、曲福田、韩立、高艳梅：《工业化、城镇化进程中的农村土地问题：特征、诱因与解决路径》，《经济体制改革》2010年第5期。

[4] 许为：《论中国房地产制度之殇》，《新西部》（理论板）2012年第3期。

"税、费"混乱、收费复杂、漏失严重等问题,难以发挥经济杠杆调节作用。[1] 宋丽颖、唐明[2]、石坚[3]、李秀梅[4]等进一步认为房地产税制税种整体结构繁杂、配置不合理;征税范围窄,税基覆盖不全;计税依据、税率设置、税负结构不合理;相关制度不完备;以及立法层次偏低,税收法规多变,征管不严;税权过度集中于中央[5],对我国房地产市场发展、财产税制、地方财政收入等都产生了不利影响,不符合效率、公平和财政等原则[6]。普遍主张对现行房地产制度及配套税制进行改革。

（二）关于房地产制度及配套税制改革的整体方案研究

针对现行房地产制度及税制存在的问题,学者们围绕整体改革提出多项建议。一是从房地产制度整体改革角度提出适时突破城乡土地制度界限、完善房地产税收制度是改革的整体目标。[7] 吴次芳、靳相木认为1978年改革开放以来在公有土地上设立的用益物权,因取得机会、条件等的不平等,会造成土地占有不公,而解决该不公平现象的一个必不可少的思路是开征以地价税为主要内容的物业税,从土地等不动产保有环节调节土地占有格局,实现相对公平。[8] 夏心写认为应遵循民生为本、市场优先、平衡利益的原则,转换政府职能,适度削减房地产经济功能,使其回

---

[1] 邓宏乾:《中国房地产税制研究》,华中师范大学出版社2000年版,第69—79页。
[2] 宋丽颖、唐明:《开征物业税——现行房地产税制改革的契机》,《财政研究》2005年第1期。
[3] 石坚:《关于优化我国房地产税制结构的设想》,《税务研究》2008年第4期。
[4] 李秀梅:《关于我国现行房地产税制的思考》,《经济论坛》2011年第7期。
[5] 沈晖:《改革我国房地产税制的法律思考》,《政治与法律》2002年第3期。
[6] 岳树民、王海勇:《我国现行房地产税制的现状与问题分析》,《扬州大学税务学院学报》2004年第9期。
[7] 张娟锋、刘洪玉:《中国房地产制度改革的内在逻辑及其发展趋势分析》,《河北经贸大学学报》2009年第11期。
[8] 吴次芳、靳相木:《中国土地制度改革三十年》,科学出版社2009年版,第33—34页。

归居住属性的同时扩大市场供给途径,减少政府干预,完善房地产市场税收体系。① 徐诺金认为我国房地产市场的根本出路在于坚持房地产制度改革的市场化方向,提出应该完善房地产税收体系,突出税收调节公平、需求及交易的作用;对土地闲置、住房闲置开征房地产闲置税。②

二是针对农村建设用地制度,陈美球、刘桃菊提出改革使用制度提升节约集约利用水平;改革征收制度完善城镇化土地资源配置机制;完善土地利用总体规划机制,发挥区域土地利用宏观管制作用;创新农村土地整治机制,推进城乡一体化土地综合整治。③ 郑云峰、李建建④、陈志刚、曲福田等⑤主张修改土地管理法规,完善农村土地产权制度、土地市场、矫正农地价格,合理分配土地转用收益,遏制地方政府征地冲动、转变职能等。

对房地产税制的改革,国务院发展研究中心"中国物业税改革研究"课题组提出以下三个步骤:一是小改,将房产税、城市房地产税和城镇土地使用税三合一,排除居民用房,限于城市经营类和企业法人。二是中改,上述基础上取消土地增值税,保留契税和耕地占用税,构建城镇统一不动产税制,纳入居民自住用房,并设置免征额与差别税率调整,农村地区暂不列入,刘明慧、崔惠玉⑥、

---

① 夏心写:《中国房地产制度设计的难度及方向》,《国际融资》2014 年第 5 期。
② 徐诺金:《我国房地产市场的根本出路在于深化市场化改革》,《征信》2014 年第 1 期。
③ 陈美球、刘桃菊:《城乡发展一体化目标下的农村土地制度创新思考》,《中国土地科学》2013 年第 4 期。
④ 郑云峰、李建建:《我国城乡建设用地市场一体化的问题探究与对策前瞻》,《江西农业大学学报》2012 年第 2 期。
⑤ 陈志刚、曲福田、韩立、高艳梅:《工业化、城镇化进程中的农村土地问题:特征、诱因与解决路径》,《经济体制改革》2010 年第 5 期。
⑥ 刘明慧、崔惠玉:《建立房地产保有环节课税制度的探讨》,《税务研究》2007 年第 6 期。

郭维真、刘剑文[①]等也赞同这种方案。三是大改，三合一后取消土地增值税和耕地占用税，保留契税，实施全国城乡范围的统一税制，对所有单位及居民用房征税。[②]

以该步骤安排为基础，学者们从多个角度提出房地产税制改革方案。第一，从房地产运行过程及环节角度提出：如李明会（2007）从开发投资、转让、占用和收益环节提出税种存留废改的不同建议，包括保留建筑业营业税，改耕地占用税为农地占用税，设置房地产转让税，开征遗产与赠予税等，主张买方设立不动产取得税，持有方适用统一的不动产税。[③] 石坚（2007）持类似观点，主张建立多环节、多税种征收的复合税制。开发环节保留土地增值税，取消耕地占用税；交易环节先保留营业税和契税，以后只保留契税；保有环节合并征收统一房地产税。[④] 吴旭东等主张从不动产取得税、转让税、保有税三部分构建不动产税收体系。取得环节保留耕地占用税、契税，取消房地产交易印花税，适时出台遗产和赠予税；交易环节设置所得税、营业税、城乡维护建设税，取消土地增值税和教育费附加，调整城市维护建设税；保有环节合并开征物业税。[⑤] 巴曙松主张在房地产开发阶段大力减少不合理收费，推进耕地占用税改革；开征促进土地利用税（空地税或荒地税）；交易环节完善土地增值税、房地产转让所得税；开征歧视性契税和特别

---

① 郭维真、刘剑文：《论房产保有之税制改革》，《税务研究》2010年第8期。
② 国务院发展研究中心课题组、谢伏瞻、林家彬：《不动产税的税种、税率设计和税收归属的探讨与建设》，《中国发展观察》2006年第8期；马国强、李晶：《房产税改革的目标与阶段性》，《改革》2011年第2期；《国研中心提出三套"物业税"改革方案》，《渝晨报》2010年1月6日第2版。
③ 李明会：《房地产税改的难点、步骤及深层次问题综述》，《重庆工商大学学报（西部论坛）》2007年第1期。
④ 石坚：《论我国房地产税制改革的目标与途径》，《涉外税务》2007年第7期。
⑤ 吴旭东、王春雷、李晶：《我国不动产课税体系设计研究》，《财经问题研究》2008年第7期。

商品消费税，调整房屋租赁税负；保有环节适时开征物业税。①

第二，从综合角度提出，如以房地为主线，提出房、地两条线的改革方案，包括雷根强主张房产税、土地税分别征收，并将土地税作为财产税体系的主体税种。②史玲主张按照"两权"分离原则对土地实行"双环节"调节，国家一方面以土地所有者身份通过土地出让金等方式参与收益分享，进行土地资源性分配，另一方面以社会管理者身份通过税收方式参与土地级差收益分配，对"农转非"的增量土地开征地产税，对城市存量土地征收房产税。③钟大能进一步主张设立地产税时，修改现行耕地占用税为高税率的比例税；合并土地出让金与城镇土地使用税，设置城镇土地开发税；取消土地增值税，新设土地空置税及地产契税。房产税中，交易环节只设房产契税，取消个人应纳所得税、营业税；保有环节设置物业税。④

以物业税为核心的改革方案，包括马克和主张将城镇土地使用税改名为土地使用税，境内使用土地主体均从价课征。合并房产税、城市房地产税、土地增值税、土地出让金等为物业税，境内通用。⑤杜一峰提出合并土地使用税、耕地占用税、房产税和城市房地产税，统一开征物业税；将房产、土地转让环节的营业税与土地增值税合并为房地产交易增值税；整合契税与印花税。⑥樊勇提出保留营业税、所得税、印花税、土地增值税；将房产税、城市房地产税、契税、城市维护建设税统一合并为物业税，取消城镇土地使

---

① 巴曙松：《当前中国房地产税制改革的政策选择》，《内蒙古金融研究》2010年第1期。
② 雷根强：《试论我国财产课税制度的改革和完善》，《财政研究》2000年第3期。
③ 史玲：《构建合理的房地产租税调节体系》，《税务研究》2005年第5期。
④ 钟大能：《土地出让金去租改税的动因、效应及对策研究》，《西南民族大学学报》（人文社会科学版）2013年第3期。
⑤ 马克和：《我国开征物业税的难点及现实选择》，《税务研究》2004年第4期。
⑥ 杜一峰：《从税收增长及宏观调控看房地产税制改革》，《税务研究》2008年第4期。

用税，将耕地占用税改为资源税税目下的一个类别。①

(三) 土地出让金与房地产税制改革关系的研究

在房地产税保有环节的税制改革中，核心问题之一是土地出让金的去留。作为政府出让一定年限土地使用权而一次性向使用方收取的费用，使用方往往会将土地出让金转嫁给房地产购买方，因此，房地产税改革中，如何处理这笔费用极其重要。目前，对二者的改革关系存在以下几种观点。

第一种观点主张取消土地出让金，将其与保有环节的房地产税合并征税。如胡洪曙、杨君茹认为财产税替代土地出让金后，可为地方政府培育稳定、可持续的税源，挤出房地产"非真实"需求，降低金融风险，建议对已缴纳土地出让金及税费的旧房折算出剩余土地使用期内承担的税、费金额后进行抵扣。② 周天勇、张弥主张在延长土地使用年期、形成稳定的土地物权等基础上，以税代替出让金和其他收费，设立房地产交易增值税、房产税和土地使用税。③ 郭云钊等主张将现行部分属于房地产开发流通环节的税费及保有环节税和土地出让金合并，一起归入物业税，逐年收取。④

第二种观点主张保留土地出让金，将其与保有环节房地产税并列单独征收。如何振一认为物业税不能替代土地出让金，一方面以税代价与市场经济相悖、不利于廉政建设、缺少可行性，另一方面会使物业税计征时失去科学标准，造成大量国土收益流失，给城市发展带来困难。⑤ 刘尚希认为土地出让金是土地所有者出让使用权

---

① 樊勇：《深化我国房地产税制改革：体系构建》，《中央财经大学学报》2008年第9期。
② 胡洪曙、杨君茹：《财产税替代土地出让金的必要性及可行性研究》，《财贸经济》2008年第9期。
③ 周天勇、张弥：《城乡二元结构下中国城市化发展道路的选择》，《财经问题研究》2011年第3期。
④ 郭云钊、巴曙松、尚航飞：《物业税改革对房地产价格的影响研究——基于土地出让金视角的面板分析》，《经济体制改革》2012年第6期。
⑤ 何振一：《物业税与土地出让金之间不可替代性简论》，《税务研究》2004年第9期。

时的交易价款，属于地租；财产税是政府以政权强制力赋予不动产业主的一种法律义务，二者性质不同，不能互相替代。① 唐在富认为我国作为集体所有与国有并存的土地公有制国家，政府在土地管理上有双重身份，土地出让与税收收入的财政学属性不同，可同时并存。②

第三种观点主张保留土地出让金，并将其从批租制改为年租制，分期向房产持有人收取。如白彦锋认为土地公有制下政府享有土地所有者权益，可在坚持市场配置土地资源的同时，将政府投资部分收益并入物业税。③ 奚卫华、尚元君认为物业税不能替代土地出让金，但征收物业税可以降低土地出让金，主张分离公共服务和基础设施费用，并改为持有年限内分期缴纳。④ 费茂清等主张借鉴香港做法，将土地出让金改征土地年租金，取消与土地房产相关的若干税种，统一征收房地产税。⑤ 钟大能（2013）主张通过现行房地产税改革，在税制结构中形成独立的新房地产税收体系，下设地产税和房产税两个税目，并将土地出让金并入地产税目。⑥ 而姜玉娟提出的改革土地供应管理制度，将批租制改为年租制，保有期间按年征收，但不并入房地产税，短期内采用出让金和年租金并行方式。⑦

---

① 刘尚希：《财产税改革的逻辑》，《涉外税务》2007年第7期。
② 唐在富：《中国政府土地相关收入的财政学属性分析——兼论土地出让收入渝房地产税并存的理论依据》，《发展研究》2013年第11期。
③ 白彦锋：《土地出让金与我国的物业税改革》，《财贸经济》2007年第4期。
④ 奚卫华、尚元君：《论物业税与土地出让金的关系》，《宁夏大学学报》（人文社会科学版）2010年第2期。
⑤ 费茂清、石坚：《对我国房地产税制改革的几点看法》，《涉外税务》2012年第11期。
⑥ 钟大能：《土地出让金去租改税的动因、效应及对策研究》，《西南民族大学学报》（人文社会科学版）2013年第3期。
⑦ 姜玉娟：《房地产税制改革若干问题的探讨》，《北京石油管理干部学院学报》2012年第2期。

（四）城乡一体化视角下房地产制度及其税制研究

对城乡一体化的房地产制度研究，学者们主要从建设用地一体化进行探讨。王小映（2009）认为应当建立起城乡统一的建设用地使用权法律制度、建设用地市场监管体系、建设用地取得和供给体系以及土地价税费体系。[①] 张银银、陶振华[②]、刘昭[③]、李建建[④]提出通过修改土地管理法规，改革土地储备制度，减少工业建设用地和农村宅基地使用面积，完善农村土地产权制度、建立农村土地交易平台，转变地方政府职能、改革政绩考核制度、加强监管力度、合理分配土地转用收益等措施建立城乡一体建设用地体系。吴春岐、李嘉认为我国应逐步探索土地整治、城乡统筹增减挂钩、集体建设用地流转三位一体的政策措施，并统一土地市场运行规则和流转模式、均衡土地收益分配模式、健全土地税收制度。[⑤] 十八届三中全会以来，因农村集体经营性建设用地入市政策的推进，学者们进一步提出要建立城乡统一建设用地市场。黄小虎认为建立城乡统一建设用地市场改革的难点在于改变政府经营土地现状，主张通过设定公有制条件下的土地产权体系，开征地产税，推进农村基层治理结构改革等措施分布推进入市。[⑥] 汪晓华主张通过改变集体经营性建设用地性质定位模糊、流转规划不全、政府权责不明、收益分配欠科学等现状。[⑦] 刘玲等则提出约束地方政府土地征收数量

[①] 王小映：《平等是首要原则——统一城乡建设用地市场的政策选择》，《中国土地》2009年第4期。

[②] 张银银、陶振华：《试论我国城乡二元土地制度的弊端与对策》，《商业时代》2010年第10期。

[③] 刘昭：《城乡一体化进程下的土地制度探究》，《襄樊学院学报》2012年第7期。

[④] 郑云峰、李建建：《近十年我国房地产宏观调控政策的回归与思考》，《经济纵横》2013年第10期。

[⑤] 吴春岐、李嘉：《我国集体建设用地流转制度研究》，《中国房地产》2013年第2期。

[⑥] 黄小虎：《建立城乡统一的建设用地市场研究》，《上海国土资源》2015年第2期。

[⑦] 汪晓华：《构建城乡统一建设用地市场：法律困境与制度创新》，《江西社会科学》2016年第11期。

并形成工、商业用地的合理比例，以扩大集体经营性建设用地入市定价空间，①形成城乡建设用地的"同权同价"，缓解城市供地压力，强化农民利益保障。

对城乡一体化的房地产税制研究，一些学者从城乡一体税制角度探讨，如樊丽明等认为房地产税制改革对解决城镇化进程中土地使用效率低下、房地产开发过热、政府地方税收不足、税收调控能力弱等问题有积极意义，主张将房产税、城市房地产税和城镇土地使用税合并为房地产税或"物业税"；将耕地占用税以单位面积的建设用地与耕地收益差额为计税依据，根据稀缺程度适用比例税率；保有环节开征土地闲置税和荒芜土地税；对土地出让金批租制实行专户管理、分年使用，按一定比例提取失地农民社会保障基金。②谢罗奇等认为农村经济社会发展到一定程度、条件基本成熟时，可建立城乡统一、房地合一的房地产税制。但农业生产用地、普通农民住宅不纳入征税范围，只对超标准的农村住宅、非农业经营性用地征税。③王诚尧认为统一城乡税制是解决"三农"问题、协调城乡发展、实现一体化的必要举措，要长时期、分阶段逐步推行。改革房产税，对位于农村的豪宅别墅征税；把城镇土地使用税改为土地使用税，扩至农村，加重对开发商囤地、闲置土地征税。④

另一些学者在探讨房产税改革时，提出要逐步扩展到农村地区。如奚卫华、尚元君提出根据城乡税制统一的要求和农村经济发展、城镇化进程加快的现实，应将农村地区房产和居住用房纳入物

---

① 刘玲、邹文涛、林肇宏、陈诗高：《农村集体经营性建设用地入市定价空间的经济学分析》，《海南大学学报》（人文社会科学版）2015年第7期。

② 樊丽明、李华、郭健：《城镇化进程中的房地产税制改革研究》，《当代财经》2006年第7期。

③ 谢罗奇、易利杰、黄运：《统一城乡税制：条件、问题与步骤》，《财经理论与实践》2007年第5期。

④ 王诚尧：《现阶段持续推进城乡税制统一改革的意见》，《财政研究》2011年第10期。

业税征税范围,但对农业用地设计税收优惠。① 戴双兴认为可以通过开征累进物业税来约束农村住宅闲置浪费问题,建议以人均占地面积 40 平方米为纳税基准,超过后需缴纳税金,并随房屋面积的增大提高税率。② 郑卫东、张瑞琰提出城镇化的推进使很多地方农村与城市界限模糊,如果不将农民居住用房纳入个人房产税征税范围,既违反税收真空地带,又违反税收公平原则;但纳入征税范围时,又因在土地所有权、价格、纳税人负担能力等方面与城镇居住用房存在较大差异,还需仔细研究。③ 郭玲、王玉指出我国农村应税房地产分布分散,价值偏低,征收效率较低,但免税又会引起以避税为目的的大量固定资产投资,引发城乡间税负不公平,建议根据经济发展状况逐步过渡。④

三　简要述评

从以上综述可以看出,国内、外学者对房地产制度与房地产税制改革方面的研究取得了卓越的成果,二者良性互动是实现城乡关系协调发展与城镇化健康发展的重要保障已成为共识。国外学者的研究也表明发达国家在城镇化、工业化同步发展的同时,十分重视城市、农村的统筹发展和税收的调控作用,并在城镇扩张中实现了城乡一体化发展,这得益于通过税收控制了城市的理性扩张和通过税收满足地方政府的治理需求两个方面。我国在较为突出的房地产制度城乡二元结构下,城镇化进程呈现明显的城乡发展失衡,如何配套改革城乡房地产制度与税收制度,学者们

---

① 奚卫华、尚元君:《论物业税和土地出让金的关系》,《宁夏大学学报》(人文社会科学版) 2010 年第 2 期。
② 戴双兴:《开征累进物业税的战略构想》,《财经科学》2010 年第 2 期。
③ 郑卫东、张瑞琰:《对个人房产征收房产税若干问题的思考》,《经济体制改革》2013 年第 3 期。
④ 郭玲、王玉:《国情约束下的房产税税制设计分析》,《郑州大学学报》(哲学社会科学版) 2013 年第 3 期。

开展了丰富的研究，也取得了丰富的成果，但还有较大的拓展空间。一方面，对房地产制度与税制改革的衔接研究缺少系统认识，只是片面的从房地产制度、土地制度及其税制改革方面进行分析，缺乏对交汇对策的研究。现实中，由于二者关系密不可分，应结合我国当前正在推行的改革，对房地产制度与税制改革的衔接进行系统研究，构建适应新常态经济环境的系统改革体制。另一方面，城乡一体房地产市场的建立和发展需要遵循市场规律并积极发挥市场作用，但也离不开政府的宏观调控，如何有效地将房地产制度改革与以税收为核心的政府宏观调控结合起来，构建起城乡一体的房地产市场，需要深入探讨。

第三节 研究思路与章节安排

一 研究思路

房地产制度及其税制改革是我国当前社会经济体制改革的主要难题之一。本书在归纳国内外学者对房地产制度及其税制改革的研究成果的基础上，介绍了房地产制度、配套税制及其改革的相关含义、理论和交汇现状，并分别对英美法系和大陆法系代表国家及地区的房地产制度及其税制改革的衔接进行经验总结，重点分析了在集体经营性建设用地直接入市、去"土地财政"和城乡一体化的改革大趋势下，我国房地产制度改革与税制改革的衔接难题和解决对策，提出保障两项改革良好交汇的配套制度，并进一步提出乡村振兴战略下的体系化构想。根据本书的研究思路，具体框架设计如下（图1-1）所示。

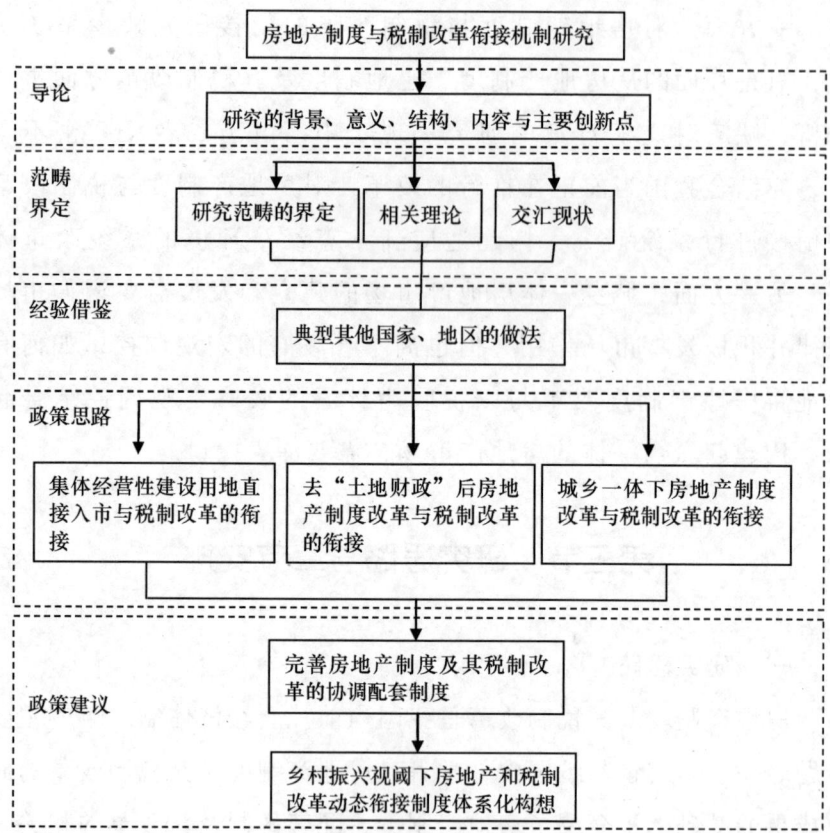

图1-1 总体框架与思路

二 章节安排

根据研究思路,本书章节安排如下。

第二章通过相关概念的界定,厘清房地产制度、房地产配套税制以及二者衔接机制的基本内涵;明确房地产制度及其税制改革的理论基础,并分析了我国当前改革推进中出现的房地产制度与税制改革的交汇情形及其存在的问题,充分反映两种制度衔接研究的必要性。

第三章分别选取美国、英国、中国香港地区和德国、日本、中国台湾地区作为英美法系和大陆法系代表，考察了这些国家、地区的房地产制度及其税制特征，总结出各自在实施房地产与配套税制改革时的衔接完善经验，以及共性经验，为我国房地产及税制改革的协调衔接提供重要的经验借鉴。

第四章分析了集体经营性建设用地直接入市对房地产制度及其税制的挑战，构建政策推行中以地方政府和村集体为参与主体的博弈模型，分析各自最佳策略选择以及对房地产制度及税制改革提出的统一目标，进而提出协调对策。

第五章分析了去"土地财政"的客观必然性和去"土地财政"后地方政府的房地产及税制利益的重新分配转换，提出二者改革的具体协调对策。

第六章分析了城乡一体化对房地产制度改革的影响，以及对房地产制度及其税制改革中的公平、效率影响，提出与建立城乡一体房地产制度协调的税收制度设计对策。

第七章从深化农村"三权分置"改革、完善住房租售并举制度、协调房地产增值收益分配格局、适时开征遗产税和赠予税四个角度提出房地产及其税制改革交汇所需的配套措施，以保障两种制度改革衔接的顺利推行。

第八章从乡村振兴战略的推行角度出发，提出房地产制度和税制改革衔接中需要遵循、注意的原则性理念以及动态衔接的体系化制度构想。

第四节 研究方法

本书在对房地产制度与税制改革衔接机制的研究过程中，综合运用政治经济学、制度经济学、法经济学、房地产经济学、民法学、税法学等多种经济学和法学理论，把理论研究与经验研究相结合，采用系统、归纳、比较等多种方法展开。具体包括如下几点。

1. 系统分析法

房地产制度与配套税制改革是我国财税体制改革中的重要一环，也和农村土地制度改革息息相关，既要将其纳入新一轮税制改革的全局中去研究，又要将其纳入土地制度乃至农村发展、城乡一体化发展的全局中去研究。本书将房地产制度改革与房地产税制改革作为一个整体研究对象，从二者的交汇衔接入手，分析内在关系，探索其中的规律性及其运行机制。

2. 抽象演绎法

任何问题的研究都要有相关理论做支撑，本书在把政治经济学、法经济学以及法学学科中的多种一般理论、经典理论用于分析房地产制度与税制改革衔接时，采用了抽象演绎法，将地租等普适性理论来分析具体对象——房地产制度及配套税制改革，进而分析如何利用税收更好地调整土地增值的收益分配。

3. 比较分析法

本书采取比较分析法，通过对英美法系和大陆法系典型国家和地区现存的相对成熟、完善的房地产制度及其税制改革的衔接经验进行概括与比较，从而对我国房地产与配套税制改革的衔接对策及其体系构建提供借鉴。

4. 制度分析法

本书采用制度分析法，并将其作为贯穿全文的分析方法在房地产制度及税收制度的各类型改革衔接以及保障二者良好协调的配套制度研究中加以应用，重点对房地产确权制度、新型房地产制度的构建、房地产税制的构建等问题进行分析，以找到促进房地产及其配套税制改革衔接的有效对策。

第五节 本书可能的创新与不足

有关我国房地产制度及税制改革的研究成果目前已经很丰富，研究角度也多种多样，但从两种制度的衔接视角进行专门研究的成果相当有限。在众多成果中，有些或多或少涉及房地产制度与税制改革的关系，但大多是部分的简单研讨，深入系统分析的不多，这对推进房地产制度及配套税制的协调统筹发展十分不利。本书在吸收国内外学者研究成果同时，力图从以下几个方面有所突破。

1. 有创新地提出从房地产及其税收制度改革的动态衔接视角来研究二者的协调问题，丰富了对房地产制度以及房地产税制研究的视角，对改革的系统推进和政策措施的完善提供了新的理论支撑。

2. 构建了集体经营性建设用地入市政策推行中主要利益相关者——地方政府与村集体间的利益博弈模型，指出地方政府态度含混，需权衡对"卖地收入"的负面影响及国家财税政策调整的正面效果来做决定，从而为缓解集体土地市场化改革中的地方政府抵触心理，制定推动房地产及税制改革的衔接措施提供了理论依据。

3. 强调以税收制度保障住房居住属性的同时，对房地产保有税的研究进行扩围，提出将因城镇化、城乡统筹和土地市场化而使房地产价值激增并明显受益的城乡接合部农村纳入征税范围，实施与城市保有税体系设置一致，但具体要素适当区别的调节机制，对缓解农村内部因地理位置而产生的土地非农使用级差收益差距及不公平有积极意义。

4. 对农村宅基地流转及房屋保有进行税收设计，主张建立与宅基地取得制度相协调、不同于集体经营性建设用地流转的差别化税收体系，区分对待集体成员内部、成员以外、集体转让、农户转让、非城镇居民受让和城镇居民受让等多种不同情形，设计初次流转与再流转环节的不同税收体系。同时，将农村房地产纳入保有税征税范围，并以集体建设用地入市改革的推进、城镇规划、用途为标准，结合负担能力确定免税过渡期，充实了房地产税制改革的内容。

5. 主张根据公益程度采用完全无偿、优惠划拨、协议划拨和公开竞价方式提高增量公益性国有建设用地收益；鼓励存量国有建设用地转变用途，支持市场化运作，增加经营性收益，从而与维持地方政府产权界定公权力、构建"租、税、费、债"归位的土地出让制度、市场化公益优先购买权为核心的征地储备制度和可持续地方政府税收财政一起，构建起具有中国特色的土地财政转型体系，弥补去"土地财政"后的财政缺口。

鉴于学术水平有限，在理论思考和探索中不可避免地存在一定的局限性。本书虽然对我国房地产与税制改革在新时期改革背景下的衔接开展了有益讨论，但因房地产和税收改革问题本身的复杂性，涉及国民经济的各个方面，并且在国家宏观调控中变动快，研究中难以全面顾及，致使讨论范围略显片面。今后还有待于进一步地丰富和发展。

第二章

房地产制度与税制改革的概念内涵、理论及交汇现状

我国自 20 世纪 90 年代开始实施房地产制度改革以来，城市房地产基本实现了市场化供需，但无论是房地产制度自身的运行，还是配套房地产税制，都越来越明显地与当前社会经济发展不相适应，也给民众生活带来诸多负面影响。厘清房地产制度及其税制改革的概念内涵和涉及的基本理论，了解二者在我国当下的交汇现状，是深入研究房地产及其配套税制改革衔接的基础，也是推动相关改革并提出建议的前提。

第一节 房地产制度及税制改革的研究内涵

一 房地产制度的内涵

房地产是房产和地产的总称，已成为近些年社会热门词语之一。现代汉语词典中将"房产"解释为"个人或团体保有所有权的房屋"，将"地产"解释为"属于个人、团体或国家所有的土地"。实践中普遍认为房地产指土地、建筑物及附着在其上不可分离的部分与附带的各种权益。[①] 形式上，包括两个构成要素：房屋

[①] 张学诞：《中国房地产税：问题与探索》，中国财政经济出版社 2013 年版，第 1 页。

和土地，即可以以单一土地模式或建筑物、土地并存模式存在；权益上，体现为所有权以及从所有权衍生出的其他相关权利，包括占有权、使用权、收益权、处分权等，具体指房屋所有权与建设用地使用权。

房地产制度则是一个国家或地区制定的，对本国土地、建筑物及附着在土地、建筑物上不可分离部分的所有、使用和管理权益予以约束和规范的相关规则的总和。从客体上分类，通常包括土地制度和房屋制度两大部分。其中土地制度仅限于建设用地，农用地和未利用地排除在外，具体体现为建设用地所有制度、使用制度、收益分配制度、规划制度和管理制度；房屋制度限于住房，即能够遮风避雨，满足人们生存、生活需求的有立体结构的场所，主要体现为住房所有权以及衍生权利。由于房屋的建造离不开土地，并且土地使用权与建筑物所有权的一体化关系已在被广泛认同的同时呈现绝对化倾向，土地制度和房屋制度也往往被统一调整。在此趋势下，我国房地产制度往往对房屋所有权或土地使用权择一规定，大多数情况通过对宅基地使用权、集体建设用地使用权等土地使用权来进行规制，少数时候通过调整房屋所有权规制。[①] 从房地产制度的规制权限上看，可分为房地产所有制度、使用制度、收益分配制度、处分制度。从房地产制度涉及的宏观经济领域看，还可以分为房地产税收制度、融资制度、产业制度等。

本书中研究的房地产制度仅仅是指以土地、建筑物以及附着在土地、建筑物上不可分离部分的所有、使用和管理权益予以约束和规范的直接相关规则，除专门界定外，不包括房地产税收、融资、产业制度等范畴。

---

① 鲁晓明：《论城乡二元房地产制度的困境与解决路径——从城市房价高企现象展开》，载《2010年度（第八届）中国法经济学论坛论文集（上）》，山东大学经济研究院2010年版，第341页。

二 房地产税制的内涵

税收作为国家强制参与社会产品分配的主要形式，需要对各生产部门和各类生产活动调节。房地产作为一个综合性部门，既包含土地、建材等有形生产要素，也包含销售、管理等无形服务要素，这些要素的获得、使用、转移都离不开国家税收的调控。

房地产税制可以从两个不同角度来理解，一是指国家以法律形式规定的房地产税收法令、征收管理办法以及与房地产权益有着税收关系的规范制度的总称[①]；二是指国家按一定政策原则组成的房地产税收体系，是主体税种的选择和各种税的搭配。

（一）与房地产税相近的几个概念

在理论和实务界，存在几个与房地产税相近的概念，具体如下。

1. 房产税。房产税是由产权所有人缴纳的，以房屋为征税对象，按房产余值或租金收入为计税依据的一种税，既属于静态财产税，又属于个别财产税。各国设置不同，有的单独设立，有的与土地税合并征收，我国目前有专门以此命名并仅以房屋为征税对象的法律。

2. 土地税。土地税是各国现存最古老的税收形式之一，也是世界各国征收最广泛的税种之一。以土地为征税对象，以土地面积、等级、价格、收益或增值额为依据计征，往往是相关赋税的总称。我国现存税制中没有专门以"土地税"命名的税种，但城镇土地使用税、土地增值税、耕地占用税都属于该税范畴。

3. 物业税。物业税源自香港，是对土地、房屋及其他建筑物拥有人的出租收入征收的一种税。自 2003 年中共十六届三中全会

---

① 王凤飞：《我国房地产税制的优化设计及可行性研究》，《河北经贸大学学报》（综合版）2014 年第 3 期。

提出条件具备时对不动产开征物业税以来，学者们进行了多方讨论，但一致认为内地预备开征的物业税与香港物业税有本质区别，实际上是不动产税，是对房地产及其他不动产的拥有者普遍征收的一种税，但"名称不太符合征收对象的实际，容易产生误解"[①]。

4. 房地产税。房地产税目前尚无统一界定，主要代表有"两分法"和"三分法"。"两分法"主张房地产税从内涵角度分为狭义和广义两类，狭义即指不动产税，以房产、地产为征税对象，仅在保有环节课征；广义则包括各种与房地产所有权、使用权的取得、保有、转让有关的税种，涉及流转税类、所得税类和财产税类的相关税种。[②]"三分法"则分为狭义口径、中间口径和广义口径，即在上述分类的基础上又将政府对房地产收取的各种具有税收性质的基金、费用涵盖在内[③]，形成更广泛的统计口径。因此，广义房地产税是税收分类中的一个特定类别，是一个税收体系，不是一个具体税种的名称。

5. 财产税。财产税与商品税、所得税共同构建起现代国家的三大税收体系，主要对纳税人拥有或支配的应税财产以其数量或价值额为依据征收，属于典型的直接税、定期税和存量税。在长期历史发展中，财产税也从主要对土地、房屋等不动产的课税，演变为包括动产和不动产、有形动产和无形动产的综合体系，由单一的从量计征演变为从量、从价并存的计征体系。目前已成为发达国家地方政府的主要税收来源，在筹集财政收入、公平财富分配、调节经济发展等方面发挥着不可或缺的积极作用。

从上述界定中可以得知，房产税、土地税、物业税、房地产税

---

① 靳东升：《中国开征物业税面临的若干问题》，《中国金融》2009 年第 12 期。
② 程瑶：《发达国家房地产税制体系比较与借鉴》，《大连理工大学学报》（社会科学版）2012 年第 6 期。
③ 涂京骞、王波冰、涂龙力：《房地产税立法与改革中几个重要问题的破解思路》，《国际税收》2014 年第 4 期。

和财产税从征收对象的范围来看,具有一定的重合、包含关系(图2-1)。

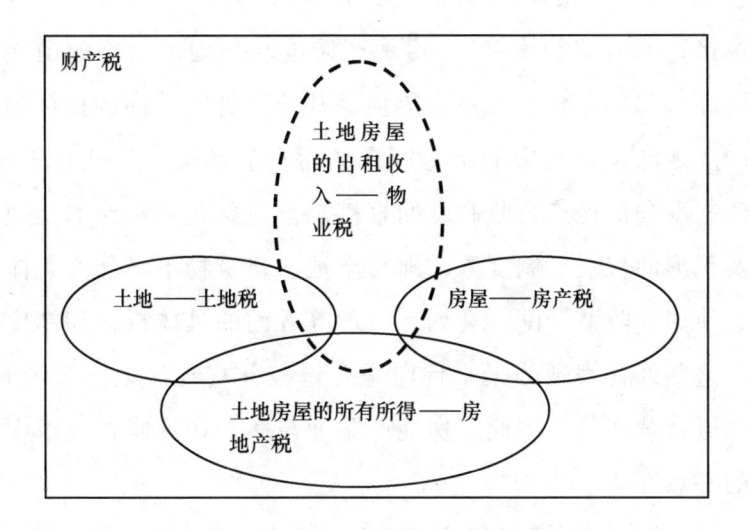

```
财产税
  土地房屋的出租收入——物业税
  土地——土地税    房屋——房产税
      土地房屋的所有所得——房地产税
```

图 2-1 房地产相关税种及其征税对象关系

(二) 房地产税制包含的税种范围

我国现行的房地产配套税制以调整对象为依据,包括三类:一是以房屋为征税对象的税种,仅有房产税;二是以土地为征税对象,包括城镇土地使用税、耕地占用税;三是同时以土地、房屋为征税对象,包括土地增值税、契税、营业税、城市维护建设税、印花税、企业和个人所得税。其中,房产税、城镇土地使用税、耕地占用税、土地增值税和契税是直接以房、地产为征税对象的税种,而营业税、城市维护建设税、印花税、企业和个人所得税则属于间接相关的税种。

本书所研究的房地产税制以二分法中的广义房地产税为基础,包括各种与房地产所有权、使用权的取得、保有、转让有关的税种,但主要是五大直接相关税种和营业税,对其他的间接税种不做深入研究。

三 房地产制度与税制改革的衔接机制内涵

(一) 房地产制度与房地产税制的衔接基础

衔接，即为"相连接"。房地产制度与房地产税制的衔接，以二者研究对象的非包容关系为前提，基于二者的共同调控标的——有形的房地产及其无形的房地产市场而自然形成。从外在表现看，房地产制度和房地产税收制度的直接规范对象包括有形的土地、建筑物及无形的权益、制度等，即与土地、建筑物不可分离并体现为所有、使用、收益分配、规划、管理等方面的具体权益和制度。实际上，这些外在表现的根本旨向是要调控并实现房地产市场有效、合理、可持续运行。因此，房地产制度与房地产税制在改革中存在衔接的必然性。

(二) 房地产制度与房地产税制的衔接运行机理

基于土地资源的天然不可再生性和稀缺性，房地产具有一定的增值保值功能。在市场经济体制下，房地产制度旨在通过对相关有形物及其无形权益的规制促使房地产发挥应有的使用功效和相伴而生的增值保值功效；房地产税制旨在通过税收的作用确保相关制度的落实和效力发挥。

（1）房地产税制影响房地产市场及其相关制度。基于税收作用的外部性，房地产税制改革可直接影响市场供求，进而督促、影响房地产制度的改革。从需求角度看，保有环节的房地产税作为典型的财产税可有效增加房地产持有成本，降低投资者收益，从而影响购买者投资决策。房地产市场供过于求时，可通过降低税收刺激消费；供不应求时，可通过提高税收增加持有成本，抑制消费。这种刺激或抑制消费的作用可反馈于房地产制度，推行适应市场调节需求的房地产开发、销售、转让制度，如保障房制度就是对低收入者和"夹心层"的照顾措施。从供给角度看，流转环节的房地产税可影响房地产开发与经营阶段的成本，从而促使房地产市场调整。并且，该环节税收与房价互相影响并成正比例关系，房价越高，流转环节的房地产税收入越高；流转环节的房地产税越高，因间接税的税负转嫁会使买方实际承担的房价越来越高。这种税负关系直接对我国目前提倡的房地产市场理性发展产生负面影响，有待改善。

（2）房地产市场需求及结构影响税制的改革。房地产市场的需求及结构除受买方自身需求决定外，还受到国家房地产制度安排的影响。充分利用税收制度及税收杠杆作用，可有效配合房地产制度的落实。我国目前住房市场的制度安排理念以"保障自住、引导投资、抑制投机"为核心，基于此，房地产税收可采取"以免税方式保障自住需求，以税负合理安排积极引导投资性需求，以加倍征税抑制投机性需求"的配套方式。这种税收安排既是落实房地产制度的保障，也有助于引领房地产市场及消费的日趋合理。

（3）房地产税制的全面建设是实现房地产市场长效调控机制的重要内容。对房地产征税的目的是运用税收杠杆，加强对房产的管理，提高房产使用效率，控制固定资产投资规模和配合国家房产政策的调整，合理调节房产所有人和经营人的收入。国际经验和我国实践已充分证明，房地产市场的长效健康发展离不开税收的有效调节。税收不是万能的，但不建立类似于美国、日本等市场经济相对成熟的经济体都具有的房地产税或不动产税，又是万万不能的。[①]在实现房地产市场的长效调控中，单一依靠某一税种或某几个税种来实现全部的调节目的并不可行，需要对包含开发、流转、持有等诸多内容的整体房地产体系予以全面建设、综合改革、循序渐进。正如税收法律制度一般理论所强调的，侧重保持税法稳定性与可预测性的税收法律主义对建立与巩固市场经济的有序性和法治社会作

---

① 贾康等：《中国住房制度与房地产税改革》，企业管理出版社2017年版，第33页。

用重大，一个体系健全、运行有序的房地产市场离不开能与市场经济相吻合，并将国家宏观经济政策渗透于市场的高效、完备的房地产税收制度，以及与同期房地产制度的衔接、配合。

（三）房地产制度与房地产税制改革的衔接点

基于房地产制度与房地产税制共同的调控标的及运行机理，二者的改革有衔接的必然性和可行性，具体体现为以下几方面的实际衔接点上。

一是调控范围上的衔接与重合。如前所述，房地产制度与房地产税制调控标的同一使二者有着天然的衔接基础。实际中，无论是单一的土地制度，还是复合的房地产制度，在我国人多地少和传统农业大国的国情下都兼具经济问题、社会问题与政治问题的属性，影响到民众、政府多方利益，也是改革慎重推进和循序渐进的关键所在。20世纪90年代中期以来，以城市住房的货币化、商品化改革为重心的新型房地产制度建设已经取得一定的积极成效，大力推动城市住房交易市场发展同时，也提高了城市房地产资源的配置效率。但与之对应的农村房地产制度，无论是宅基地，还是经营性建设用地的使用、管理，都呈现出改革的相对滞后和缓慢。近几年来，房地产制度改革逐步倾向集体建设用地，但该领域的税收制度明显不完善，既无法发挥税收对房地产业的引导、调节功效，也制约着房地产制度的功效落实，需要同时改革并配套推进。

二是改革目的上的衔接与重合。作为资源配置方式，房地产市场机制兼顾效率与公平，近些年来的改革有目共睹地提升了效率，也同时造就了农村与城市之间、有"产"者与无"产"者之间的诸多不公平。这种不公平不利于房地产市场长效机制的建立，需要房地产制度与房地产税制的全面改革配合。宏观上，既要兼顾城乡房地产使用效率的提高，又要注重解决城乡房地产的财产权属不公平；既要考虑到政府房地产管理与征税中的行政效率，又要注重保障政府公共支出与纳税人受益度之间的公平；既要考虑地方政府的财政收入效率，又要充分考虑纳税人的税收负担能力公平。

三是在调控功能上的衔接与重合。调节房地产资源的有效使用、调节社会财富关系、组织政府收入、充分行使国家基本职能是房地产税制的职能所在，也是房地产税制改革中税种调整、要素设计时重点考虑的问题。房地产制度改革的调控功能与其类似，抑制城市房地产过度投机、提高农村房地产实际价值、减少城乡闲置房浪费、增加"可支付住房"供给等已被视为新一轮房地产制度改革的关键，也是调控功能的具体体现，与房地产税制的调控功能有着不容忽视的统一性。上述调控功能的衔接可概括为一个基本原则——节约资源，和一个基本规律——遵循市场经济规律的具体应用。

（四）房地产制度与房地产税制改革衔接机制的设计框架

事实上，上述房地产制度与房地产税制改革的衔接点贯穿于我国社会主义市场经济体制建立过程中房地产领域改革的各个环节，是当前房地产领域深化改革的目标指向与关注重点，也是衔接机制建立的基石。理论上，房地产制度与房地产税制改革的衔接机制设计应遵循以下几方面的要求。

一是应以现实结合点为基础。广义上的房地产制度与房地产税制是包含关系，但这并不是我们研究的对象。理论体系上，本书研究对象仅限于现实中已存的结合点，如正在推行的集体经营性建设用地入市改革、沪渝房产税试点改革等，并以房地产制度与房地产税制改革的相辅相成视为衔接机制的设计原则。

二是应遵循市场调控与政府指导相结合的设计理念。无论是房地产制度改革，还是房地产税制改革，最终目标都是要建立起符合国情、要素健全、运行合理的房地产市场体系，而完善的市场体系要求兼顾效率与公平。这就意味着建立房地产制度与税制改革的衔接机制时，需全面贯彻效率与公平原则，并将其体现在改革的方方面面。改革推进中，仅依靠市场机制会出现过度注重效率而引发不公平的缺陷；仅依靠政府调控又会与市场理念相违背、降低效率的负面效果。我国近些年来政府越调、房价越高的螺旋式房价收入上涨模式在一定程度上体现了没有从根本上解决房地产市场供给问题的政府调控缺陷。这就要求在设计房地产制度与税制改革的衔接机制时要遵循市场调控与政府指导相结合的理念，做好放权与收权的更迭。

三是应以推进改革为设计目标。深化改革，全方位实现中国特色的社会主义市场经济体制是现阶段我国政治经济体制改革中的头等要事。对房地产市场而言，无论是集体建设用地与国有建设用地的同等入市，还是宅基地的有偿退出，抑或是对居民居住用房的房产税征收，事实上都因"牵一发而动全身"的多方利益关系而被视为"改革深水区"，推行举步维艰。因此，在设计房地产制度与税制改革的衔接机制及体系时，要本着顺应改革、深化改革的目标，结合实际、进行切实可行的分析论证。

第二节 房地产制度及税制改革研究相关理论基础

一 地租及相关税制理论

地租理论是分析土地资源稀缺并不可再生状况下，城市经济快速发展而引发地价以及房地产价格大幅上升的理论基础。从古到今诸多著名学者论述了该理论，典型代表人物及观点包括如下几点。

1. 威廉·配第的代表性观点

威廉·配第作为古典政治经济学创始人，在《赋税论》中认为劳动与土地是一切财富的根源，不管是对哪类收入的课税最终都会落到这二者上。当劳动者同生产资料和土地分离后不承担任何税收负担，课税对象只能是地租及地租派生的收入，而"课征全部地租的六分之一作为租税"是一种较好的课税方法。①

2. 亚当·斯密的代表性观点

古典经济学代表斯密在《国民财富的性质和原因的研究》中论述分配理论、国家职能与赋税原则部分，均研究了房地产相关的租与税，并提出以下几个观点。

一是认为作为使用土地的代价，地租是一种垄断价格并完全来自土地收入，属于地主；地租与租地人所能缴纳的数额成比例，与地主改良土地所支出的费用或地主所能收取的数额不成比例；一切赋税和一切以赋税为来源的收入来自土地、劳动及资本，都直接或间接从土地地租、劳动工资或资本利润中支出。

二是分析对地租征税时，提出加在土地地租上的税赋包括按既定标准评定定额地租、估计既定后不再变更，以及税额随土地实际地租变动而增减两种方法。通过比对英国按不变税额征税与法国按变动税额征税两种办法，赞同按不变税额方式或所谓国家基本法征收地租税，认为能够促进社会对土地投资资本的增加，进而增加作物产量和地租水平，有利于社会真实财富的增加。

三是在分析房租税时，指出房租可分为建筑物租和地皮租两部分，房租税如果由住户承担并与房屋全部租金成比例，则在相当长时间内不会影响建筑物租，也不会全部落在地皮租上，往往由住房消费者和土地所有者共同分担。房租税太高，会使大部分人选择较小房屋，并把大部分费用转移于其他消费。征税时，无人居住的房屋应当免税；所有者自己居住的房屋应纳税额以租金为准。斯密认为与房租相比，地皮租是更为妥当的课税对象，因为所有者不须付

---

① 席克正：《从威廉·配第到大卫·李嘉图的古典学派财政学说》，《财经研究》1986年第9期。

出劳动就得到收入，并全部由土地所有者负担，不会抬高房租；即使由住户垫支，也会因住户在承担的税负与地皮租之间的此消彼长关系，仍要求土地所有者承担地皮税。地皮租超过普通土地地租的部分，是因善政而产生，对借国家善政而存在的资源课以特别税，或使其承担多于其他普通收入资源的税收以支援国家费用是合理的。①

3. 阿弗里德·马歇尔的代表性观点

新古典经济学代表马歇尔对房地产制度及其税收理论分析时，以居民流动与税收的有偿、无偿之间存在关联为前提，提出以下观点。

一是分析土地税时，认为当建筑物的建筑技术水平、用途等一般性质与其地基价值相对应时，地产的建筑价格和地基价值之和构成全部价值，一并属于土地税征税依据。

二是分析建筑物价值税时，提出如果是全国一致的无偿税，因无法体现土地的差异优势，主要由住户或消费者承担。如果是地方性价值较高并有差异的无偿税，当税款用于改善当地生活福利时，因不会产生迁移效应而由建筑物所有者承担；当税款超过无偿部分时，会引起迁移效应，并减少建筑物需求，直到这种额外建筑价值税由承租人或地主负担为止。承租人支付的建筑物租金中包括房租和地租两部分，对土地征收的无偿税，双方事先知道则由地基所有者承担，如果不知道则由承租人负担；有偿地方税则由住户支付，因城市改良等最终由土地所有者受益，所以这笔税款应从租金中扣除。

三是提出土地价值税的初步设想。认为可以根据资本价值向空建筑地基征税以及将建筑价值税部分转移到地基价值上，但需

---

① [英]亚当·斯密：《国民财富的性质和原因的研究》，郭大力、王亚南译，商务印书馆1972年版，第38、554—556、562—564页。

逐步进行,并遵循对建筑物高度及前后应留空地的严格规定。主张靠近新兴城市附近仍然当作农田的土地虽然提供较少的纯租金,但因包含未来地租而使价值较高,征税时应以其资本价值为税基征税。

四是建议将土地列入单独课税项目。马歇尔认为对土地立法比对其他财富立法对后代富有更大责任。从公平原则角度出发,土地供给具有永久固定性,税负不易转嫁;私人作为土地持有者,有义务将自己因社会发展而享有的利益为公众福利服务,国家为造福社会所需的巨额经费开支的最合适来源也是因土地私有而获得的利益。建议一切土地在不按建筑物计价而按较低的土地面积价格出售时,就应视为具有特殊的地基价值,征收一般地基税。不动产税是除土地税外地方政府获得其余必要基金的最好办法,在需要征集新经费时,可对住宅分级征税,一般住宅适用较低税率,大住宅适用较高税率。①

4. 卡尔·马克思的代表性观点

相对以配第为代表的西方资产阶级经济学家,马克思地租理论被认为是从经济关系出发进行科学、深入、细致研究的理论体系,在指导我国房地产制度及其配套税制改革中有积极意义,尤其是在分析土地价格、税费调控、收益分配等现象时更是不可或缺的指导理论。

一是马克思主张租税成立的前提是国家的产生,认为"国债制度和近世课税制度,'……它们全都利用国家权力,利用集中的组织的社会力量,象温室般地,助长封建生产方式向资本主义生产方式的转化过程,并缩短当中的推移'"②。因此,租税制度与国家联

---

① [英] 阿弗里德·马歇尔:《经济学原理》,廉运杰译,华夏出版社 2004 年版,第 635—636、637—642 页。

② [德] 马克思:《资本论》第 3 卷,人民出版社 2004 年版,第 868 页。

系密切，当从氏族部落向国家过渡、从地方局限向民族过渡的城乡分裂中，城市的出现需要公共机构来维持秩序，进而需要赋税等来维持政治机构的物质资源①，"赋税是政府机器的经济基础"，而不是什么其他东西的经济基础。②

二是认为租税是剩余价值的分配形态之一。"正是工人与资本家之间围绕劳动力出卖、以及强迫工人生产出比构成劳动力有酬价值多得多的东西的交易，这些剩余价值随后就以地租、商业利润、资本利息、捐税等等形式分配于各类资本家及其奴仆之间。"③ 这不仅说明了工人缴税是工人工资的扣除，也论证了在利润、地租上的课税最后也直接或间接地、不同程度地转嫁于工人、农民等贫穷者。④ 其中，地租是作为租地农场主的资本家在对特殊的生产部门——农业投资经营时，"为得到这个特殊生产场所使用自己资本的许可，要在一定期限内按契约规定制度给土地所有者一定的货币额"，需要在土地租借的整个时期内支付，是土地所有权在经济上借以实现即增殖价值的形式。⑤

三是将地租根据形成方式分为绝对地租和级差地租。其中，绝对地租基于土地所有权垄断性产生，不论土地优劣都归土地所有者；级差地租是因优劣不同、面积相同的土地施以等量投资后带来的不同超额利润而形成⑥，包括因土地自身肥沃程度或地理位置差异在投资后形成的超额利润转化而成的级差地租Ⅰ，和在同一土地上因连续追加投资而形成不同劳动生产率所产生的超额利润转化而成的级差地租Ⅱ。建筑土地的地租基础和一切非农

---

① 《马克思恩格斯选集》第1卷，人民出版社1972年版，第56页。
② 《马克思恩格斯选集》第3卷，人民出版社1972年版，第22页。
③ 《马克思恩格斯选集》第2卷，人民出版社1972年版，第481页。
④ 吴兆莘：《马克思恩格斯论租税——论资本主义租税的本质》，《中国经济问题》1962年第10期。
⑤ [德] 马克思：《资本论》第3卷，人民出版社2004年版，第698页。
⑥ 冯鸿：《从辩证逻辑角度理解级差地租Ⅱ》，《南京财经大学学报》2005年第2期。

土地的地租基础一样，由真正的农业地租调节①，位置对其级差地租具有决定性影响，因此而产生的级差地租Ⅰ和连续追加投资后的级差地租Ⅱ归建设用地所有者或投资使用者享有。同时，建筑地段土地所有者只是利用社会发展的进步获取利润，对这种进步也没有像产业资本家一样有贡献或冒风险，在许多情况下都因垄断价格占有优势②。

四是认为土地价格是资本化的、一次提前付清的未来的地租。其中地价是土地所有权的价格，表现为交易时支付、获得或保有者拥有的资产金额，是土地所有权在经济上实现的直接形式；地租则是使用土地的代价，是"土地所有权在经济上借以实现即增殖价值的形式"，③交易角度表现为出售或购买一定时期土地使用权时使用者支付的成本，是土地所有权经济上的间接实现。地租与地价虽然都是土地所有权的经济实现形式，但存在反映关系、函数关系和影响因素的不同。现实中，土地作为生产者的主要工具，是生产者无论花多少价格都必须购买的，这也使得土地价格可以在地租不增加的情况下，因利息率的下降或投入土地的资本利息增长而提高，也可以因地租的增加而提高，资本化的地租即土地价格。

二 产权调控及产权税收理论

产权调控理论是房地产制度研究的切入点和内核。以罗纳德·科斯为代表的新制度经济学以资本主义市场中的产权界定与交易为核心，把市场理解为交易者进行产权的组织平台，致力于交易成本最小化研究，提出经济学的核心问题是权利买卖，而非商品买卖。

---

① ［德］马克思：《资本论》第3卷，人民出版社2004年版，第874页。
② 同上。
③ 同上书，第698页。

人们购买商品旨在获得对商品的支配权，拥有物品的前提是拥有其财产权或某一权利束，交往中权利、义务的不对称或范畴界定不严会使资源配置对外产生影响，产权界定不明则会引发市场运行失灵。① 产权是一个极其复杂的概念，P. 阿贝尔（1992）、Y. 巴泽尔（1989）等普遍认为其是包括所有权、使用权、管理权、收益权、承担负债权、转让权、处置权以及其他各类财产权能在内的宽泛范畴②，具有内容多样复合、权利排他、交易自由和内涵动态等特点。作为现代市场经济社会顺利运行的重要制度基础，产权可以有效发挥激励、约束、协调、资源配置以及外部性内部化等功能，也是产权发挥调控作用的主要表现。科斯更是指出只要产权界定清晰，交易成本就不存在，在交易成本为零或很小的情况下，无论初始财产权赋予谁，市场均衡的最终结果都可以实现资源配置的帕累托最优。

学者们根据产权定义，衍生分析、界定了土地产权及调控理论。首先，土地产权是有关土地这种财产的一组权利，包括所有权、使用权、收益权、处分权等各项权利。马克思在《资本论》《剩余价值理论》等著作中研究资本主义经济制度下土地产权后，也提出土地产权是由终极所有权及所有权衍生出来的占有权、使用权、处分权、收益权、出租权、转让权、抵押权等权能组成的权利束③，是以土地所有权为基础形成的完整权利体系。其次，权利组合方式决定产权结构，产权结构决定利益主体结构及产权效率。不同产权制度下的土地资源流转程度和市场化程度不同，缺乏保障的土地产权，往往体现为土地流转程度差、市场化水平低，不能形成正确的价格；相反，有保障的土地产权可以自由流转，并有获得正

---

① 徐洪才：《中国产权交易市场研究》，中国金融出版社2006年版，第10页。
② 潘世炳：《中国城市国有土地产权研究》，企业管理出版社1991年版，第50页。
③ 洪名勇：《论马克思的土地产权理论》，《经济学家》1998年第1期。

确价格的可能性，为借助市场机制实现土地资源的有效配置提供了必要条件[1]。最后，土地的不可移动性使其交易、配置实质上是产权的市场化交易与商品化配置，并通过价格体现出来，土地价格无非是"地租的资本"，由当时社会及市场土地产权供需状况决定。土地产权制度的安排直接形成土地资源配置状况或驱动土地资源配置状态的改变。界定明晰的土地产权制度本身作为一种有效的资源配置模式，可以提升财产价值、减少资源浪费，进一步通过激励作用诱导行为决策，影响社会绩效。

产权税收理论主要用于界定以政府为代表的公共部门采用税收方式获取收入的边界确定依据及其前提条件[2]。首先，税收依附于产权而存在。制度经济学认为市场交易本质是对物上产权的交易，属于事实上的排他权，其界定及保护有赖于特别强制力。实际中，国家具有的强制力比较优势和规模经济效应，使其天然拥有比其他任何组织和个人以更低成本产权界定、保护与实施的优势地位，从而认为"税收本质上是国家界定和保护产权的价格"[3]。其次，征税是对合法产权认定与保护的一种承诺，国家若以剥夺侵犯产权的方式获取收入，则是不合法的税收。正如布坎南所言："只要承认，法律——政府的管理结构具有生产力，那么就得承认国家有权从经济中取得部分有价值的产出。如果没有一种制度来保护所有权并使契约付诸实施，那么国家也就无权来分享总收入。"[4] 最后，私人产权保护是形成合法征税权的前提条件，即产权完整是政府征税的前提，产权明晰的领域及环节税收

---

[1] 郭新年、辛元：《土地产权制度三题》，《人文杂志》1999年第4期。
[2] 任寿根：《产权税收理论初探》，《涉外税务》2005年第4期。
[3] 刘晔：《对税收本质的重新思考——基于制度视角的分析》，《当代财经》2009年第4期。
[4] ［美］布坎南：《自由、市场与国家》，平新乔、莫扶民译，上海三联书店1989年版，第237页。

应当介入，否则会导致税收真空；产权不存在或模糊的领域，税费之间关系不明朗，税收介入会产生权力滥用。[①] 国家只有对产权予以保护，其征税才具有合法性。

三　城乡一体化理论

城乡关系是包含着城乡发展、经济、文化、社会、运行等多项关系的复杂体系。城乡一体化作为一种发展战略，既强调乡村向城市的靠拢，也强调城市向乡村的靠拢，是"以城带乡、以乡补城"的统一体，也是我国继承马克思主义相关思想并始终贯彻于社会主义国家建设中一脉相承的理论。

（一）马克思恩格斯的城乡一体化思想

马克思、恩格斯在批判吸收空想社会主义学者思想的基础上，结合当时的城乡发展状态，在《论住宅问题》《德意志意识形态》《共产党宣言》《反杜林论》等一系列论著中对资本主义城市的产生、发展规律及本质等问题予以论述，进而论述了城乡融合、建设与发展等重要问题。

首先，马、恩认为城市与乡村的分离是"生产资料支配生产者"的人类社会发展中产生第一次社会大分工的基础，"即城市和乡村的分离，立即使农村人口陷于数千年的愚昧状况，使城市居民受到各自的专门手艺的奴役"。[②] 而这种分离"破坏了农村居民的精神发展的基础和城市居民的体力发展的基础"，并随着生产资料私有制和阶级的形成而发展，即"某一民族内部的分工，首先引起工商业劳动和农业劳动的分离，从而也引起城乡的分离和城乡利益的对立"[③]。"一切发达的、以商品交换为媒介的分工的基础，都是

[①] 任寿根：《产权税收理论初探》，《涉外税务》2005 年第 4 期。
[②] 《马克思恩格斯选集》第 3 卷，人民出版社 1972 年版，第 330 页。
[③] 《马克思恩格斯选集》第 1 卷，人民出版社 1972 年版，第 25 页。

城乡的分离。可以说,社会的全部经济史,都概括为这种对立的运动。"① 列宁进一步认为,商品经济的发展是城乡差别存在的原因;商品经济的发展就是一个个工业部门同农业分离,也就意味着愈来愈多的人口同农业相分离,即工业人口增加,农业人口减少;农业生产的特点、农业生产力不发达也是城乡差别存在的原因;在生产力发展到全体社会成员能够实现同等富裕水平之前,城乡差别必然存在。②

其次,马、恩认为城乡融合是可行的。一方面,大工业的发展及其资本主义的应用使工厂乡村转变为工厂城市,并且"向城市集中是资本主义生产的基本条件",但"每个工业资本家又总是离开资本主义生产所必然造成的大城市,迁移到农村地区去经营"③。另一方面,城、乡对立的消灭"已成为工业生产本身的直接需要",只有通过城乡融合,"现在的空气、水和土地的污毒才能排除,才能使城市中日益病弱的群众的粪便不致引起疾病,而是用来作为植物的肥料"④。因此,"消灭城乡对立并不是空想,正如消除资本家与雇佣工人间的对立不是空想一样。消灭这种对立日益成为工业生产和农业生产的实际要求"⑤。城乡融合既是历史发展的必然趋势,也是人类在掌握客观规律的基础上进行制度选择的结果。

再次,马、恩提出消灭城乡差别的物质前提是"把农业和工业结合起来,促使城乡之间的对立逐步消灭"⑥。在深入分析资本主义社会的产生和发展后,指出资本主义工业造成城市畸形发展,工业

---

① 《马克思恩格斯全集》第25卷,人民出版社1974年版,第733页。
② 吴振磊:《马克思经济学与西方经济学城乡关系理论的比较》,《经济纵横》2011年第8期。
③ 《马克思恩格斯选集》第3卷,人民出版社1972年版,第335页。
④ 同上。
⑤ 《马克思恩格斯选集》第2卷,人民出版社1972年版,第542页。
⑥ 《马克思恩格斯选集》第1卷,人民出版社1972年版,第273页。

人口畸形集中，而集中于城市的工商金融资本剥削农业生产者，给农业生产造成祸害，加剧了城乡之间的差别和对立；但资本主义工业发展又为消除城乡差别造成了物质条件。①"农业和工场手工业的原始的家庭纽带……被资本主义生产方式撕断了。但资本主义生产方式同时为一种新的更高级的综合，即农业和工业在它们对立发展形态基础上的联合，创造了物质前提。……资本主义生产通过破坏这种物质变换的纯粹自发形成的状况，同时强制地把这种物质变换作为调节社会生产的规律，并在一种同人的充分发展相适合的形式上系统地建立起来。"②

最后，马、恩在强调消除城乡对立的长期性和艰巨性的同时，认为大工业在全国尽可能平衡的分布是消灭城乡分离的条件。具体体现为以下几方面：一是生产力的高度发展是走向城乡融合的基础前提。当生产力发展到社会主义公有制取代资本主义私有制的程度时，就该通过各种途径与方法来促进城乡的融合；二是建立新的城乡分工，实行产业结合，主要是工农业的结合，通过"把城市和农村生活方式的优点结合起来，避免二者的片面性和缺点"③，并"把农业和工业结合起来，促使城乡对立逐步消灭"④。三是加强城乡及其产业间的联系，通过农业合作社组成大规模经济，并应用现代工具、机器等来大力提升农业生产力、促进农业现代化；四是要充分发挥城市的作用，由于城市集聚着各种生产要素、基础设施、人力资源和信息，可以发挥天然规模效应和集聚效应，因此，城市带动是走向城乡融合的重要途径，未来社会实现城乡融合不是要毁

---

① 叶昌友、张量：《论马克思、恩格斯的城乡融合思想》，《求索》2009年第12期。
② ［德］马克思：《资本论》第1卷，中共中央马克思、恩格斯、列宁、斯大林著作编译局译，人民出版社2004年版，第579页。
③ 《马克思恩格斯选集》第1卷，人民出版社1972年版，第220页。
④ 同上书，第273页。

灭城市,而是要在发挥城市积极作用的同时实现城乡的"更高级综合"。① 同时,"文明在大城市中给我们留下了一种需要花费许多时间和力量才能消除的遗产。但是这种遗产必须被消除……即使这是一个长期的过程"②。

(二) 新中国成立以来三代领导人的城乡一体化思想

新中国成立后的历代领导人都在坚持社会主义道路,同时探寻我国城乡一体化的特殊发展道路。从第一代领导的"质朴城乡发展观"到第二代领导的"城乡一体化尝试",再到第三代领导的"城乡一体化战略",我国已初步形成具有中国特色的城乡一体化思想和理论。③ 以毛泽东为核心的第一代领导集体,在新中国成立后废除封建土地私有制、消除城乡对立的经济基础,使城市和农村、工业和农业、工人和农民紧密联系起来,促进了社会主义制度巩固和国民经济好转,推动了城乡经济、政治、文化的协调发展。十一届三中全会以后,以邓小平为领导的第二代领导集体指出"城市支援农村,促进农业现代化,是城市的重大任务",为中国特色的城乡一体化初步实践奠定了基础。以江泽民为核心的第三代领导集体先后在十五届和十六届三中全会决定中提出"从全局出发,高度重视农业,使农村改革和城市改革相互配合、协调发展",以及"把建立有利于改变城乡二元经济结构的体制,作为完善社会主义市场经济体制的主要任务之一"。随后,胡锦涛总书记在 2004 年中央经济工作会议上提出"我国现在总体上已到以工促农、以城带乡的长效机制,形成城乡经济社会发展一体化新格局"。并在 2007 年十七大报告中予以明确,2008 年十七届三中全会决定强调"建立促进城

---

① 叶昌友、张量:《论马克思、恩格斯的城乡融合思想》,《求索》2009 年第 12 期。
② 《马克思恩格斯选集》第 3 卷,人民出版社 1972 年版,第 336 页。
③ 张永岳、陈承明:《论城乡一体化的理论与实践——兼论中国特色城乡一体化的联动机制》,《毛泽东邓小平理论研究》2011 年第 3 期。

乡经济社会发展一体化制度"①。

(三) 新一代领导集体的城乡一体化思想

习近平总书记执政以来，延续马、恩的城乡融合思想和三代领导集体的城镇化思想，结合我国新时期现状，继续予以深化、创新。

一是提出以人为本的新型城镇化思路。2013年7月，习近平同志在湖北省鄂州市长港镇峒山村考察时说："农村绝不能成为荒芜的农村、留守的农村、记忆中的故园。城镇化要发展，农业现代化和新农村建设也要发展，同步发展才能相得益彰，要推进城乡一体化发展。……我们既要有工业化、信息化、城镇化，也要有农业现代化和新农村建设，两个方面要同步发展。要破除城乡二元结构，推进城乡发展一体化，把广大农村建设成农民幸福生活的美好家园。"在当年12月的中央城镇化工作会议上，再次指出城镇化是"现代化的必由之路"，"与工业化一道，是现代化的两大引擎"，要在新时期走以人为本的、中国特色科学发展的新型城镇化道路。

二是提出"四化"同步推进的协调发展路径。在强调以人为本的新型城镇化时，提出要与工业化、信息化、农业现代化同步推进。城镇化是解决农业、农村、农民问题的重要途径，推动区域协调发展的同时，有利于提高劳动生产率、扩大内需、促进产业升级，对全面建成小康社会、加快推进社会主义现代化具有重大现实意义和深远历史意义。但城镇化离不开其他"三化"的配合，一方面表现为农业现代化是整个经济社会发展、包括城镇化的根本基础和重要支撑；另一方面表现为工业化和信息化的融合在引领产业升级方向并提供动力的同时，既可以提高城镇化质量，也会通过土地利用需求促进城镇化步伐。

---

① 张永岳、陈承明：《论城乡一体化的理论与实践——兼论中国特色城乡一体化的联动机制》，《毛泽东邓小平理论研究》2011年第3期。

三是提出当前我国推进城乡一体化发展的必然性。2015年4月30日，习近平同志在中央政治局集体学习时指出："推进城乡发展一体化，是工业化、城镇化、农业现代化发展到一定阶段的必然要求，是国家现代化的重要标志"，强调要从国情出发，从我国城乡发展不平衡不协调和二元结构的现实出发，从我国的自然禀赋、历史文化传统、制度体制出发，"努力在统筹城乡关系上取得重大突破，特别是要在破解城乡二元结构、推进城乡要素平等交换和公共资源均衡配置上取得重大突破"，从而推进农村发展、让农民共享改革成果，推进城乡发展一体化也是必须完成的紧迫任务。

四是提出乡村振兴战略。十九大报告中首次提到乡村振兴战略的总要求，即坚持农业农村优先发展，努力做到"产业兴旺、生态宜居、乡风文明、治理有效、生活富裕"，建立健全城乡融合发展体制机制和政策体系。2018年3月8日，习近平在参加十三届全国人大一次会议山东代表团审议时指出："实施乡村振兴战略，是党的十九大做出的重大决策部署，是决胜全面建成小康社会、全面建设社会主义现代化国家的重大历史任务，是新时代做好'三农'工作的总抓手。农业强不强、农村美不美、农民富不富，决定着全面小康社会的成色和社会主义现代化的质量。"习近平强调："要充分尊重广大农民意愿，调动广大农民积极性、主动性、创造性，把广大农民对美好生活的向往化为推动乡村振兴的动力，把维护广大农民根本利益、促进广大农民共同富裕作为出发点和落脚点。"[1]

三　小结及理论评述

推进社会主义市场经济体制改革，消除城乡体制性障碍，加快形成有利于创新发展、协调发展的市场环境、产权制度、分配制

---

[1] 《习近平：乡村振兴战略是一篇大文章》，《新华每日电讯》2018年3月9日第1版。

度，建立健全有利于转变经济发展方式、促进社会公平正义的财税制度，是实现我国城乡区域和经济社会协调发展的主要任务，也是城乡一体房地产制度及其配套税制改革的终极目标。

在房地产制度与税制改革的衔接机制研究中，西方经济学及马克思经济学中的地租及税收理论是分析房地产价值、土地增值及其增值利益分配的理论基础，也是房地产税费改革的理论前提，对分析我国提高农村建设用地市场价值、指导"土地出让财政"向"土地税收财政"转型有着积极意义，也为农村集体建设用地的直接入市改革、去"土地财政"改革和城乡一体的房地产制度改革中的配套税制改革提供了依据。产权调控理论解释了我国集体经营性建设用地入市改革以及城乡一体房地产制度改革的可行性，并进一步从产权有效发挥功能角度提出深化改革的明晰产权要求；产权税收理论则在完善产权的前提下进一步支撑了城乡一体房地产税收制度的改革，为房地产制度与税制改革的衔接提供了产权基础。城乡一体化是城镇化的最终目标，也是城镇化的提升基础，城乡一体化理论可以较好地解释我国未来城乡房地产制度及其配套税制改革的方向、发展趋势和必然性，为二者衔接的体系化提供了可行性和理论支撑。这些理论对解决我国房地产制度及其税制改革有积极意义，也只有在这些理论的指导下，才能深入地分析改革衔接中存在的问题，提供切实可行的改革建议，从而促进城乡同行并进、利益兼顾。

第三节 房地产制度与税制改革的交汇点及存在问题

世界各国的经验证明，房地产制度与税收制度在经济生活中的依存、融合已是常态，我国也不例外。但在特殊国情和市场经济体制的深化改革中，近期我国房地产制度和税制改革的现实交汇主要表现为城乡分治下的二元化、"土地财政"、集体经营性建设用地入市和房产税试点改革四个领域，这些现实交汇有一定的积极作用，但也存在诸多问题，有待在今后的房地产制度与税制改革中"扬优抑劣"、予以完善，也是二者改革衔接机制建立的基础与核心。

一 交汇点之一：城乡分治下房地产制度及税制的二元化

我国的城乡分治与国家战略选择关联紧密。"优先发展重工业"的赶超战略、"出口导向型"经济发展战略和快速"城镇化"路线，使过去几十年的发展呈现明显"重城市、轻农村""重工业、轻农业""重工人、轻农民"的"以农养工、以乡养城"局面，在产业结构、户籍制度等政策配合下，以土地为核心的城乡二元房地产制度对我国经济、社会发展起到了一定积极作用，但随着城乡界限的逐渐模糊与快速的城市化进程，这一制度已成为城乡融合协调发展的主要障碍。

城乡二元房地产制度是指对城市、农村房地产区别对待，实施迥然有异的政策，并规定权利人不同的权利和义务。[1] 从构成要素上可以分为建设用地二元化和房屋制度二元化两部分，而前者是现存房地产制度二元化的根本原因。

（一）城乡分治下的建设用地制度二元化

1. 产权结构二元化

城乡建设用地产权结构二元化主要指所有权、使用权及土地收益权的二元化。首先，所有权二元化。《宪法》中以生产资料的全民所有制和劳动群众集体所有制为基础，规定城市土地归国家所

---

[1] 鲁晓明：《论城乡二元房地产制度的困境与解决路径——从城市房价高企现象展开》，载《2010年度（第八届）中国法经济学论坛论文集（上）》，山东大学经济研究院2010年版，第341页。

有，由国家代表人民行使占有、使用、收益、处分等权利；除法定的国有土地以外，包括宅基地、自留地（山）在内的农村和城市郊区土地归集体所有，由村、村内、乡镇集体经济组织或同级管理议事委员会代表行使。

其次，使用权二元化。城市建设用地使用权建立在国有土地之上，国家作为唯一权力主体将占有、使用、收益权赋予使用者，仅保留最后的处分权，并规定除宅基地、乡镇企业或乡村公共公益事业建设以外的任何建设用地只能依法申请使用国有土地。与其对应，农村建设用地使用权则在集体土地上设立，体现为各类型集体经济组织对管辖范围内的土地享有自主支配权，但用于企业建设时需经地方政府审批，并不能以买卖或其他形式非法出让集体土地。

最后，国家征收时土地收益权的二元化。虽然法律规定国家为了公共利益可以征收、征用土地，并按原用途补偿，但城、乡土地区位、用途等的自然区别使二者天然不平等；现行法律又再次将耕地征收补偿设置为以前三年平均产值为基数的土地、安置、地上附着物和青苗补偿费，从而使受农业产业低价值影响的农村土地征收补偿更是偏低。

2. 流转体系二元化

在产权结构二元化的基础上，我国城乡建设用地流转亦体现为二元体系。《土地管理法》准予国有土地通过划拨、出让等有偿方式取得；但集体土地除因乡镇企业破产、兼并等情形致使转移外，"不得出让、转让或出租用于非农业建设"。《物权法》虽然规定可以采取特殊批准下的划拨和招标、拍卖、协议等有偿出让方式设立建设用地使用权，并可在法律允许范围内转让、互换、出资、赠予或抵押。但集体所有土地作为建设用地时，需按土地管理法等法律办理，无明文规定时受到严格限制。

(二) 城乡分治下的房产制度二元化

由于房地的特殊关系,我国房产制度也存在二元化特征。

1. 房产产权结构二元化

城市建设用地制度的多样化、流转的宽松化,以及城市住房的市场化改革,使城市房产产权制度多元。以处分转让权范围为依据,大致可分为完全、残缺和无产权房三类(见表2-1)。农村房产产权则受土地所有权与建筑物所有权一体关系的绝对化倾向影响更明显,通常与宅基地视为一体,产权单一化,由享有成员权的集体组织村民使用,每户村民只能拥有一处符合规定标准的宅基地,出卖、出租后再申请不予批准。

表2-1　　　　　　　　城镇住房产权类型及其处分权限

产权类型	房产名称			处分转让权范围及规定
完全产权房	商品房			可在市场上自由转让
残缺产权房	经济适用房	一般经济适用房		在取得房屋所有权证和土地使用证一定年限后方可在市场上转让;转让时应按同地段普通商品房与经济适用房差价的一定比例向政府缴纳收益。具体由市、县人民政府确定
		集资房	全额	完全产权,遵守单位规定
			部分	部分产权,单位有优先购买权
	房改房	成本价		与单位无特殊约定的,可转让
		标准价(含优惠价)		转让需经原产权单位同意,原单位有优先购买权,收益按比例分成
	小产权房			占用农村集体土地,不允许市场交易,不准城镇居民购买
无产权房	廉租房			只租不售,不得转让

资料来源:孙阿凡、杨遂全:《差别税收:我国住房房产税困境突破之关键》,《税务与经济》2015年第5期。

2. 房产流转体系二元化

在城市，居民购买住宅取得房屋所有权即拥有了对应土地的使用权，房屋所有权流转必然包含土地使用权流转。自20世纪90年代中期城市住房市场化改革以来，城市房产流转体系日益健全，目前已形成包括买卖、抵押、租赁、赠予、继承等内容的完整体系。在农村，房屋所有权离不开宅基地使用权的获得，后者是前提，但宅基地使用权又建立在集体经济组织成员身份权的基础之上，这些彼此制约关系使农村房产流转有着特殊属性。

农村宅基地及房产流转中，一方面，中央多次强调宅基地的农村村民使用权，"只能分配给本村村民"，农民住宅及宅基地"不得向城市居民出售，也不得批准城市居民占用农民集体土地建住宅"，"小产权房"亦不得购买。另一方面，尽管《物权法》没有对宅基地使用权交易做禁止性规定，但把同具地上权性质的建设用地使用权和农村宅基地使用权拆分规定，单独规定集体建设用地使用权的事实本身就反映出了立法者区分对待的立场。[①]

2016年以来，中央加快了农村房、地产流转的改革，试点集体经营性建设用地使用权的抵押贷款；准予集体经济组织探索利用闲置房产设施和建设用地，自主开发相应产业或合资合作；鼓励地方依托集体资产监管、流转平台，开展经营性资产出租等流转交易，在合法、自愿、有偿的基础上，探索、支持、引导已落户城市农民的宅基地使用权转让[②]；同时，不违反宅基地使用管理规定和各类规划状况下，允许返乡、下乡人员与当地农民合作改建自用住房，优先使用城乡建设用地增减挂钩政策腾退出来的指标，以及闲置宅

[①] 鲁晓明：《论城乡二元房地产制度的困境与解决路径——从城市房价高企现象展开》，载《2010年度（第八届）中国法经济学论坛论文集（上）》，山东大学经济研究院2010年版，第342页。

[②] 中共中央国务院：《关于稳步推进农村集体产权制度改革的意见》2016年12月26日。

基地整理的新增耕地和建设用地①。城乡分治的房地产制度正在被逐渐打破。

(三) 城乡分治下的房地产税收制度二元化

房地产税收制度的城乡二元化主要体现为目前房地产配套税制征收对象以城市为主、农村为辅,主要限于城市、县城、建制镇以及工矿区,并将行政机关、人民团体、军队自用以及事业机构及个人所有的非经营性房地产全部排除在外;农村地区除耕地占用税、契税外,其余税种一律不涉及。这种税制的地域性差异安排与城、乡二元化经济发展状况匹配,符合税收差别调整原则;但其反映出的税基范围狭窄、优惠政策过多等状况并不符合税收公平及税收中性原则,没有发挥税收调控作用,需要调整。

二 交汇点之二:"土地财政"及引发的问题

(一) "土地财政"的范畴界定

土地财政是我国近十几年来在城乡二元土地制度、政府征地制度、分税制改革、城镇化和工业化建设等诸多因素共同影响下出现的现象,特指地方政府以土地"经营性"收入作为财政收入主要来源,源自土地的有偿使用。从1979年"三资"企业缴纳场地使用费开始,有偿使用成为我国土地基本制度。深圳特区在引进外资中形成了包括土地市场发育初期的利润分成、土地市场化过程中的股权收益以及土地使用权出租、出售在内的多种收益形式,来缓解城市建设资金需求,并逐步扩张为全国性土地税——城镇土地使用税的征收。但仅靠土地使用费难以满足大规模城市建设资金压力,1987年,深圳市仿效香港引入协议出让、公开招标和拍卖方式出让土地使用权的有偿使用模式,自此,"以地养地"的土地出让金制

---

① 国务院办公厅:《关于支持返乡下乡人员创业创新,促进农村一二三产业融合发展意见》国办发 [2016] 84号。

度和土地财政现象逐步成型。而1994年的分税制改革更是促使事权增多、财权减少、财政开支日益捉襟见肘的地方政府开始关注这一特殊收入来源，尤其是县级政府，对这一游离于国家财政监督和预算之外的第三财政收入格外青睐，也被称为"土地财政"。

"土地财政"可从多个角度来理解。狭义上仅指土地出让金收入，目前已成为地方政府财政收入的主要构成部分。中义上指土地出让金收入和所有与土地出让相关的税收收入，具体又分为以房地为单一征收对象的税种，和房地仅是征收对象之一两种类型，前者包括城镇土地使用税、耕地占用税、土地增值税、房产税和契税，后者包括营业税、印花税、所得税及其附加税。广义上，除土地出让收入和相关税收外，还包括因土地而延伸出的各类型投融资收入，即地方政府以土地储备中心、城投公司等作为融资主体，通过土地抵押、政府担保、互换等方式获取的银行贷款，以及发行的各类型土地债券。

（二）"土地财政"的现状

城市土地有偿使用制度的推行以及工业化、城镇化促使建设用地需求的急速扩张，再加上国家基于耕地保护、土地规划考虑而对城市建设用地实施的有限供给政策，共同造就了土地收入的扩张。全国地方政府土地出让收入绝对值从1999年的514.3亿元上升至2014年的42940.3亿元，增长了约83.5倍；土地出让收入占地方财政收入比重则从1999年的9.19%上升至2014年的56.59%，2010年达到67.62%。如果再加上房产税、城镇土地使用税、土地增值税、耕地占用税和契税为代表的房地产直接相关税收收入，中义范围的"土地财政"占地方财政收入比重则从1999年的15.95%上升至2014年的74.8%，2010年更是达到83.59%。2015年以来略有所下降，但仍占比40%以上。

表2-2　　地方政府土地出让收入、税收收入及其财政收入占比　　（亿元,%）

年份	地方财政收入	土地出让收入		土地税收收入					
		金额	占比	房产税	城镇土地使用税	土地增值税	耕地占用税	契税	占比
1999	5594.9	514.3	9.19	183.36	59.06	6.81	33.03	95.96	6.76
2000	6406.1	595.6	9.3	209.38	64.76	8.39	35.32	131.08	7.01
2001	7803.3	1296.9	16.62	228.42	66.15	10.33	38.33	157.08	6.41
2002	8515	2416.8	28.38	282.38	76.83	20.51	57.34	239.07	7.94
2003	9850.0	5421.0	55.04	323.88	91.57	37.28	89.9	358.05	9.14
2004	11893.1	6412.0	53.91	366.32	106.23	75.04	120.09	540.1	10.16
2005	15100.8	5884.0	38.96	435.96	137.34	140.31	141.85	735.14	10.53
2006	18303.6	8077.6	44.13	514.85	176.81	231.47	171.12	867.67	10.72
2007	23572.6	12216.7	51.83	575.46	385.49	403.1	185.19	1206.25	11.69
2008	28649.8	10259.5	35.81	680.34	816.9	537.43	314.41	1307.54	12.76
2009	32602.6	17179.5	52.69	803.66	920.98	719.56	633.07	1735.05	14.76
2010	40613.0	27464.5	67.62	849.07	1004.01	1278.29	888.64	2464.85	15.97
2011	52547.1	32126.1	61.14	1102.39	1222.26	2061.61	1075.46	2765.73	16.66
2012	61078.3	28886.3	47.29	1372.49	1541.71	2719.06	1620.71	2874.01	16.58
2013	69011.2	39073	56.62	1581.5	1718.77	3293.91	1808.23	3844.02	17.75
2014	75876.6	42940.3	56.59	1851.4	1992.62	3914.68	2059.05	4000.7	18.21
2015	83002.0	33657.7	40.55	2050.9	2142.04	3832.18	2097.21	3898.55	16.89
2016	87239.4	37456.6	42.94	2220.91	2255.74	4212.19	2018.89	4300	17.2

资料来源:《中国统计年鉴》和《国土资源年鉴》各期。

(三)"土地财政"引发的问题

实践证明,"土地财政"在推进城镇化建设、促进经济增长中功不可没,但也引发了诸多问题。

一是诱使我国产业结构过度偏向房地产业并"离制造业化"。区域竞次模式下,地方政府争相采取低地价招商引资、扩大税源、带动社会经济发展,在刺激低价征地欲望的同时,也扩张了以更高价格出让商住用地、获取更多土地出让收益弥补差额的壑沟。同时，以建筑业和批发、零售业以外的第三产业为主要征税对象的营业税是"分税制"后地方税收的主要来源，"营改增"之前，对地方政府产业结构调整和税收稳定可持续增长有重要影响，而房地产产业因可以带动金融、物流、交通、运输、信息以及钢铁、水泥等诸多产业发展，更是成为地方政府大力扶持重点。2003—2014年，房地产业全社会固定资产投资占全社会固定资产投资比例均值为24.28%，仅次于制造业的31.58%，远高于位居第三的交通运输业10.12%；同期，我国固定资产投资年均增长22.05%，而房地产投资年均增长为23.43%，出现了房地产业比重与土地财政同步显著上升的现象（见图2-2）。

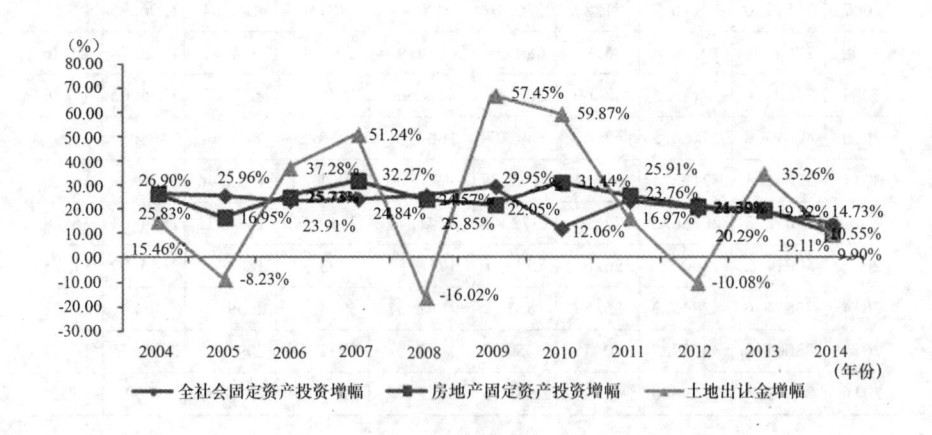

图2-2 2004—2014年全社会固定资产投资、房地产固定资产投资以及土地出让金增幅

这种因土地财政扩张刺激的建筑与房地产业繁荣，在短期暴利的示范效应以及拥挤效应和"虹吸效应"作用下，对制造业等其他行业可能产生挤出效应，使产业结构过快的"离制造业化"；也会在带动与房地产业相关的建材、五金、电器等低端产业发展同时引起产能过剩。其中，拥挤效应是因经济活动集聚的规模特征而形成生产要素价格上涨，进而削弱集群竞争能力的一种现象。房地产业

的拥挤效应表现为房地产市场过快发展自然引起土地要素价格增高进而提高用地成本、工人生活和企业经营成本,如果该成本无法被企业技术创新或集群收益抵消,将会迫使制造业外移,出现"离制造业化",或者造成企业因竞争力下降而被淘汰,出现"去工业化"现象。"虹吸效应"指城市间因发展梯度差异,人才、资金、信息等发展要素由中小城市向中心城市单项转移,该现象使资金过度集中于大、中城市的楼市,透支三、四线城市购买力同时也使得房地产库存更难消化。

二是地方财政收入结构过度依赖房地产业隐含较大的风险。土地出让及由土地抵押获得的资金已经成为我国城市建设的重要资金来源,这种收入结构使得地方发展与房地产市场兴衰紧密相连。一旦房地产市场饱和或面临经济不景气,房地产价格下行,地方财政收入将不可避免的陷入困境。从土地财政衍生出来的地方债,更是因为房地产价格、土地出让、银行及财政资金的链条关系,积累了较大风险。国家审计署2011年公布的全国地方政府性债务审计结果显示,1996年年底,全国392个市级政府中有353个、2779个县级政府中有2405个都举借了外债,分别占比90.05%和86.54%;至2010年年底,只有54个县级政府没有举借政府性债务。当年,全国省、市、县三级地方政府性债务余额共计107174.91亿元,其中政府负有67109.51亿元的偿还责任,占地方政府综合财力的52.25%;负有23368.74亿元的担保责任,可能承担一定救助责任的16695.66亿元[①](见表2-3),总共债率已达70.45%。其中99个县级政府的债务直接偿还率已高于100%,20个县级政府的借新还旧率超过20%。这些地方政府债务余额中,占比51.15%的是2008年及以前年度举借以及用于续建2008年以前开工项目的

---

① 朱富强:《如何健全我国的财政分权体系?——兼论土地财政的成因及其双刃效应》,《学术评论》2012年第5期。

表 2-3　2010 年与 2013 年全国地方政府性债务余额层级分布情况

单位：亿元，%

债务类型	统计年份	合计		省级		市级		县级		乡级	
		额度	比例	额度	比例	额度	比例	额度	比例	额度	比例
负有偿还责任的债务	2010	67109.51	100	12699.24	18.92	32460.00	48.37	21950.27	32.71		
	2013/06	108859.17	100	17780.84	16.33	48434.61	44.49	39573.60	36.35	3070.12	2.8
负有担保责任的债务	2010	23369.74	100	11977.11	51.25	7667.97	32.81	3724.66	15.94		
	2013/06	26655.77	100	15627.58	58.63	7424.13	27.85	3488.04	13.09	116.02	0.4
其他相关债务	2010	16695.66	100	7435.59	44.54	6504.09	38.96	2755.98	16.50		
	2013/06	43393.72	100	18531.33	42.71	17043.70	39.28	7357.54	16.96	461.15	1.06
合计	2010	107174.91	100	32111.94	29.96	46632.06	43.51	28430.91	26.53		
	2013/06	178908.66	100	51939.75	29.03	72902.44	40.75	50419.18	28.18	3647.29	2.04

资料来源：《全国地方政府性债务审计结果》。

后续资金需求,① 但其偿还具有持续性,需要 2016 年及以后年度偿还的比重占 24.35%,负有担保责任的债务比重为 44.63%,其他相关债务比重为 33.58%。截至 2013 年 6 月底,省、市、县、乡四级地方政府性债务余额共计 178908.66 亿元,其中政府负有偿还责任的 108859.17 亿元,负有担保责任的 26655.77 亿元,可能承担一定救助责任的 43393.72 亿元。② 这些债务资金主要通过银行贷款、BT、发行债券形成,目前依赖土地出让收入偿还,由此形成土地出让收入与债务偿还、银行资金、财政资金之间的事实利益链条,也在一定程度上积淀了长远财政金融危机风险。

三是制约了城镇化发展的可持续性。一方面体现为地方政府在以 GDP 为考核重心的政治升迁机制下,只关注本届任期内如何依赖土地财政实现发展,漠视未来政府的发展以及可能面临的无地可卖困境,存在地方政府发展中的代际不公平和不可持续性。另一方面体现为农民发展权的丧失。改革开放以来城乡居民财产分配差距的扩大,除了按劳分配引起的劳动收入差距、资本市场以及理财水平差异外,房地产市场化及价格快速上涨也成为差距增长的重要因素。而房地产价格天然与地域相连,城市高于农村,大城市高于中小城市,这种市场价格的差别性上涨直接导致城乡居民房地产净值差异的扩大。与此同时,现行征地补偿制度难以满足农民长远生计有保障、生活水平不降低的基本要求,再加上自身素质限制造就的就业难,户籍制度和社会保障体系的不完善,使失地农民发展权缺少可持续性,在诱发多种暴力拆迁、群体事件并影响社会稳定同时,也制约了城乡一体化的实现及城镇化发展的可持续性。

---

① 中华人民共和国审计署办公厅:《全国地方政府性债务审计结果公告》2011 年第 35 号(总第 104 号)。

② 中华人民共和国审计署办公厅:《审计结果公告》2013 年第 24 号(总第 166 号)。

三 交汇点之三：集体经营性建设用地入市现状及困境

十八届三中全会决定首次确立了集体经营性建设用地与国有土地"同地、同权、同价"理念，允许符合规划和用途管制时出让、租赁、入股，并在此后不断完善产权流转、收益分配、交易规则、监管机制等方面的政策。2014年年底，中央印发《关于农村土地征收、集体经营性建设用地入市、宅基地制度改革试点工作的意见》，并于2015年2月授权国务院在北京大兴区等33个试点区域暂时调整实施有关法律规定，全面试点。目前在推进中主要面临以下困境。

（一）市场流转机制尚不具备

集体经营性建设用地流转需要符合市场机制要求。完善的市场流转机制需具备四项要件：合格的主体，合法的权利，自由的价格机制以及合理的收益分配机制，但目前集体经营性建设用地入市中都存在缺陷。

首先，集体经营性建设用地的转出主体应该是拥有集体土地所有权的农村集体，可农村集体本身就是一个极富争议的概念，法律规定含混不清。《民法通则》中规定农村集体经济组织是集体所有的土地等自然资源的所有权人。《物权法》规定农民集体所有的土地属于本集体成员集体所有，但具体实施时根据隶属关系区分规定，村集体经济组织是行使主体之一，村一级的可由村民委员会行使，组一级的由村民小组行使，乡一级的由乡镇集体经济组织行使。《土地管理法》则将农村集体经济组织等同于农民集体。这就使"农村集体"认定时存在农民集体、集体经济组织、村民自治组织等多种称谓的混淆，村民委员会与集体经济组织之间关系不明确等问题。在集体经营性建设用地入市流转会带来高额收益的利益诱惑下，转出主体不明确，将会引发权益的争夺。

其次，入市流转权利行使方式不明确，只是允许出让、租赁、入股，但缺少具体程序规定。

再次，缺少相应的价格机制。集体经营性建设用地入市流转价格不仅关系到农村集体、农民的财产利益，而且关系到国家建设用地市场的稳定和土地资源的合理利用和保护。目前，对其价格的确定缺少严谨的评估价值，抵押贷款等环节也往往被低估，与国有土地的同地同价机制更是无从谈起。

最后，缺乏合理的收益分配机制。集体经营性建设用地的收益分配涉及诸多利益主体，对外涉及农民集体与不同层级地方政府之间的分配关系，决定了集体的土地净收益；对内涉及集体土地净收益在农民集体与成员、成员与成员之间的分配关系。但集体土地所有权主体——"农村劳动群众集体"或"农民集体"的抽象化使利益分配主体无法明确，也无法确定与成员之间的分配关系[①]。而地方政府能否参与收益分配、如何参与收益分配，更是难题。

（二）缺乏配套制度的改革与推进

一是规划执行问题。无论是四川的成都、郫县，还是北京大兴区或浙江德清，在试点中都存在规划问题。一方面，长期以来，《城乡规划法》仅从宏观层面对土地规划的应有状态予以规定，实践指导性较弱，而现实中农村集体的土地规划和乡村规划名副其实，或者缺失，或者抵触，既无法成为衡量集体经营性建设用地能否上市的有效标准，也无法规范未来用途。另一方面，由于区位和用途是决定土地价格的主要因素，对农村集体而言，城市规划发展直接决定着土地利用规划，在目前国有土地"商贵工廉"的市场体系下，可以上市的集体谁也不愿意将自己的土地用于低收益的工业

---

① 王炫燕：《集体经营性建设用地使用权流转法律问题研析》，载《中国不动产法研究》第12卷，法律出版社2015年版，第150—161页。

用地，此时，规划的效力如何认定并遵行成为关键。

二是缺少中介服务体系，高效的市场交易需要明晰的产权结构和有效的信息传递同时并存，农村集体经营性建设用地入市中，买、卖双方都需要一个完善的中介组织平台，提供融资、咨询、代理、评估等服务，既可以降低信息搜集等成本，又可以提供新的市场机会，但目前这一体系比较零散、格局不正规。

三是缺少监管机制，集体经营性建设用地的入市意味着高额收益，凡是涉及利益分配的问题，就越容易出现失当、违规、腐败、违法等行为。但目前，谁来监督享有交易自主权的村集体，如何监督、如何惩处等问题，都尚不明确。

（三）地方政府推进工作的积极性不足

准予集体经营性建设用地入市，受影响最大的主体是地方政府和村集体。对地方政府而言，该制度打破了其享有的城市建设用地一级市场中的垄断供给地位和优势，影响到近些年来赖以生存的"经营土地、经营城市"的财政收益；对村集体组织而言，该制度可以充分实现长期被上级政府"虚化"的土地所有者身份和权利，履行自主决定权。因此，集体经营性建设用地入市后价值的提高，可以使村集体分享到比征地更多的土地增值收益，但地方政府通过"低征高卖"获得的土地巨额利差明显降低，土地征收难度加大，还有些村集体甚至要求分享土地征为国有后的出让收益，财政压力增加。同时，多头供应的土地供应格局直接影响现有土地管理秩序，入市收益激励了更多的违法用地行为。这些现象都影响着地方政府推进集体经营性建设用地入市的积极性。

四 交汇点之四：房产税扩围至个人住房的试点情形及困境

（一）个人住房房产税试点政策

目前我国房产税征收依据是1986年出台的《房产税暂行条

例》，该条例因当时国家整体物质财富匮乏、经济发展水平低下，绝大多数人没有个人房产，仅适用于城市、县城、建制镇和工矿区，不包括农村和镇辖行政村，同时对个人非营业用房免税。

迈入21世纪后我国房地产市场火爆，城市房价高涨。为遏制房产市场的过度投机、推动市场健康运行，2011年，上海、重庆率先推行居民住房房产税试点改革。上海在保障居民人均60平方米的免税面积后，对本市居民新购第二套及以上住房和非本市居民的新购住房，以交易价格的70%为计税依据，分别适用0.4%和0.6%的税率征收房产税；重庆仅涉及主城九个区，以户为单位，在原有180平方米、新购100平方米免税后，对独栋商品住宅、新购高档住宅按0.5%—1.2%的税率征收，并对"三无"人员（无户籍、无企业、无工作）新购第二套及以上的普通住房按0.5%税率征收，计税依据皆为交易价格。

实施房产税的个人住房征收后，上海、重庆的房产税收入绝对值稳步增加，上海从2010年的62.30亿元增加到2016年的170.96亿元，增长了1.74倍；重庆从2010年的14.02亿元增加到2016年的56.88亿元，增长了约3.06倍。但在地方财政收入中，房产税占比依然较小，2011年以来，上海房产税年均占比约2.33%，重庆约1.99%；而两市土地出让收入分别为700亿和1500亿左右，房产税收入仅相当于土地出让收入的7%。从增幅来看，2011—2015年，上海市房产税同比上年增幅分别为18.23%、25.66%、0.53%、7.42%、23.87%和38.08%，重庆两分别为49%、31.31%、14.47%、28.57%、29.95%和8.43%，除2011年、2012年两地房产税收入增幅显著外，之后保持平稳，与改革前增幅差不多。

表2-4　　2009—2015年沪、渝房产税收入及其地方财政收入占比　　亿元,%

年份	上海			重庆		
	房产税收入	地方财政收入	占比	房产税收入	地方财政收入	占比
2009	62.90	2540.30	2.48	12.13	655.17	1.85
2010	62.30	2873.58	2.17	14.02	952.07	1.47
2011	73.66	3429.83	2.15	20.89	1488.33	1.40
2012	92.56	3743.71	2.47	27.43	1703.49	1.61
2013	93.05	4109.51	2.26	31.40	1693.24	1.85
2014	99.95	4585.55	2.18	40.37	1922.02	2.10
2015	123.81	5519.50	2.24	52.46	2154.83	2.43
2016	170.96	6406.13	2.67	56.88	2227.91	2.55

数据来源：国家统计局网站。

（二）沪、渝房产税扩围中面临的困境

沪、渝两地房产税试点改革的实际执行情况并没有收到预期效果。无论是仅对新购房的征税政策，还是仅对豪宅的征税政策，除对地方税体系完善略有贡献外，未能实现房地产市场的调节和地方收入的增加。在对房地产市场和房价影响方面，上海市除2011年商品房住宅成交量明显下滑、房价小幅上扬外，2012年、2013年继续量价齐升，商品住宅销售面积同比增长8.1%、26.6%，新建商品住宅销售价格则同比上涨3.1%、14.2%；重庆市也仅2011年高档住宅成交均价下降7.1%，之后房价继续上行。[①] 在增加地方政府收入方面，2011年以来，上海房产税占全市财政预算收入的年均比为2.33%，重庆市则约1.99%，贡献微乎其微。

之所以出现这样的结果，学者们普遍认为是因为试点政策的税制要素设计不合理。一是减免过宽、税基偏窄，无论是未涉及存量房的上海新政，还是仅对存量独栋别墅和增量高档住宅征收的重庆

---

① 孙阿凡、杨遂全：《差别税收：我国住房房产税困境突破之关键》，《税务与经济》2015年第5期。

新政,都仅涉及极其特殊的高收入人群,上海市规定的人均60平方米的免税面积,则远远超出我国实际人均住房面积①,这与推动房地产市场健康发展、抑制不合理住房需求明显相悖。二是税率偏低,上海市的实际有效税率仅为0.42%,重庆市实际执行税率大多为0.5%,都低于其他国家的一般标准。② 如美国中位实际财产税税率为评估价值的1.5%,德国对自用住宅需要缴纳的房基地土地税普通税率是估计价值的3.5%—5%,日本的固定资产税标准税率是评估值的1.4%,台湾地区住宅房屋税率是房屋现值的1.38%—2%。三是差别化程度不高,无法体现纳税人的纳税能力,事实上"沦为房屋高端消费交易调节税",既不符合我国产权形式多样的住房特色,也未能真正、有效地对持有多套住房的富人群体进行调控,③ 甚至对收入分配格局进行了逆向调节。四是仍然属于针对房屋销售环节、以市场交易价格为税基征收的税种,没有建立起真正意义上的保有环节课税义务和市场评估计税法。

沪、渝两市房产税试点改革在我国房地产税制改革进程中具有标志性意义,但因存在较多缺陷,没有真正发挥应有的调控作用,也难以肩负改善地方财政收支、调节收入分配、调控房地产市场等使命。为遏制外地人在渝炒房,维护房地产市场平稳,重庆市政府于2017年1月13日加码房产税试点政策,改变此前"三无人员"两套及以上住房缴纳房产税的做法,规定自次日起凡在主城九区及两降新区范围内购买首套及以上普通住房的"三无人员"均须缴纳房产税,适用0.5%的税率并以建筑面积为计税面积,无减免。政策调控影响力还有待继续观望。

---

① 2012年城镇人均住房面积为32.9平方米,农村为37.1平方米。
② 谭荣华、温磊:《从重庆、上海房产税改革试点看我国房地产税制改革》,《税务研究》2013年第2期。
③ 汪凤麟、经庭如、董黎明:《房产税试点改革的方向与路径选择》,《经济体制改革》2013年第5期。

第三章

房地产制度与税制改革衔接处置的他国及地区经验

世界各国因历史传统、社会制度的不同，在规制房地产制度及其配套税制时各有侧重，特色突出。不论细节如何差异，二者始终交织在一起，彼此配合、相辅相成，共同组成了各国的调控体系。从两大法系来看，房地产权利的设置规定不同是基础，大陆法系多在房地产制度中将物权视为核心，遵循"一物一权"理念设立了土地所有权、地上权、永佃权、地役权、抵押权、质权等权利；英美法系认为房地产属于财产法范畴，强调"一物多权"，包括所有权、地产权、地役权及用益权、抵押权等。在此基础上，形成各自配套的房地产税收制度。对两大法系代表国家、地区在不同国情下的房地产制度及其税制的衔接处理方式进行研究，其成功经验可供我国当前正在实施的改革酌情借鉴。

第一节 "一物多权"理念下的英美法系国家、地区改革经验

英美法系国家将房地产视为财产，构建了以所有权为核心的"一物多权"房地产制度体系，房地产税也多呈现地方税特色。美

国作为世界经济强国,在经济社会发展进程逐步建立起完善的房地产制度和配套税制,对地方财政体系的完善发挥了积极作用;英国作为最早进行资本主义革命的国家,其房地产制度及其配套税制在与封建主义斗争中逐步建立起来,有特殊的混合特色;香港地区虽曾是英国殖民地,适用英美法系,但在发展中形成了一套适合地域狭小特色的房地产制度和配套税制,也是我国 90 年代实施土地使用制度改革时借鉴的制度来源。

一 美国:产权私有制下的典型地方财产税体系

(一)房地产制度的产权私有和有偿使用

美国是典型的土地私有制国家,但并非全部私有,其中 59% 为私人所有,39% 为联邦政府、州及地方政府所有,剩余 2% 属于印第安人保留地。在土地使用中,无论公有还是私有土地,一律实行有偿使用。一方面,国家承认并保护私人土地权利,政府对私有土地的买卖、出租等流转行为不加干预,只要是获得法律承认的合法私有土地,到当地政府机构办理相关手续后即可转移所有权。另一方面,联邦政府因国家和社会公共、公益事业而需占用州属或私人土地时,也只能通过对价交换或购买方式取得。与此同时,美国建立了比较完善的土地地上权及地下权体系,并允许二者分割出租,包括通讯、电、油、水、气等公益事业所需管道通过国有土地的地上或地下时,都需按程序先申请土地管理局通行权处批准并支付租金,之后方可开工建设。这种地上、地下权的分割、保护及有偿使用成为政府的主要财政来源。对联邦政府而言,以土地所有者身份获得的土地收入和以社会管理者获得的税收收入共同组成国有土地财政收入。前者包括诸如出售、租赁地下矿产、水资源的行为,收入额仅次于税收;后者包括对所有者征收的不动产税、对房地产投资、经营收益征收所得税和对不动产征收的遗产税。① 地方政府收入主要来自税收、使用者付费和专项收益、政府间转移支付、借款、公用事业和酒类储备收入、保险信托收入，② 但以房地产为重心的财产税始终是美国地方政府收入的主要组成部分，约占 1/4。

（二）"自治政府"理念下的房地产税收属于典型的一般财产税

在美国，地方政府特指联邦政府和州政府以外的其他政府，如县政府、乡镇、自治市、特别区等。联邦制政治体制下，每个州有独立宪法和地方政府组成体系，但"自治政府"是地方政府治理的基本原则。具体体现为地方政府组织财政收入时对税收、使用者付费等内生性资源和转移支付、借款等外来性财政资源各有偏重。若当地政府侧重内生性资源时，需要通过平衡政府服务的收益与成本来回应、满足居民，顺应"用脚投票"选择，这就使房地产税收主要体现为一般财产税。

首先，房地产税呈现典型的地方税特性。美国没有专门的房地产税，和机器设备、船舶等统称为财产税（property tax），课税对象包括非农地区的居民住宅和非农业的工商业财产，主要是对土地和建筑物等不动产征收，又称不动产税。早在 17 世纪 20 年代，英法等国的殖民统治者就在美国建立起分类财产税，分别对土地、建筑物、牲畜、奴隶等征收。美国独立后，从伊利诺伊州 1818 年的财产税变革开始，各州开始将征税范围由土地、房屋扩大到车辆、设备、存货和金融资产等，并适用统一税率，统一财产税为 19 世纪后的工业化和基础设施建设筹集了大量资金。到 1900 年，州财政中有 45% 的收入来自一般财产税，地方财政中该比例则占 70%，

---

① 张铭洪：《城市土地收益制度的国际比较与启示》，《中国经济问题》1998 年第 5 期。
② 李渊丰：《从分税制看土地财政的产生和解决——兼与美国地方政府财政之比较》，《阴山学刊》2013 年第 1 期。

都位居历史高点。20世纪30年代经济大危机后,各州征税重点转向销售税、所得税、燃油税,财产税逐步归于地方并回归分类模式,设定税收限制和"断路器"形式增加减免,到1940年,财产税在州和地方的税收比重中分别降为5%和55%,此后日益降低。20世纪70年代的经济萧条进一步推动了财产税的限制征税改革。目前,美国财产税主要由各县管理,内容上以不动产为主,有些州还包括有形动产,为照顾特殊利益者并与社会发展相适应,各州纷纷对特殊产业、人员和公用公益事业的财产适用减税或免税待遇。税率多在2%左右,个别州高达10%、低达0.2%,有些州还对家庭、商业财产区分适用低税率与高税率。

其次,房地产税主要体现受益税职能。多次改革后,在强化州政府对财产税宏观调控能力同时,选民开始通过立法左右税收走向,房地产税的受益功能日益突出,"地方征缴、服务地方,取之于民、用之于民"。据1992年美国政府普查的相关数据,约占42%的财产税由学区收取并全部用于教育财政;公共安全、高速公路和行政管理费用等主要支出大多由财产税融资[1]。因此,大约80%的财产税总额可被看作受益税。

最后,房地产税是地方政府自治的基础,为自治提供了扎实的经济来源,并形成绝对分权型税权。目前,95%的美国财产税由地方政府征缴,这笔税款在支撑地方公共支出的同时,纳税人可以参与花费决策。对地方政府而言,对财产税依赖程度越大,自治程度越高。2002年,财产税在县、市、镇区、专区、校区五类地方政府税收中的占比分别为39.27%、29.09%、72.74%、16.61%、79.32%,[2]体现了中小城市自治程度与财产税依赖度的正比关系。

---

[1] 朱一中、潘英健:《美国财产税制度的发展与启示》,《财会月刊》2012年第11期。
[2] 王旭:《加州宪法第13条修正案与美国财产税改革》,《史学集刊》2014年第2期。

(三) 美国房地产制度及其税制改革衔接的经验启示

美国房地产制度改革及其税制改革的衔接主要体现为从以卖地为主要收入的财政模式转向以财产税为主的税收收入模式，以及税收收入体系的逐步完善。

1. 适应社会发展需求，逐步从卖地收入过渡到财产税

美国建国初期曾出现出售公共土地、筹集政府收入的财政现象。按照1781年《合众国章程》规定，联邦的创始十三州在保留境内未分配土地所有权的同时，将新拓展地区的公共土地所有权让渡于联邦政府；西北部土地收归国有；对新加入成员州境内的未分配土地所有权直接收归国家所有、管理、支配。建立起州政府与国家共存的土地所有权形式，州政府可自行出让土地并获取收益。之后，1785年、1787年先后出台的《关于土地测量和出售法令》和《西北法令》则从法律上确立了美国"国有土地私有化"制度，并将占本土面积90%的国有土地投入市场。① 但在具体方式上，联邦政府根据不同的调控目的采取了不同的公共土地政策措施：从1787年到1820年，以解决国家财政困难为核心，廉价将大规模土地出售给经济财力较强的土地投机者，出售时的最小面积为640英亩或320英亩，底价每亩1美元。之后，开始逐步倾向移民，1841年颁布《优先购买权》，允许擅自占有国有土地者有权优先购买160英亩的土地，价格为1.25美元/英亩，这就直接赋予移民自行占有权和从政府手里购买土地的权利。19世纪60年代，开始倾向照顾普通民众利益，由大块出售转为小块土地的零售，并出台"宅地法""莫里尔土地法"和"太平洋土地法案"，直接转向无偿赠予。② 该阶段美国先后采取的各种国有土地出售优惠政策，适应当时政治经济发展需求，从为解决财政入不敷出的难题而出售国有土地，从大

---

① 王宏利：《美国土地财政收入演进规律及启示》，《地方财政研究》2011年第5期。
② 同上。

面积限制照顾土地投机家到小面积出售照顾移民，再到考虑普通民众诉求减少土地出售收益，并逐步完善财产税的过程，事实上为相对落后的西部地区发展引入大量的资金和人口，推动了城市化发展，进而为财产税征收提供了充分的社会条件，形成良性循环。

2. 适应政府财政需求，逐步从州和地方政府共享税过渡为地方政府独享税

美国房地产税主要包括所得税、一般财产税和房地产收益税三种，是地方政府的一项巨大财政收入，占全国房地产税收的90%以上，占当地政府财政收入的70%以上。其中，财产税适应政府财政需求，经历了从州和地方政府的共享过渡为后者的单一享用历程。美国早期是以土地为主的个别财产税，18世纪后扩张为包含不动产和动产在内的一般财产税。南北内战期间，土地出售面积及收益急剧缩减并耗尽，财产税取而代之并成为地方政府主要收入来源，绝大多数州都设有该税，并由州及以下层级地方政府共享。20世纪初，为解决财政问题，各州针对汽车、汽油以及销售和所得收入设立并征收新税，财产税则逐步转移给低级别的地方政府，财政收入中的占比从1902年的52%下降到1942年的不足10%，在州以下地方政府的比重则在40%以上，占地方政府总税收收入比重更是达到了80%。[1] 因此，这一时期美国土地财政呈现为以财产税为主体的演化特色，是适应各级政府财政需求，逐步从州和地方政府共享过渡到单一地方政府税的时期。从此以后，财产税、遗产和赠予税，与包括房屋与社区发展收入、环境资源收入、财产出售收益等[2]与土地有关的非税收入共同构成以财产税为重心的地方政府财

---

[1] 王宏利：《美国土地财政收入演进规律及启示》，《地方财政研究》2011年第5期。
[2] 王克强、张红梅、张璇：《美国土地财政收入发展演化规律研究》，《财政研究》2011年第2期。

政收入体系。与此同时,为解决地方政府之间的财政竞争问题和城乡之间的竞争,形成了包括税收信贷、协调性税收管理、合同型征税等在内的多种税收协调方式,以保障地方税收利益和城乡的协调发展。

3. 适应民众利益需求,逐步从无限制税收过渡到限制税收

美国财产税在经历个别财产税到一般财产税转变同时,还经历了民众从被动接受到主动参与的转变,"取之于己、用之用己"的民众需求在民主政治体制下呈现出对财产税的"受益税"要求,财产税也从普适性的无限制税收逐步过渡到保障特殊群体、特殊产业的限制税收。限制税收的体现之一是美国为促进住宅市场发展,在房地产买卖、出租、建造环节实行多样化的税收鼓励政策,采用多重措施照顾低收入者,包括征收个人所得税时减免抵押贷款业主的利息支出,降低地方政府支持居民购房的抵押债券利息,减免拥有自己住房业主的财产税、所得税,对低收入者购房和租房实施税收优惠政策等。[①] 同时,通过科学完备的价值评估体系保证房地产价值评估的公正性,通常由地方政府聘请第三方评估机构和专业估价师参照市价进行财产评估,结果经公证部门审定后公开,财产所有人若有异议可申请税务机构复议,税务机构也只以所有人认同的财产价值作为税基、税率的制定依据。[②]

二 英国:产权混合所有制下的高度集中分税体系

英国的房地产制度及其税制是在历史进程中采用经验主义方式逐渐积累的结果,有其特殊的体制和特征。

---

① 杨冬梅:《我国不动产税制存在的问题及改革措施》,《对外经济贸易大学学报》2004年第4期。
② 吴福象、徐宁:《基于财产税视角的我国房地产税制改革研究》,《现代管理科学》2012年第8期。

(一) 房地产制度的混合所有制形式和保有权的完善

英国土地制度是一种混合所有制形式。早期封建法系中不存在"绝对私人财产权"概念，17世纪资产阶级革命因与封建阶级妥协，导致封建法残余一直留存，也使得长期以来英国法律忽视土地所有权，并缺少土地所有权和保有权的明确区分。法律上笼统规定王室拥有全部土地，臣民只有一定期限持有权（或称保有权）。17世纪40年代，英国真正实现了土地私有权，资产阶级和新贵族拥有了土地财产权，并逐步以立法方式予以确定，如1833年的继承法令、物权诉讼法，1837年的遗嘱法，1845年的物权法，1864年的土地改进法，以及随后日益扩张的佃户权利，如出售、分割土地的权利和全部土地管理权的授予。[①] 目前，英国土地产权属于理论归公、实际归私模式。在这种混合所有制形式下，英国建立起完善的土地保有制度。保有权分为合法的地产权和衡平的地产权，其中合法地产权包括自由土地所有者的永业权和各类土地的租赁权两大类，每一项权利又分为若干细小权利，如永业权包括可以继承和不可以继承，又根据继承时间分为无限继承和有限继承；而租赁权则可以分为特定租赁、意愿租赁、许可租赁、周期性租赁等。[②]

(二) 高度集中的分税体制

君主立宪政体决定了英国财政管理体制的集权性，虽采用分税制，但大部分税种及税收管理权限由中央政府拥有，属于典型的中央集权税制。体现为中央对地方有较大的控制权，地方政府除税收作为主要财政来源，还有一半左右靠中央拨付。土地税收作为税收重要组成部分之一，也体现为高度集中的分税体制，中央拥有相关立法和政策制定权，并与地方政府分权管理，主要侧重土地及资产

[①] 王晓颖：《英国土地制度变迁史及对我国的启示》，《经济体制改革》2013年第1期。
[②] 罗明：《对我国土地立法的思考——从英国土地法规体系谈起》，《中国土地科学》1995年第6期。

转移和增值的课税,如所得税、增值税、土地印花税、遗产税;地方政府则侧重土地保有的课税,如地方议会税、经营房产税。

(三) 完善的房地产分类估价体系

英国有着完善的不动产分类税收估价体系,通常分为定期统一评估和不定期个别评估两类。前者是在规定期限内对应税不动产的估价,如差饷税、住宅税等;后者是在个案中的估价,如资本所得税、遗产税等[①]。具体评估时,又将物业分为一系列等级,并根据同类或相近建筑在特定时期的市场价值进行评估,依此定级。现实中,因所依据的市场价值与物业实际市场价值差距较大,威尔士、英格兰相继进行了物业价值评估参照标准的调整,以使物业价值评估能够较好反映当地不动产市场的波动,并对税率不构成影响。[②]

(四) 英国房地产制度及其税制改革衔接的经验启示

英国的房地产制度及其税制改革是在历史发展中,伴随封建主义阶层与资本主义阶层的不断争斗而逐步形成、完善的,并组建了所有权与保有权鲜明分离的房地产及其税收的法律体系。

1. 重视房地产保有环节的税收调节

英国房地产税制强调对土地持有的征收,流转环节征税较少。这种体系有利于提高房地产使用效率,增加市场供给。一方面,业主会迫于因拥有土地和房产而始终要缴纳的税款,主动进行经营,使之产生效益,降低了土地和房屋的空置现象。另一方面,英国政府也适应新经济形式,为减少房屋空置率,调节房价,逐步从对第二套房产的优惠减免过渡到提高征稽率。2004年起,第二套房产的家庭税稽征率从50%提高到90%,2010年对空置房产的征税力度再次加大,并开始考虑加倍征收[③]。

---

① 吕萍:《英国的不动产税收及应税价格评估》,《中国房地产》1997年第6期。
② 金洪:《欧洲物业税征收经验及借鉴研究》,《中国集体经济》2010年第4期。
③ 同上。

2. 建立起完善的房地产租赁市场

在所有权与保有权分离的法律体系下，英国形成了完善的房地产租赁制度，保护土地所有者和承租者权益的同时，有效提高了政府的财政收入和社会效益。

首先，英国土地租赁市场极其活跃。在英国，土地持有机构主要通过出租实现土地效益，即借助契约对开发商行为约束规制；到期后，土地及其上建筑物无偿归土地所有者。出租方式包括出让制、固定地租年租制、变动地租年租制和出让年租混合制，其中，出让制是土地所有者一次性收取租赁期内的地租；固定地租年租制和变动地租年租制都按年征收，前者在租赁期内保持不变，后者定期变动；出让年租混合制，即出让与出租并存，先行一次性收取一定年限的地租，剩余部分再按年计征，并定期调整。英国土地出租模式已从过去的以固定年租制为主，转变为现行的以变动年租为主、以出让年租混合制为辅的体系。

其次，英国房地产开发也以土地出租为主。已形成以出租、二手房交易、中介、金融、改建为主的房地产业，为社会提供了大量的就业机会和经济价值。[①] 房地产开发中，住宅用地采用出让年租混合制，多层住宅往往以租赁为主，购房者既需支付已含部分地租的房价，还需承担并缴纳年租；商业、办公和工业用地则多采用与社会经济发展相适应的变动地租年租制。租期不断发生变化，19世纪和20世纪初期主要是99年，20世纪60年代以来变为125年，90年代后则扩大为150年。地租标准目前一般占房地产租金收入的10%—15%，部分达到20%，这种地租与房地产实际租金挂钩的模式使土地所有者权益被承租者的经营行为及效益所决定。因此，土地所有者对租赁期间内土地的使用保留一定的权利，对开发期间的

---

① 周义：《英国的房地产市场与住房政策及其启示》，《学术研究》2003年第6期。

建筑物规划设计有发言权；承租者需按合同规定方式使用土地，在再次出租环节中，出租方式、承租人选择、租金水平、纯收入等都需征得土地所有者同意，并按规定缴交地租。如果不按期缴纳，土地所有者可在一定条件下收回土地租赁权；如果房地产处于空租状态，土地承租人仍需照付地租。①

最后，政府高度注重城市化进程中的土地租赁。一方面，旧城区改造时，因普遍地价较高、资金需求大、开发周期长，地方政府多以土地租赁方式吸引开发商和金融机构，并免除建设期内的地租，直到建好后才按原定协议征收。对风险特大型项目，地方政府还提供租金保证，或者以"先承租、再转租"的方式化解部分风险。另一方面，开发新城区时，因缺乏成熟的房地产市场、开发风险大，地方政府则采用年租方式出租土地，降低开发商初次投入成本，缩小风险，并通过地租调整分享开发后的土地增值。② 另外，英国政府以政府资助的建房活动为主，建立起专门面向低收入居民的住房保障政策，为低收入居民提供价格较低的、可以承受的租金的住房。

三 香港：政府垄断与开发市场并存的租税共存体系

香港地区作为曾经的英国殖民地，其房地产制度与税收制度深受英国影响，在发展中逐步形成一套适合"弹丸之地"土地资源有效配置的完整体系，也是我国城市建设用地制度改革的借鉴来源。

（一）以土地出让收入为核心的房地产租税制度

香港土地制度的核心和英国完全一致，强调土地所有权与使用权的分离。香港政府通过有限年限及有偿使用的土地批租制度授予土地使用权，具体会根据不同对象、不同年期采取公开拍卖、招

---

① 周义：《英国的房地产市场与住房政策及其启示》，《学术研究》2003年第6期。
② 同上。

标、私人协议等不同的分配方式，但实质是政府一次性收取若干年使用权出让期间的地租贴现值总和，届满后，土地归还政府，可再次转让。这种以土地出让收入支持城市开发建设的做法在香港一百多年的发展中取得了较大成功，为社会循环不断的创造收益，也是我国内地现行"土地出让金"制度以及"城市经营"中国有土地使用权出让制度的借鉴来源。

除了上述土地批租制度下的国有土地使用权出让收入制度外，土地年租制度下的地租与地税，以及以房产物业为征税对象的一般差饷与酒店房租税租制共同组建起香港较为完善的房地产及其财税制度。[①] 实际中，香港房地产税费包括政府出售土地使用权时的地价收入，交易环节的印花税，保有环节针对房地产物业以市值租金为基础征收的差饷、因出租经营物业并获得租金收益而收取的物业税、根据土地契约征收的地租，因房地产出售或出租获利而应缴的利得税和其他（酒店房租税自2008年7月1日起免收；遗产税自2006年2月11日取消）。这些租、税制度同时并存、纵横交错，既实现了批租与年租在时间上的继起连接、地租与税收的泾渭分明，又实现了对国有土地利用全方位的租税覆盖和土地增值的"溢价归公"，较好发挥了土地资源筹集财政收入功能的保障作用。[②]

（二）香港地区房地产制度及其税制改革衔接的经验启示

香港的房地产制度及其税制是在英国相关制度的基础上逐步完善的，相比之下，现行制度更能适应香港面积狭小、土地资源有限、人口增长率偏高的区情。

1. 构建了政府垄断与开放市场并存的房地产交易体系

在香港，不论以何种形式"卖出"土地，最终业权都在政府手

[①] 骆祖春、赵奉军：《香港房地产财税体制设计及对内地改革的参照意义》，《地方财政研究》2016年第2期。

[②] 同上。

上。土地初次流转市场上,香港政府严控制、高垄断,对所有进入市场的土地进行严格考察与规划,并根据市场需求与城市发展规划有计划的投放。其他业主只有在初次流转市场上以招标、拍卖、协议或无偿划拨的方式获得土地使用权后,才能在使用合同规定的范围内自由地在二级市场上交易。二级市场上则充分保护土地使用、转让等方面的自由。[①]

2. 始终坚持房地产发展与城市规划的并进

香港在城市化发展过程中,为解决土地资源有限和人口密度较大的矛盾,始终将城市规划渗入房地产发展中,并只开发政府规划范围内的土地。一方面香港政府全权负责规划设计及开发步骤,根据《城市规划条例》及城市规划委员会要求制定各区域发展大纲图,并在宪报公布使其具备法律效力,同时根据市场供求关系小片开发。另一方面土地使用者需根据大纲图,详细考虑批地条款的内容和限制,包括用途限制、地积比率、楼宇高度、发展密度、覆盖率、街道投影、车辆停泊、地盘平整等多项要求,只有设计方案符合要求后,才可以确定发展计划及预期收益。这种统一规划不仅使城市区域分区明确、配套设施及容积率有效利用,也为限制不同土地的价格提供了科学依据,有利于城市的长远发展。[②]

3. 实施严密的房地产产权登记公示制度和完善的全方位租税覆盖制度,确保了土地增值的"溢价归公"

透明完善的房地产登记公示制度在香港房地产业发展中功不可没。香港房地产登记制度又称土地契约注册制度,政府通过土地契约实施用途管制,任何人改变用途需经政府同意或补缴地价;并实施严密的土地产权登记制度,所有跟土地楼房有关的权利义务都在法律上有具体规定,也需要进行登记,相关信息可以在需要时提供

---

① 戴霞:《香港房地产法律制度给我们的启示》,《港澳经济》1996年第10期。
② 同上。

查阅,包括土地登记册、租契、注册摘要及日志。这种登记使信息完全公开化,对保护房地产交易安全、维护交易秩序、提高交易效率起到了积极作用。此外,重保有、轻流转,全覆盖、少重复的房地产租税制度,使香港房地产市场交易能够实现土地增值的"溢价归公",确保了城市的长效性发展。

第二节 "一物一权"理念下的大陆法系国家、地区改革经验

大陆法系国家以"一物一权"理念构建起土地权利为核心的房地产制度及配套房地产税收制度。选取德国、日本和台湾地区为代表,主要因为德国是现代土地建设规制中普遍采取的规划法起源国,并在房地产建设中有完备的土地规划及控制制度,成为发达国家有效控制城市无序扩张及全面城镇化的成功典范。[①] 日本国土面积狭小,长期面临土地资源缺乏问题,并经历20世纪后期的房地产泡沫,其房地产制度及其配套税制改革的经验值得借鉴。台湾地区以强权实施"平均地权、涨价归公",并形成一套注重土地发展权的房地产制度和配套税制,已成为世界学习典范。

一 德国:民生导向下的保障型体系

(一) 强调土地利用的公共目的性

德国虽是资本主义国家,但所有权概念已发生较大变化,从绝对不可侵犯的权利演变为准予国家适当干预的权利,意味着土地所有者不能完全享受支配权,开始向社会化转变。这种转变基于二战后制定的《德意志联邦共和国基本法》,即《波恩基本法》,也是

---

① 李泠烨:《土地使用的行政规制及其宪法解释——以德国建设许可制为例》,《华东政法大学学报》2015年第3期。

德国的现行根本法。该法律规定"保障所有权和继承权,其内容及管理由法律规定";规定了所有权的伴随义务,要求"在行使同时必须为公共福利服务";还规定了"土地、自然资源及生产资料应为社会化的目的而使用",其补偿方法及程度"依法律进行管理,也可转变为公共所有或其他共同经济的形态"。在根本宪法的规定和授权下,德国在《民法》《联邦建设法》《城市建设促进法》等各种法律规章中,绝对所有权已经向社会化、相对化进展,由此也使得德国的城市土地在利用时注重适应公共目的。①

（二）房地产制度及税收始终以保障国民住房供应为核心

德国在房地产供应中重视为公众提供公益性强、福利性强的租赁住宅。德国房屋租赁在《民法典》中被分为"使用租赁"和"收益租赁"两类,并通过《住宅建设法》等强调、落实租赁住房的公益性、福利性。土地供应中,各级政府的政策出发点是要为居民提供负担得起的住房,既以此为目的调节住房土地价格,还配套多种财政支持,如税收优惠、住房补贴等。在住房供应中,政府在规定不同收入阶层的高中低档房屋结构时,特别规定福利住房所占比例,并对社会福利住房专门规划用地、向开发商提供低息贷款、允许较高折旧率等补贴,鼓励开发商建设出租房。同时,每年补贴中低收入阶层,鼓励租房。德国租房补贴约为国民生产总值的1.2%,并且其中住房补贴的90%流向租房者。实施保障性福利住房制度以来,保障性住房率占58%,70%的年轻人可享受保障性房的居住。②

在房地产税收中,除规定了包括土地税、土地购置税、不动产税、赠予税和遗产税、资本利得税在内的较为完备的体系外,还充分保障国民住房的供应。例如对自有自用的住宅只要求缴纳土地

---

① 赵尚朴:《德国的城市土地使用制度》,《中国房地产》1994年第6期。
② 郇公弟:《德国房价缘何十年不涨》,《新湘评论》2011年第4期。

税,但买卖时,除征收评估值1%—1.5%的不动产税外,还要缴纳3.5%的交易税,以及盈利的15%的差价盈利税;对专门投资者的房租收入还要征收25%的所得税;对特殊的合作建房机构——住宅合作社则实施低税率,鼓励多渠道的合作建房,以打破开发商的房屋供应垄断。这些针对房地产交易行为的高额税收大大压缩了投机者"低买高卖"的利润空间,在抑制市场投机的同时,也对国民住房价格的稳定起到重要作用。

（三）具有完备的土地规划和控制制度

德国在西欧国家中属于人口密度较高的国家,城市化率已超过90%,没有超级大都市,但城市数量多且分布均匀,大中小城市之间、城乡之间的基础设施、工作机会、社会保障、就医条件等几乎没有差异。这种城市化模式提供多元化居住地选择同时,对房地产市场产生了较小的区域供需影响,使市场上涨平稳。全覆盖、高强度的土地开发规制体系则是这种城镇化模式形成的制度基础。在德国,房地产建设要遵守联邦颁布的《建设法典》为核心规范来源的土地使用规制和各州制定的《建设秩序法》为主体所确定的建筑物规制,并且各种不同开发强度的区域有着不同审查方式,包括基于规划的合规划性审查,无规划区基于《建设法典》直接规范而形成的建成关联区的现状相容性审查,以及外围地区普遍禁止下的例外审查。[①] 这些审查几乎覆盖了所有的土地开发建设行为,对德国的城镇化发展和房地产市场稳定发挥了重要规制作用。

（四）德国房地产制度及其税制改革衔接的经验启示

德国在房地产制度及税制改革中的主要经验之一就是在"住有所居"目标下建立起了完善的配套法律框架。首先,《德国民法典》规定了居住权是公民权利的重要组成部分,保障公民的基本居住条

---

① 李泠烨:《土地使用的行政规制及其宪法解释——以德国建设许可制为例》,《华东政法大学学报》2015年第3期。

件是政府住房管理的基本目标。在此目标下，联邦德国政府成立后，陆续在1950年和1956年通过《住宅建设法》，1965年和1970年出台《住宅补助金法》，1971年和1974年出台《住房租赁法》，1995年出台《私有住房补贴法》，这四部联邦法律分别为社会保障住房供给、中低收入阶层的房租补助、市场租赁行为规范和私有住房促进提供法律框架，成为德国住房政策的"四大支柱"。[①] 其中，《住房建设法》已于2001年废止，新出台了《社会居住空间法》；《私有住房补贴法》于2006年废止。《住房补助金法》、《住房租赁法》继续发挥重要作用，并与《驱逐保护法》《住宅现代化法》等一起规制住房建设、住房保障、租金管理、住宅现代化等各个方面。

其次，为保障公益性、福利性的租赁住宅，《民法典》《住宅建设法》《住房租赁法》《租金水平法》以及《住房中介法》等法律则专门规范租赁市场及其中介服务，以保护承租人利益。

最后，通过严厉的法律手段规制房地产市场。德国政府对地价、房价和房租实行"指导价"，房价分为合理价、高价和暴利价，由独立的房地产评估师认定，评估师隶属各地设立的房地产公共评估委员会，而这些机构提供的指导价有较强法律效力[②]。如果购房者认为房价过高，属于高价、暴利价，可到法院起诉并到判定为合理价为止，对认定暴利价的开发商可判处三年有期徒刑[③]。

另外，德国通过完善的保障性住房制度、住房信贷政策体系、多环节税收调控、高强度土地开发规制和严厉的法律手段等多种措施的同时并行，使近些年来房价保持平稳，成为西方

[①] 陈洪波、蔡喜洋：《德国住房价格影响因素研究》，《金融评论》2013年第1期。
[②] 谷彦伟：《德国房地产税制及启示》，《中小企业管理与科技》2012年第10期。
[③] 崔晓妍：《房地产改革的国际借鉴与政策建议》，《税收经济研究》2012年第8期。

调控房地产市场的典范。实践与探索也表明与房地产制度配套的税收制度对调节土地收益分配、规范房地产市场有积极意义，但能否实施保证税负公平的税收规则是实现土地收益共享的关键。

二　日本：调控导向下的政策性体系

（一）房地产产权私有，并实施土地、房屋的分别定价、分项征税

日本房地产产权私有，为推动城市化进程，在制定促进中心城市发展法律的同时，对相关土地、住宅税制也进行了适当调整。目前，日本房地产税主要对房地产取得和保有环节征收，对财产转让主要征收所得税和居民税，具体包括取得环节的印花税、登记许可税、房地产购置税、继承税和赠予税；保有环节的固定资产税、城市规划税、商务写字楼税，以及房地产转让阶段的所得税、法人税和法人居民税。其中，不动产购置税和固定资产税属于主要的地方税，前者土地和住宅的税率均为3%，非住宅类建筑物为4%；后者为评估值的1.4%，最高不超过2.1%。同时，把土地过多保有、土地短期转让等视为投机性行为，每年向超过规定面积的闲置地、荒芜地征收取得成本1.4%的特别土地持有税。实施中，先按"路段价方式"对土地定价，包括确定临街标准土地的"路段价"并根据"划地计算法"计算"评估价格"；再按"重建价方式"对房屋定价。①

（二）以增加财政收入和进行土地政策调控为目的，属于典型的土地政策型房地产税

早在明治政府时期，日本就在承认土地私有同时开始征税——

---

① 汤祺、刘云：《日本不动产保有税浅析》，《国际研究参考》2013年第9期。

地租和地租附加税,并分别划归为国税和地方税,直到1947年,地租才变为完全地方税。二战后,日本经济快速恢复同时土地交易发展迅速,为抑制地价,政府将税收制度与土地管理政策结合,通过税收调节国家土地的利用,进而影响、调控整个经济的运行。如1969年采取的规制地价政策和专门设立针对土地转让收益的征税规定,初衷就是抑制土地投机;80年代为抑制地价异常飙升,开征地价税和特别土地持有税;1994年后因进入经济泡沫破裂后的萧条期,又开始大规模减税以减轻住宅用地负担,包括地价税和特别土地保有税的停征;2005年后地价逐步企稳,又开始再次完善房地产税制。[①]

(三)日本房地产制度及其税制改革衔接的经验启示

日本房地产制度及配套税制的改革是在适应市场需求的过程中,作为调控宏观经济重要手段,不断吸取经验并逐步完善起来的。实践中,日本始终以促进土地资源的有效利用为目的,积极改革房地产税,但因税收作用的时滞性和调控效果的双向性,出现了与开征目标背道而驰的结局,反映了税收政策"双面性"的同时,也说明房地产税可发挥多样化功能。除抑制房价外,完整的房地产税收体系还可以对房地产需求和交易发挥刺激功能,对投机行为进行一定的抑制;可以用于促进房地产市场的发展,也可以调整土地使用行为,改变配置状况。另一方面,运用房地产税收手段调控市场时,应以保证地方财政收入基本稳定为基础,合理发挥税收政策的灵活性,加强房地产市场和宏观经济关联性研究分析,准确把握政策实施时机、力度,避免因政策失误而导致房地产市场发生大幅波动,以至于冲击整体经济。[②]

[①] 董裕平、宣晓影:《日本的房地产税收制度与调控效应及其启示》,《金融评论》2011年第3期。

[②] 同上。

三 台湾地区:"涨价归公"导向下的二元体系

(一)房地产制度严谨、健全

我国台湾地区的土地制度是世界公认的学习典范,现已形成一个在《国土计划法》下统辖的,包括土地政策、行政、法规、登记、税制、征收、金融、地价查估、重划、地籍测量、物业管理在内的全方位、多角度的土地制度安排。[①] 在台湾,土地分为农用地和非农用地两大类,农地转非农地制度和土地非农用制度是规制房地产业发展的基础。"农转非"制度中,台湾当局强调农用地转为非农用地是经济社会发展的必然,但土地转变用途必须严格按照规划执行,转换过程中"一半"需充公,另一半的增值收益分配则需遵循"涨价归公"原则,并形成一套完整的土地规划制度、公告地价制度、土地征收制度和土地估价管理制度。

(二)对土地课以重税的土地、房产二元税收体系

台湾现行房地产税包括专门针对都市的地价税和针对非都市的田赋税(已停征)、土地增值税、房屋税、契税、遗产税、赠予税。其中,地价税与田赋税范围互补,涵盖所有土地同时又区别对待农业用地,并可根据支农政策需求灵活停征;房屋税与地价税互相配合,以减除地价后的买卖价格为房屋税计税依据,排除了地价对房屋征税现值的影响,有效避免了重复调节。[②] 相比房产,台湾的土地税赋更重一些,内容上包括地价税、土地增值税、空地税、荒地税、遗产及赠予税、印花税等,税率上也明显高于房屋税,其中地价税适用六级超额累进税率,土地增值税适用超率累进税率;而房屋税仅为比例税率。土地税在房地产税收中的比重约为75%,是房

[①] 张弛:《土地制度和土地政策:台湾与大陆的比较研究》,《河北经贸大学学报》2013年第5期。

[②] 厦门市地方税务局课题组:《海峡两岸房地产税制比较研究》,《福建论坛》(人文社会科学版)2011年第9期。

屋税、契税收入的 4 倍左右①。此外，还专门针对闲置和超期未用的土地加征高额惩罚税，有效遏制了投机囤积行为。

（三）从价计征的主要方式实现了计税依据与税收收入的同步增长

台湾的房地产税均属于从价计征，包括差别比例税率和累进税率②，通过设立"公告地价、公告现值"为核心的计价体系，税务机构定期评定土地公告价值，并公告地价和房屋课税现值，该评估结果是房地产的课税依据，在保证其规范化、标准化、客观化的同时，也使税收随房地产价格变化而弹性变化，有利于税收调节功能的发挥。

（四）台湾房地产制度及其税制改革衔接的经验启示

台湾房地产制度及其税制改革始终坚持土地私有制度不变，贯彻孙中山先生"平均地权、涨价归公"的思想，即"当改良社会经济组织，核定天下地价。其现有之地价，仍属原主所有；其革命后社会改良进步之增价，则归于国家，为国民所享有"③。随后进一步规定了"照价征税"和"照价收买"，现在一般概括为"规定地价，照价征税，照价收买，涨价归公"。这一主旨思想既体现在地价税、土地增值税的累进税率上，使占地越多、地价额越高或土地增值越大的纳税人适用的税率越高、税赋越重，起到一定的抑富济贫作用。如台湾地区 1979 年私有地地价税统计显示，在 2265957 户纳税户中，受累进税率课征的税户 97148 户，仅占总税户的 4.29%，而其缴纳税款则占总税额的 48.61%，特别是按 60% 以上

---

① 林国建：《借鉴台湾地区经验，完善大陆房地产税制》，《华商》2008 年第 18 期。

② 地价税适用六级超额累进税率；土地增值税为超率累进税率；房屋税适用 1.38%—5% 的为比例税率，住家用房适用 1.38%—2% 的低税率，营业用房适用 3%—5% 的高税率；空地税应纳地价税的 2—3 倍；契税适用 2.5%—7.5% 的比例税率；遗产税、赠予税皆为 10% 的比例税率。

③ 晓邢：《试比较大陆与台湾的土地改革》，《殷都学刊》1995 年第 4 期，转引自《孙中山选集》上卷，第 69 页。

高累进税率课征的税户不及总户数的 0.5‰，而其所纳税额竟高达 17.1%。① 土地增值税更是作用巨大，以 1980 年为例，当年土地增值税收入中将近 70% 取自涨价已达原地价三倍以上的不劳而获的暴利获得者②。同时，还体现在针对农民的特殊房地产制度保护上，一方面，土地制度改革中强权实施的"均田"和"涨价归公"，为农民提供生存保障的同时，也为其他民众提供了土地增值带来的福利；另一方面，为帮助城市化中"农民工"的真正进城，政府专门提供增值潜力大的土地为农民工建设经济、适用的住房，让其财产随城市发展而增值。③

此外，包括土地规划措施、公告地价制度、土地征收和土地估价管理制度，以及房地产税收征管稽查体系在内的配套制度也是台湾房地产及其税收制度改革获得成功的主要举措。

第三节　共通结论

通过上述对两大法系典型国家、地区的房地产制度及其税制改革特点及交汇衔接经验的分析，可以得出以下几个共通结论。

（1）土地所有制与房地产市场经济的发展程度没有必然联系。美国、日本、中国台湾地区的土地私有制，中国香港的土地国有制，以及英国的混合所有制，对这些国家和地区房地产市场经济的活跃程度和地方政府财政收入的多少没有必然影响。土地的所有制属性无论是国有制，还是私有制，抑或是混合制，与实施房地产市场经济并不矛盾。相比之下，处理好房地产市场中政府和市场的关系，在引入市场竞争的同时加强政府宏观调控能力反而显得更为

---

① 萧承勇：《台湾地区土地税的地位和作用》，《中外房地产导报》2000 年第 18 期。
② 同上。
③ 李昌平、周婷：《台湾的土地制度》，《江苏农村经济》2010 年第 1 期。

重要。

（2）房地产制度与税制的协调应以完善的房地产权利为基石。房地产权利既是房地产制度规制的结果，又对房地产制度及其税制的实施起到积极的刺激作用。例如，英国规定有完善的房地产保有权，并以此为基础形成一整套房地产租赁体系。美国将土地所有权分为地下权、地上权和空间权三部分，包括建筑物加层发展和近空通过权，从而对房地产权利的有偿使用有更好的调节。

（3）应以完备的法律体系作保障。房地产制度及其税制是一个国家生存发展的基本生产要素之一，要想最大化的发挥调节效应并有效配置房地产资源，完备的法律体系必不可少，这既是检验房地产制度与配套税制自身完善与否的标准之一，又可以保障相应制度的有效落实。综观世界发达国家和地区，在形成完善的房地产制度及其税制体系时，都有着详尽、可行的法律体系作保障。如日本制定了60多部有关不动产的法律法规，涉及的税种贯穿了房地产开发、持有使用、转移处置等各个环节，主要有《土地基本法》《都市再开发法》《土地征用法》《都市计划法》《不动产评估法》等，税法主要有《国税法》《国家征收法》《地方税法》《地方税征收条例》《租税特别措施法》《登录许可税法》等。德国也同样如此，以《民法典》为基础，构建起包含房地产建设、租赁、住房保障等权利在内的一整套房地产法律制度，为房地产市场的健康运行提供了积极保障。

（4）应有完备的税收减免制度。有限的土地资源决定着房地产制度直接影响社会财富的分配，而税收是以再分配为核心的资源配置方式，公平合理是其基本原则，也是税制建设的根本目标。古往今来、横贯东西的税收实践也表明税收公平往往是检验税制和税收政策好坏的标准。因此，贯彻遵守普遍纳税、平等纳税和纳税能力原则，实施一定的税收减免制度，可以更有效地保障房地产制度及其配套税制有效发挥经济调节作用和资源配置作用。

（5）任何国家的房地产制度及税制都不是完美无瑕的，或多或少都会存在缺陷。但建立起能够适应国家政体、促进社会经济发展、保障绝大多数人民利益的体系，能够兼顾效率和公平，并实现相对公平就已足够。例如美国财产税因对土地与建筑物合并征税，对城市过度扩张未能发挥有效调节作用，并因以上一年的评估价为征税基数，对实际经济状况反映滞后，不能及时、较好地体现税收制度的公平性。实践也已证明，美国财产税的抑制房地产市场投机功能差，并存在监管和风险控制漏洞。[①] 日本房地产制度与税制改革在20世纪80年代引发的"经济泡沫"更是反映了这一问题。法经济学在从效率角度分析法律决策形成和法律规制评价时，波斯纳主张运用"卡尔多—希克斯标准"来度量法律制度的财富最大化。相对于经济学理论中的帕累托最优标准，这一标准更符合制度及法律实施中的多面效应属性，并可通过补偿性原则减少推广阻力。因此，房地产制度及税制进行改革时，不能同时追求各方主体利益的一致最大化，只要相应制度及法律规则可以提高资源配置效率，使受益方增加的利益相对大于受损方因此配置而减少的利益，就可以认定该制度促进了社会的财富最大化，是有效率的。

[①] 吴福象、徐宁：《基于财产税视角的我国房地产税制改革研究》，《现代管理科学》2012年第8期。

第四章

集体经营性建设用地直接入市与税制改革的衔接

集体建设用地制度改革是我国房地产制度改革的核心环节，也是难点问题，既关系到社会主义市场经济体制条件下广大农村和农民土地收益权合理化的实现方式，也关系到城市建设用地、房地产市场供需格局的改变和城市居民的房地产利益，还关系到农村集体、地方政府和中央政府利益格局的改变。若对包括乡镇企业用地、宅基地和公益用地三种功能不同的集体建设用地不加区分的"一刀切"流转，将会引发不可估量的风险。因此，以作为改革突破口的集体经营性建设用地入市为研究对象，分析其直接入市引起的房地产制度与税制改革的衔接，对推动我国房地产制度改革的探索有积极意义。

第一节 集体经营性建设用地入市对房地产制度及其税制的挑战

2015年，集体经营性建设用地在试点区域的准予公开入市拉开了未来集体建设用地改革的序幕。这一改革，强调不经过国家征收的、集体组织实施的市场化自主交易，有其历史必然性和对现存制度的挑战，也与正在进行的财税制度改革直接交汇，二者之间错综复杂。

一 集体经营性建设用地入市的制度安排

（一）集体经营性建设用地入市政策的推行

集体经营性建设用地入市政策最早见于十七届三中全会决定，明确准予"通过统一有形的土地市场、以公开规范的方式转让集体经营性建设用地土地使用权，并与国有土地享有平等权益"。此后，该政策成为我国集体建设用地流转改革的核心任务。尤其是十八届三中全会以来摸索和实践步伐日益加快，已从简单地与国有土地"同地、同权、同价"，细化到加快产权流转、增值收益分配、市场交易规则和服务监管机制以及试点改革等配套政策的推行中（见表4-1）。

表4-1　　　　集体经营性建设用地入市政策历程

颁布时间	颁布部门	文件名	主要内容
2008/10/12	中共中央	《关于推进农村改革发展若干重大问题的决定》	逐步建立城乡统一建设用地市场，依法取得的集体经营性建设用地须通过统一有形的土地市场、以公开规范的方式转让土地使用权，符合规范的前提下与国有土地享有平等权益
2011/3/16	"十二五"规划纲要		严格界定公益性和经营性建设用地，改革征地制度，完善具体经营性建设用地流转管理机制
2013/11/12	中共中央	《关于全面深化改革若干重大问题的决定》	允许符合规划和用途管制的集体经营性建设用地出让、租赁、入股，与国有土地同等入市、同价同权

续表

颁布时间	颁布部门	文件名	主要内容
2014/1/9	中共中央、国务院	《关于全面深化农村改革加快推进农业现代化的若干意见》	引导和规范集体经营性建设用地入市，加快建立产权流转和增值收益分配制度
2014/12/2	中共中央办公厅、国务院办公厅	《关于农村土地征收、集体经营性建设用地入市、宅基地制度改革试点工作的意见》	完善集体经营性建设用地产权制度，赋予出租、租赁、入股权能，明确入市范围和途径，建立健全市场交易规则和服务监管制度
2015/2/1	中共中央、国务院	《关于加大改革创新力度加快农业现代化建设的若干意见》	赋予集体经营性建设用地出让、租赁、入股权能，建立健全市场交易规则和服务监管机制
2015/12/31	中共中央、国务院	《关于落实发展新理念加快农业现代化实现全面小康目标的若干意见》	推进集体经营性建设用地入市制度改革试点，总结经验，适当提高农民集体和个人分享的增值收益，抓紧出台土地增值收益调节金征管办法
2016/12/31	中共中央、国务院	《关于深入推进农业供给侧结构性改革，加快培育农业农村发展新动能的若干意见》	统筹协调推进农村土地征收、集体经营性建设用地入市、宅基地制度改革试点
2018/1/2	中共中央、国务院	《关于实施乡村振兴战略的意见》	系统总结农村土地征收、集体经营性建设用地入市、宅基地制度改革试点经验，逐步扩大试点，加快土地管理法修改，完善农村土地利用管理政策体系

相比政策的前行，集体经营性建设用地入市实践分化严重。事实上，早在 20 世纪末，国土资源部就先后批准芜湖、苏州、安阳、顺德等城市开展集体建设用地使用权流转试点。安徽、湖北、广东等地相继出台《安徽省集体建设用地有偿使用和使用权流转试行办法》《湖北省农民集体所有建设用地使用权流转管理办法》《广东省集体建设用地使用权流转管理办法》等地方法律予以规范，但一

直没有上升到法律层面,也没有在全国推行。

2014年年底《关于农村土地征收、集体经营性建设用地入市、宅基地制度改革试点工作的意见》与2015年《关于授权国务院在北京大兴区等33个试点县(市、区)行政区域暂时调整实施有关法律规定的决定》的公布,为集体经营性建设用地的试点流转提供了施行依据,并配合建设用地使用审批权的下放和征地补偿标准的调整,以及集体经营性建设用地使用权抵押贷款暂行办法、集体经营性建设用地土地增值收益调节金征收使用管理暂行办法等开始全面推进试点改革。

(二) 集体经营性建设用地入市范围的界定[①]

当前,法律没有明确集体经营性建设用地入市范围的涵盖内容。学者们根据《土地管理法》第43条和第59条的规定认为集体建设用地包括乡镇企业用地、宅基地、乡(镇)村公共设施和公益事业建设用地三大部分,但对集体经营性建设用地界定仍不明确,部分学者将其与集体建设用地混为一谈。绝大多数学者已形成"以原有乡镇企业用地"为主的体系,并指出随着市场经济的发展,乡镇企业已不是当前农村主要企业形式,其性质从集体经济组织或农民投资为主发生改变,全国95%以上的乡镇企业都已改制为股份制、股份合作制和个体私营企业混合所有制,而乡镇企业用地也因原有企业的出租、入股、抵押等行为,从完全自用变为共用、租赁、转让等多种形式的并存。村村点火、户户冒烟的分散产业格局也变为区域性的产业园区、企业密集区形式,再加上招商引资的多样化合作方式,集体经营性建设用地并不限于乡镇企业用地。

我们赞同这一观点,并进一步认为可将集体经营性建设用地作为与宅基地和集体公共公益事业用地相并列的一类用地,作为集体

[①] 本部分内容来源于杨遂全、孙阿凡《农村集体经营性建设用地流转范围探讨》,《西北农林科技大学学报》(社会科学版) 2015年第6期。

建设用地的下位概念予以规制。以用途规划及管制为核心，以经营性为衡量标准，采用列举加概括排除法予以范围界定，即规定"在农村集体所有土地上进行工业、商业、旅游、娱乐和商品住宅等营利性行为所使用的建设用地"为集体经营性建设用地。其中，工业用地不包括采矿地；商业用地包括商业、服务业用地；游览用地仅指设施用地，包括旅游点建设用地、游娱文体、休养保健、购物商贸、住宿用地及其他游览设施用地，并可延伸包括原规划用于非农生产、经营的集体土地和客观上难以开垦为耕地的荒地，依法办理建设用地用途转变并审批后的土地整治新增部分，以及可以经营性土地空间权入市的新农村建设中多建房屋部分，和宅基地流转改革中自愿退出的宅基地和集体协议收回的多余宅基地。同时将涉及公民生存权利的耕地和特例以外的有房宅基地，集体公共设施、公益政策性用地和保障农村集体长远发展基本需求的建设用地排除。

集体经营性建设用地入市是长期以来我国集体建设用地流转实践不断突破现行制度约束、促使制度顺应现实发生改变的博弈结果，也是由限制流转向市场化流转的制度演变中诱致型变迁与供给型变迁交替发挥作用的结果，充分体现了中央顺应制度变迁需求逐步推进改革的顶层设计理念。对增加农村集体及村民的土地收益、激活农村土地价值，推进建设用地市场体系建设和经济体制改革有积极意义。

二 对房地产制度的挑战：同流转

对农村集体建设用地的限制流转是城乡房地产制度不统一的关键，既体现为流转程序的"先征后用"，还包括流转身份的成员约束。与国有建设用地的"同流转"则要求清理这些程序障碍，也对现存房地产制度提出诸多挑战。

（一）障碍及挑战一：征地制度

《土地管理法》第43条对建设用地的国有、集体区别对待是

"同流转"的根本障碍。在此限定下,虽然《宪法》第10条、第13条对国家为公共利益需要可依法征收、征用土地及公民私有财产并给予补偿予以规定,《物权法》第42条、第121条、第132条、第148条进一步限定土地征收范围、征收补偿,并比较系统地构建起土地征收物权制度体系,但对集体经营性建设用地入市仍然构成障碍。

一是征地范围的"公共利益需要"模糊。土地征收范围的"公共利益需要"是国际通行做法,但公共利益概念、内容的不确定使认定极易出现异化。我国2011年出台的《国有土地上房屋征收与补偿条例》将公共利益确定为"保障国家安全、促进国民经济和社会发展",并列举包括国防外交、基础设施、公共事业、保障性安居工程、旧城区改建及法定其他需要。但现实中征收集体土地时,"公共利益"常被异化,尤其是近些年来以"推进城镇建设"为由实施的公益征地,大部分被用于工业产业或商住用地,无论是行为目的的非公益性还是受益主体的少数性,都决定了这些经营性开发不属于公共利益性质。基于地方政府土地财政需求,此类征地比比皆是,并被认为"与我国城镇发展现阶段相适应"[①]。这种公共利益需要的异化滥用与农村集体和农民产权保护规制相违背,阻碍了土地经营利益最大化的追逐。因此,集体经营性建设用地入市后,具有经济人和利益人本性的村集体和农民会自发抗拒地方政府在城镇建设中以征用剥夺集体土地经营利益的行为,也会对"公益征地"提出更多的权利主张和范围限制。

二是征地补偿的"同地不同价"。《土地管理法》第47条规定征收土地按原用途补偿。农村土地的征收补偿包括土地补偿、安置补助及地上附着物和青苗补偿费;城市用地拆迁补偿则按被征土地市

---

① 桂华:《城乡建设用地二元制度合法化辨析——兼论我国土地宪法秩序》,《法学评论》2016年第1期。

场价格的 5—8 倍实施。农村土地的原用途价格与城市土地的市场化后价格明显不同，后者往往因为流转的高度自由更能适应市场供需而天然具有价高性。集体经营性建设用地的入市会自发增加土地价值，虽然因市场需求和具体用途不同而变动，但实践已证明，建设用地的地价必定高于农用地，经营性用地的地价必定高于非经营性用地，意味着集体经营性建设用地入市后市场价值会远远高于原用途价值，增加集体及其成员利益。在地方政府征地补偿标准不变的情形下，这种利益差距会加大被征地农民的不公正感，增加征地阻力，从而对现行城乡同地不同价的征地补偿标准提出了改变要求。

三是征地程序的政府单一主宰。征地往往是政府主宰的单方行为，在土地利用规划、公共利益确认、征地补偿标准制定时，缺少农民参与，缺乏被征地农民和集体组织意见，政府拥有征收理由、范围、补偿等的唯一解释权，整个过程公开性、透明性较差。根据国务院发展研究中心"中国土地政策综合改革课题组"的调查资料表明，在征地补偿方案确定过程中，农户反馈的政府和村委会人员开会并上门征求意见、仅开会听取意见和没有听取意见的比例分别为 22.4%、21.5%、48.1%，还有 8% 表示"不了解当时情况"。在征地过程中，参加相关村民代表大会并表达意见和委托他人参加的家庭比例分别为 32.2% 和 39.7%，还有 19.7% 表示没有召开会议。① 而在征地赔偿款发放上，政府得到 60%—70%，农民只得到 5%—10%，最后分到农民手中的只有每亩 2000—10000 元不等②，与市场上的土地价格相差极大。集体经营性建设用地入市会使村集体及农民对土地利益更敏感，为维护自身利益，对集体土地被征收时的程序合法、合规性要求更高。

---

① 宋茂华、杜明才：《农地产权、征地制度与农民利益关系研究》，《商业经济研究》2016 年第 1 期。

② 詹王镇、刘振宏：《城乡一体化进程中农民土地权益保障路径及实现机制研究》，《江汉大学学报》2016 年第 3 期。

（二）障碍及挑战二：建设用地转让制度

建设用地转让分为一级市场和二级市场。长期以来，国有建设用地已经形成较为完善的转让体系，从转出主体来看：一级市场的转出方是国家，实际由地方政府代表；二级市场的转出方是已经在一级市场上取得合法使用权的使用方。从转让方式来看：一级市场包括有偿出让和无偿划拨两大类，其中，有偿出让又根据具体方式和程序的不同，分为多个受让人竞争的挂牌、招标、拍卖和只有一个特定受让人时的协议。二级市场则灵活多样，包括出售、交换、赠予、作价出资、入股、转租、继承等。集体经营性建设用地入市主要是对土地转让一级市场的影响，转出主体从单一的国家变为国家和农村集体两方，转出客体从单一的国家土地变为国家和集体土地两种类型。

从现行建设用地转让制度来看，集体经营性建设用地的入市同流转主要面临两个障碍及挑战。

一是现行政策规定符合规划和用途管制的集体经营性建设用地可出让、租赁、入股。而国有建设用地流转经验告诉我们，"招拍挂"出让方式的根本特性是"公开竞价"，即从形式上体现并保障了集体建设用地与国有建设用地的同价同权。但入股、租赁更多的由交易双方自行决定价格、期限、收益分配等，"暗中"操作性强。那么，集体建设用地的流转还能保障与国有土地的同权同价吗[①]？

二是我国当前阶段的经济增长是一种以"区域竞次式"为特点的增长模式，这种模式下，地方政府为推动地区经济增长，极其重视通过招商引资确保税源的稳定。地区之间为吸引制造业企业的入驻纷纷出台各种优惠政策，低成本甚至零地价的土地使用优惠政策成为不少地方的主打招牌，而这些用地的成本及出让利益缺口则通

[①] 张玉梅、王子柱：《中国农村集体经营性建设用地入市改革研究——以贵州湄潭农村具体经济经营性建设用地拍卖案为例》，《改革与战略》2016年第3期。

过"招拍挂"高价出让住宅、商业用地的额外获益来弥补、平衡。新政策下，需求保持不变时，集体经营性建设用地的入市必然会与国有建设用地价格发生竞争，引发市场价格下降。那么，工业用地竞争中，在国有土地原已价格极低甚至零地价的市场中，集体经营性建设用地又该如何出价？

（三）障碍及挑战三：土地储备制度

土地储备制度是伴随我国城市建设用地有偿使用改革浪潮诞生的，1996年，命名为"上海土地发展中心"城市土地储备机构以全国第一家的身份成立，1997年"杭州市土地储备中心"成立，试点成功之后，各地纷纷效仿，现已有2560家土地储备机构进入全国名录，并不同程度地开展了土地储备工作。2007年《土地储备管理办法》的颁布则正式确定该制度，并成为地方政府调控土地市场、提高土地利用效率的重要手段。

作为政府提前收储、以应对未来之需、获取未来收益的工具，土地储备通常由专门成立的土地管理部门授权经营机构事先以征购、回收、置换等方式集中土地并平整、开发，再根据城市规划和土地供应计划分期分批投入市场，① 根本目的是盘活存量建设用地。但该制度合理运作的基础是政府对建设用地一级市场的供给垄断权和建设用地的总量控制。一旦政府失去一级建设用地市场垄断地位、无法控制建设用地，土地的提前储备将变得毫无意义，制度运行将受到影响，甚至导致整个城市土地储备制度的崩溃。② 集体经营性建设用地的入市流转，打破了政府对一级建设用地市场的供给垄断，也会对当前建设用地的集中供给和总量控制模式产生影响，进而影响土地储备制度的存在理由和运作机理，对其前期征地储备

---

① 贾生华、张宏斌：《城市土地储备制度：模式、效果、问题和对策》，《现代城市研究》2001年第3期。

② 夏方舟、严金明：《土地储备、入市影响与集体建设用地未来路径》，《改革》2015年第3期。

和后期供应都提出了严峻考验。

（四）障碍及挑战四：城乡土地增减挂钩流转

为缓解城镇化进程中建设用地的高需求和耕地保护压力，2005年起浙江、江苏、四川、重庆等地试点城乡土地增减挂钩流转制度，即把城镇建设用地的增加与农村建设用地的减少以及耕地数量的增加相互协调，要求因农村建设用地拆减后整理、复垦的耕地与城镇建设用地可增加的面积相对应。各试点地区在改革中推出多种举措，如2007年成都市开始以"指标"形式实现农村建设用地入市，具体要求农村村庄先向国土部门申请批准立项，然后由村庄以农户住宅用地的集约利用为核心整治现有建设用地，多余部分复垦为耕地，并将节余出来的建设用地指标在城镇落地，出让价格归农村及农民。重庆市2009年推出"地票"交易制度，通过申请立项将宅基地、乡镇企业用地、公共公益事业用地等农村建设用地复垦，并经过土地管理部门验收后产生的建设指标在农村土地交易所公开交易，由竞标购得"地票"的持有者再根据规划及"地票"落地对应地块的预期，参与政府举行的"地票"落地对应地块的公开竞标过程。①

无论是成都的"农村土地综合整治"，还是重庆的"地票交易"，事实上都是在维护政府垄断建设用地一级市场的前提下，在土地用途管制与建设用地年度计划指标政策的约束下行使，地方政府仍然利用建设用地供给垄断权，在增减挂钩、占补平衡中以"虚拟"方式实施集体建设用地的入市。实际仍然是集体土地先行转化为国有土地用地指标后的交易，而建设用地的垄断差价是保障将部分土地增值收益让渡给被整治地区农民的主要来源。

城乡土地增减挂钩政策具有一定的创新意义，是在现有制度框架下局部调整土地增值收益分配方式的集体土地政策性入市。但集

---

① 杨庆媛、鲁春阳：《重庆地票制度的功能及问题探析》，《中国行政管理》2011年第12期。

体经营性建设用地直接入市后,除程序简化的优势以外,还会影响"增减挂钩"中的土地出让收入,进而影响到政府让渡土地增值收益给被整治地区的政策基础,使地方政府缺少推进"整治"的资金,阻碍这种政策性入市的推行。同时,还会影响建设用地年度计划用地指标的控制与分配,使"增减挂钩"政策丧失存在基础。也会出现市场竞争条件下,具有区位优势的近郊建设用地优先获益,偏远地区缺乏分享建设用地入市收益机会的弊端。

三 对房地产税制的挑战:流转同税?

集体经营性建设用地入市除要求城、乡建设用地的"同流转"外,也对部分范围的流转同税提出了挑战,并主要通过一些直接相关税种的影响体现出来。

目前,土地一级开发阶段需要征收的税种包括耕地占用税、营业税及附加税(城市维护建设费、教育费附加,下同),若实施主体为土地储备机构,则营业税及其附加税不需缴纳;入市交易阶段需要征收的税种涉及契税、印花税和所得税。二级市场需要征收的税种则包括城镇土地使用税、营业税及附加、土地增值税、印花税、契税和所得税;房产方面则涉及房产税。

因附加税费以营业税税额为基数按纳税发生地适用不同税率计征,包括农村地区,自身受集体建设用地入市的影响不大;印花税以合同所载金额为依据缴纳,不受影响。因此,集体经营性建设用地入市环节以及入市后影响到的税种主要包括流转环节的土地增值税、营业税、契税、所得税,保有环节的城镇土地使用税,皆因土地主体及土地属性与国有土地存在差别而造成。

(一) 障碍及挑战一:土地增值税

旨在调节土地增值收益的土地增值税,目前以转让国有土地使用权、地上建筑物及其附着物并取得收入的行为为对象,以转让收入扣除支付的购买成本、开发成本、费用、税金等的余额为增值额，核算该增值额与扣除项目金额比例对应适用30%—60%的四级超率累进税率。

学者们认为现行土地增值税存在诸多问题，如仅涉及房地产转让环节，调控范围狭窄，税率偏高，准扣项目表现形式复杂等，严重限制了其调节作用，主张将其取消[①]。集体经营性建设用地入市后，更是对其征税范围提出原则性的挑战。目前，土地增值税仅涉及国有土地使用权、地上建筑物及附着物的转让行为，集体土地被直接排除。但集体经营性建设用地入市后并不改变"集体"性质，还会因使用权市场流转而增值，这份增值包含因集体土地用途改变、城乡建设规划、基础设施环境改善等客观因素造成的效益性和外部辐射性土地增值，社会享有一定的获益权。虽然按2016年4月财政部、国土资源部发布的《农村集体经营性建设用地增值收益调节金征收使用管理暂行办法》，对集体经营性建设用地入市、再转让环节取得的土地增值收益征收20%—50%的调节金，但并未实行超率累进征收，执行期限也仅限于2017年年底。这就使得对该环节的增值调节亟待改革。

(二) 障碍及挑战二：城镇土地使用税

城镇土地使用税针对城市、县城、建制镇和工矿区范围内的土地使用关系设定，适用定额税率，各地区对应的年税额为每平方米1.5—30元、1.2—24元、0.9—18元、0.6—12元。该税率修订于2006年，被视为自1987年此法出台后实施的与物价上涨幅度基本一致的调整。

但2005年以来，国民经济和土地价格继续上升，2014年的居

[①] 详见李晶《中国新一轮税制改革的重点与安排》，《宏观经济研究》2015年第1期；王树锋、霍丽娟《我国房地产税收改革核心策略初探》，《财会月刊》2016年第29期；罗昌才《土地财政、房地产调控与土地增值税制度》，《现代经济探讨》2014年第8期。

民消费价格指数比 2005 年增长了 30.8%，是 1987 年的 3.05 倍；2014 年的国有建设用地出让成交均价是 1239.51 万元/公顷，比 2005 年的 355.33 万元/公顷上涨了 3.49 倍；同期以 1993 年为基期的居住类居民消费价格指数则从 2005 年的 198.42 增长为 2014 年的 259.86，上涨了 30.96%。城镇土地使用定额税率的保持不变明显与土地需求增加和土地价格攀升不符，没有有效调节因土地使用而产生的收益，更没有充分发挥组织财政收入和税收宏观调控作用。

集体经营性建设用地入市后土地所有权属性不改变的特性更是对该税收调控范围提出根本挑战，因仍然属于集体土地，地理位置也可能在城市、县城、建制镇和工矿区范围之外，意味着依然不用缴纳土地使用税。但这违背了建设用地使用税的调整精神，也和"同地、同价、同权"性质不符，同样的建设用地使用者，因一级市场出让主体不同而致使土地保有期间承担税负出现差异，在不存在特殊免税情形时，不符合税收公平原则。

（三）障碍及挑战三：营业税与增值税

营业税征税范围中涉及房地产的项目包括适用 3% 税率的建筑业和适用 5% 税率的转让无形资产和销售不动产行为，主要指转让土地使用权，有偿转让不动产所有权，销售建筑物、构筑物、其他土地附着物三大类。但以土地使用权、不动产投资入股，参与利润分配时不征收；投资后转让股权也不征收。针对个人住房销售征收的营业税已成为近些年房地产市场调控的主要手段，多次顺应调控需求而调整。[①]

---

① 2005 年前为发展住房二级市场，个人住房销售环节，对个人购买并居住超过 1 年的普通住宅免征营业税；不足 1 年的按售价与购入原价的差额计征；自建自用住房免征。2006 年为抑制投机和投资性购房需求，以 5 年为界限，不足 5 年的全额征收，超过的区分普通住房和非普通住房，前者免征，后者差价征收。为应对金融危机下房地产市场的不景气，2009 年开始只对购买不足 2 年的非普通住房全额征收；超过 2 年的普通住房免征，非普通住房或不足 2 年的普通住房差额征收。2010 年起又恢复抑制政策，采用与 2006 年基本雷同的政策。2015 年则又调整为 2 年。

2017年10月30日国务院常务会议审议通过了《国务院关于废止〈中华人民共和国营业税暂行条例〉和修改〈中华人民共和国增值税暂行条例〉的决定》，实施了60多年的营业税正式退出我国历史舞台，被认为对降低企业税负、激发市场活力、促进经济发展提供了有力支撑。与此同时，"营改增"后，转让土地使用权属于销售无形资产——自然资源使用权范围，转让方需按规定缴纳增值税、城建税及教育费附加、印花税、土地增值税。在《财政部 国家税务总局关于全面推开营业税改征增值税试点的通知》附件3"营业税改征增值税试点过渡政策的规定"中规定："土地所有者出让土地使用权和土地使用者将土地使用权归还给土地所有者"免征增值税。因此，建设用地流转的初级市场上，无论是国有土地、还是集体土地，现在都不征收增值税。这一规定有利于保障国家和集体的权威性，但对农村集体而言，存在不公平。农村集体土地之所以可以流转获益，根本上是由土地稀缺性决定的，利用这种稀缺性获得的收益，无论土地属性是国有、私有或集体所有，也无论是谁获益，都应该给国家以一定的回报；同时，用于非农建设的集体土地不可避免地会获得流转级差收益，既因二、三产业发展带来的建设用地需求增多而产生，也离不开耕地保护等国家政策对建设用地供给的限定。因此，集体建设用地入市流转中的增值由整个国民经济发展创造而成，本质上是社会财富的再分配问题，不能仅归土地占有者，需要通过税收加以调节。

（四）障碍及挑战四：契税

我国境内转移土地、房屋权属的承受单位和个人需缴纳契税，包括国有土地使用权出让行为，以出售、赠予、交换方式出现的土地使用权转让行为和房屋买卖、赠予、交换行为三大类。集体经营性建设用地入市后将和国有建设用地同等对待，既包括一级市场上的有偿出让，也包括各类型的转让行为。依据现行规定，集体土地使用权出让不属于征税范围，与国有土地使用权出让时的流转同税要求不符，受让人税负不一。

（五）障碍及挑战五：所得税

集体经营性建设用地流转涉及企业所得税的征缴。根据《企业所得税法》相关精神，集体组织出让、出租土地使用权，企业转让、转租集体建设用地使用权的所得额，需在扣除成本费用后核算应纳税所得额。但如何核算并扣除农村集体经济组织的相关成本、费用，一直未明确，也使得农村集体经济组织税负始终较高。[①] 而集体经济组织所得税的合理核算关系到农民个人在集体收益分配中缴纳个人所得税的安排，现在也存在漏洞。

第二节 集体经营性建设用地入市的博弈分析

集体经营性建设用地入市是我国土地制度改革历史发展的必然趋势，有其制度演化的必然性和特殊性。以下从制度演化博弈和利益博弈两个层面来分析。

一 演化博弈模型及分析[②]

集体经营性建设用地入市流转制度是政府、村集体和农民在长期不间断的利益博弈中逐步演进而来的，具有鲜明的历史动态演化博弈特征。

演化博弈也称有限理性博弈，是以特定群体内有限理性的参与成员作为研究对象，用动态分析方法把影响参与人行为的各种因素

---

① 王婷婷：《缺位与再造：农村集体建设用地流转的税收问题检思》，《广西社会科学》2016年第8期。

② 本部分内容来自孙阿凡《集体经营性建设用地入市流转的演化博弈论解释及其应策分析》，《生产力研究》2017年第4期。

纳入模型，并对某种反复博弈行为研究，以考察群体参与主体间冲突的形成机理和策略的调整过程、趋势和稳定性。演化稳定策略就是有限理性博弈方的有效均衡点，如果某一博弈方偏离这一均衡点，最终会回复到初始均衡状态。①

（一）基于演化博弈论视角的集体经营性建设用地多元动态模型的构建

1. 博弈参与主体

集体经营性建设用地入市流转制度的核心是收益的多少与如何分配，涉及中央政府、地方政府、村集体组织与农民四方主体，每一方都是有自己利益需求的理性主体。

（1）中央政府。作为政策顶层设计者和决策者的理性主体，旨在追求社会稳定、经济持续发展、社会总福利增加等宏观效益，但在政策落实和制度推行中，既要依赖地方政府的执行，又要获得信息反馈，以备查漏补缺、完善政策。

（2）地方政府。兼具中央政府代理人、地方利益代表和独立利益主体三重身份，需要在不偏离中央政策的同时通过制度创新或落实争取政绩最大化，弥补财政缺口，并满足被管辖主体利益。

（3）村集体组织。兼具农民代理人与独立利益体身份，是法律上集体建设用地的所有者，事实上是使用、处分的决策者，与农民个体构成"委托—授权"关系；自身又是一个高度抽象化的模糊概念。集体土地流转中，作为使用权提供方，代表农民和自身，并对地方政府制度安排趋丛或博弈。

（4）农民。享有法律上集体土地的所有权以及使用权、收益权，中央也多次强调宅基地使用权、集体收益分配权等是法律赋予农民的合法财产权利，其决策直接影响集体土地流转。现实中，这

---

① 谢识予主编：《经济博弈论》，复旦大学出版社2012年版，第212、225页。

种决策权因基层民主机制不完善、权利意识模糊等原因，落实尚不充分。

2. 基本假设

（1）模型博弈参与者包括中央政府、地方政府、村集体组织和农民。

（2）假定各阶段演化过程中，参与者具有有限理性。其中，农民和村集体看重短期利益最大化，地方政府考虑本部门利益最大化而非社会利益最大化。

（3）中央政府制定集体经营性建设用地流转的宏观政策后，推行时以社会风险最小化、收益最大化为博弈目标，即保障国家稳定，并尽量满足各微观主体的满意度。效用函数表示为：

$$U_g(x_1) = U_g(a, b, c, d) \qquad (式1)$$

式1中，x_1 为中央政府的博弈策略；a 为中央政府收益；b 为国家稳定；c 为地方政府的满意程度；d 为农民及村集体组织的满意程度。

（4）地方政府在集体土地流转中，兼具中央政府代理人、地方利益诉求代表和独立利益主体三重身份，效用函数表示为：

$$U_l(x_2) = U_l(e, f, g) \qquad (式2)$$

式2中，x_2 为地方政府的博弈策略；e 为地方政府的自身收益，f 为中央政府的满意程度，g 为地方管辖农民及村集体组织的满意程度。

（5）村集体承担着政府代理人、集体产权代理人和社区管理者三项职能，集体土地流转中，既是农村土地所有者代表和实际经营者，又是政府政策实施代表；既是农民土地利益代表，又受地方政府行政干预；还需考虑自身利益。效用函数表示为：

$$U_c(x_3) = U_c(h, j, k) \qquad (式3)$$

式3中，x_3 为村集体组织的博弈策略；h 为村集体组织的自身利益；j 为地方政府满意程度；k 为农民满意程度。

（6）农民在集体土地流转中没有完全自主行动权，只能听从集体安排，但与村集体组织之间存在合法的委托—授权关系。其诉求主要包括增加收入和追求自身保障两方面，效用函数可表示为：

$$U_p(x_4) = U_p(l, m) \quad (式4)$$

式 4 中，x_4 为农民的博弈策略；l 为农民从中获得的收益；m 为农民自身的保障。

3. 模型的构建

（1）中央政府和地方政府：宏观层次委托—授权环节的博弈

中央政府和地方政府的博弈是集体经营性建设用地入市流转政策推行的前提。假设 x_1、x_2 分别为中央政府和地方政府的博弈策略，X_1 和 X_2 为二者的策略集，其中 $x_1 \in X_1$，$x_2 \in X_2$，而 $f_1(x_1, x_2)$ 和 $f_2(x_1, x_2)$ 分别为中央政府和地方政府的收益函数，并会尽力追求收益最大化，即：

$$P(x_1) = \max f_1(x_1, x_2) \quad (式5)$$
$$P(x_2) = \max f_2(x_1, x_2) \quad (式6)$$

式 5、式 6 中，$P(x_1)$ 和 $P(x_2)$ 分别表示中央政府和地方政府的最大收益。

由于在集体经营性建设用地流转政策推行中，中央政府通过地方政府执行落实，地方政府则将实施经验予以反馈，存在：

$$P(x_2) = \{x_2 : f_2[x_1^*, x_2]\} = \max f_2[x_1^*, x_2(x_1)]$$

$$(式7)$$

式 7 中，x_1^* 表示给定的中央政府博弈策略；$x_2(x_1)$ 表示在中央政府博弈策略已知时地方政府的最优选择集。

而地方政府在试点或推行中的先进、成功经验，也对中央政府策略的制定完善有积极推动作用，中央政府策略中亦包含有地方政府信息。因此有：

$$P(x_1) = \{x_1 : f_1[x_1, x_2^*]\} = \max f_1[x_1(x_2), x_2^*] \quad (式8)$$

式8中，x_2^* 表示地方政府博弈中的新策略；$x_1(x_2)$ 表示中央政府博弈策略中包含了地方政府博弈策略的信息。地方政府的最优策略此时又可以表示为：

$$P(x_2) = \{x_2 : f_2[x_1(x_2)^*, x_2]\}$$
$$= \max f_2[x_1(x_2)^*, x_2(x_1)] \quad (式9)$$

如果考虑到博弈的连续性，则中央政府的最优博弈在连续博弈后可表示为：

$$P(x_1) = \{x_1 : f_1[x_1(x_2), x_2(x_1)^*]\}$$
$$= \max f_1[x_1(x_2), x_2(x_1)^*] \quad (式10)$$

该过程中，中央政府和地方政府选择最优博弈策略时同时要求自身效用提高。即满足：

$$U_g(x_1) = U_g(a, b, c, d) \geq U_0(a, b, c, d) \quad (式11)$$
$$U_1(x_2) = U_1(e, f, g) \geq U_0(e, f, g) \quad (式12)$$

(2) 农民和村集体：微观层次委托—授权环节的博弈

农民和村集体之间的博弈是集体经营性建设用地入市流转政策顺利落实的前提。假设 x_3、x_4 分别为村集体组织和农民的博弈策略，X_3、X_4 为二者的策略集，其中 $x_3 \in X_3$，$x_4 \in X_4$，而 $f_3(x_3, x_4)$ 和 $f_4(x_3, x_4)$ 分别为村集体组织和农民的收益函数，则：

$$P(x_3) = \max f_3(x_3, x_4) \quad (式13)$$
$$P(x_4) = \max f_4(x_3, x_4) \quad (式14)$$

式13、式14中，$P(x_3)$ 和 $P(x_4)$ 分别表示村集体组织和农民的最大收益。

由于村集体和农民之间的"委托—授权"关系尚不严格，二者利益一致时，村集体会竭力做好代表事宜并服务于农民，促使双方利益最大化，因此有：

$$P(x_3) = P(x_4) = \max f_3(x_3, x_4) = \max f_4(x_3, x_4)$$
(式 15)

二者利益相悖时，实际行为人则会优先保障"村集体"利益而损害村民利益，出现贪图私利、收受回扣、低价转让、改变用途等选择，并将行为结果反馈给农民。因此有：

$$P(x_3) = \{x_3: f_3[x_3, x_4^*]\} = \max f_3[x_3(x_4), x_4^*]$$
(式 16)

式 16 中，x_4^* 表示给定的农民博弈策略；$x_3(x_4)$ 表示已知农民策略时村集体组织所做的博弈。

由于集体用地流转更多时候由村委会少数人决定，并将相关政策精神传播，村集体策略也会成为农民博弈策略的诱致因素，农民策略事实上包含了村集体的信息。因此有：

$$P(x_4) = \{x_4: f_4[x_3^*, x_4]\} = \max f_4[x_3^*, x_4(x_3)]$$
(式 17)

式 17 中，x_3^* 表示村集体的博弈策略；$x_4(x_3)$ 表示农民的博弈策略包含了村集体博弈策略的信息。村集体的最优策略此时又可以表示为：

$$P(x_3) = \{x_3: f_3[x_3(x_4), x_4(x_3)^*]\} \\ = \max f_3[x_3(x_4), x_4(x_3)^*]$$
(式 18)

而农民的最优博弈可表示为：

$$P(x_4) = \{x_4: f_4[x_3(x_4)^*, x_4]\} = \max f_4[x_3(x_4)^*, x_4(x_3)]$$
(式 19)

该过程中，村集体和农民在选择最优博弈策略同时要求自身效用提高。即满足：

$$U_c(x_3) = U_c(h, j, k) \geq U_0(h, j, k) \quad \text{(式 20)}$$
$$U_p(x_4) = U_p(l, m) \geq U_0(l, m) \quad \text{(式 21)}$$

(3) 地方政府和村集体：管理、监督环节的博弈

集体经营性建设用地上市流转中，地方政府在中央许可权限范围内制定具体政策，并通过农民集体实施，农民通过投票等方式表示赞成与否。因此，地方政府策略除受中央策略影响外，还受农民集体策略影响；农民集体策略除受农民影响外，还受地方政府影响。即：

$$P(x_2) = \{x_2: f_2[x_2(x_3, x_4), x_3^*]\}$$
$$= \max f_2[x_2(x_3, x_4), x_3(x_2, x_4)^*] \quad \text{（式22）}$$

$$P(x_3) = \{x_3: f_3[x_2^*, x_3(x_2, x_4)]\}$$
$$= \max f_3[x_2(x_3, x_4)^*, x_3(x_2, x_4)] \quad \text{（式23）}$$

在博弈过程中选择最优策略时，地方政府和农民集体都要求自身效用提高。即满足：

$$U_1(x_2) = U_1(e, f, g) \geq U_0(e, f, g) \quad \text{（式12）}$$
$$U_c(x_3) = U_c(h, j, k) \geq U_0(h, j, k) \quad \text{（式20）}$$

（二）集体经营性建设用地入市流转中多元博弈主体策略分析

1. 演化动态多元模型分析

（1）村集体和农民利益一致

村集体和农民利益一致时，由式（15）可知 $P(x_3) = P(x_4) = \max f_3(x_3, x_4) = \max f_4(x_3, x_4)$，整个博弈关系在模型构建中可做如下表示：中央政府和地方政府博弈关系表示为 $f_a(x_1, x_2)$，地方政府和村集体博弈关系表示为 $f_b(x_2, x_3)$，二者关联并考虑农民影响，博弈关系为：

$$f_a(x_1, x_2) = f_a[x_1(x_2, x_3, x_4), x_2(x_1, x_3, x_4)]$$
（式24）

$$f_b(x_2, x_3) = f_b[x_2(x_1, x_3, x_4), x_3(x_1, x_2, x_4)]$$
（式25）

博弈函数是连续的，假定存在某一创新策略 z，如果满足：$f_b(x_2^z, x_3^z) > f_b(x_2^z, x_3) = f_b[x_2^z(x_1, x_3, x_4), x_3(x_1, x_2, x_4)]$［某阶段满足 $f_b(x_2^z, x_3^z) = \max f_b(x_2, x_3)$］，则在地方政府和村集体博弈中，策略 z 就是有效策略。若策略 z 又满足 $f_a(x_1^z, x_2^z) > f_a(x_1, x_2^z) = f_a[x_1(x_1, x_3, x_4), x_2^z(x_2, x_3, x_4)]$［某阶段满足 $f_a(x_1^z, x_2^z) = \max f_a(x_1, x_2)$］，则也受到中央政府认可。如果同时满足上述条件，策略 z 则被称为演化稳定策略，说明所有利益主体都选择了该策略，即同时满足 $f_a(x_1^z, x_2^z) = \max f_a(x_1, x_2)$，$f_b(x_2^z, x_3^z) = \max f_b(x_2, x_3)$，策略 z 在此阶段便满足了演化稳定均衡，各利益主体都可以满足效益最大化。如果策略只满足其中某一层次博弈均衡，则该策略必然会引发利益不均衡，并在各方追逐利益中引诱制度发生变化，不断向相对均衡靠近。

（2）村集体和农民利益不一致

当村集体和农民利益不一致时，将存在三个层次的博弈关系，模型构建中，除中央政府和地方政府博弈关系 $f_a(x_1, x_2)$，地方政府和村集体的博弈关系 $f_b(x_2, x_3)$ 外，还存在村集体和农民的博弈关系，可表示为 $f_c(x_3, x_4)$。将三个层次的博弈关联，分别为：

$$f_a(x_1, x_2) = f_a[x_1(x_2, x_3, x_4), x_2(x_1, x_3, x_4)]$$

（式24）

$$f_b(x_2, x_3) = f_b[x_2(x_1, x_3, x_4), x_3(x_1, x_2, x_4)]$$

（式25）

$$f_c(x_3, x_4) = f_c[x_3(x_1, x_2, x_4), x_4(x_1, x_2, x_3)]$$

（式26）

该博弈组合中，演化稳定均衡的实现更加复杂。首先要有满足中央政府与地方政府、地方政府与村集体博弈关系，即 $f_a(x_1, x_2)$、$f_b(x_2, x_3)$ 的演化稳定策略 z。其次，要有一个新策略 s，满足 $f_c(x_3^s, x_4^s) > f_c(x_3^s, x_4) = f_c[x_3^s(x_1, x_2, x_4), x_4(x_1, x_2,$

$x_3)$] [某阶段满足 $f_c(x_3^s, x_4^s) = \max f_c(x_3, x_4)$],和 $f_b(x_2^s, x_3^s) > f_b(x_2, x_3^s) = f_b[x_2(x_1, x_3, x_4), x_3^s(x_1, x_2, x_4)]$ [某阶段满足 $f_b(x_2^s, x_3^s) = \max f_b(x_2, x_3)$],使其成为村集体与农民、地方政府与村集体之间博弈的有效策略,并在同时满足上述条件时成为 $f_b(x_2, x_3)$、$f_c(x_3, x_4)$ 的演化稳定策略。最后,进一步对策略 z 和策略 s 进行均衡求解,找出能同时满足中央政府、地方政府、村集体组织与农民四方主体效益最大化的演化稳定策略。与上一情况相比,此状态下各主体博弈中的演化稳定策略更难实现。

2. 改革开放以来集体土地流转各阶段多元博弈主体策略分析

集体经营性建设用地是集体建设用地流转的特殊形式,分析其变迁,必须综合实施。以流转政策规定为依据,具有明显的阶段性。

第一阶段从改革开放到 1998 年,这一时期从禁止买卖、出租到允许依法转让,但仅限于城市土地。集体土地除首次规定"农村和城市郊区土地以及宅基地、自留地等属于集体所有"的所有属性外,流转政策一直管控严格。这种"只赋权、禁流转"的政策提高了对农民收益(l)、社会保障(m)、村集体组织利益(h)的预期和国家稳定(b),但无法完全获得土地流转收益,村集体组织利益和农民的收益(h, l)只能以暗中流转形式得以改善,中央政府和地方政府自身收益(a, e)从集体土地流转中获取的收益亦不明显,各方主体效用 [U_g, U_l, U_c, U_p] 均有所提高,但不显著。实践中表现为珠三角等经济发展较快地区从 70 年代集体土地"被动"租借变为 80 年代主动流转,从农民自建建筑物出租发展成地方政府承认许可的规模化流转。此阶段属于村集体及农民的诱致性变迁而引发地方政府的制度创新,尚未达到演化稳定均衡。

第二阶段以 1998 年《土地管理法》修订为标志到 2008 年,属于探索流转阶段，主要是将乡镇企业、村民住宅、乡村公共公益事业建设用地排除在必须申请使用国有土地建设之外，将因破产、兼并转移集体土地使用权用于非农业建设行为列为合法，为流转实践留有了余地。农民收益（l）、村集体组织利益（h）在放松管制及法律许可基础上获得一定程度的提高，中央政府和地方政府收益（a，e）因小城镇建设步伐的加快、农村经济的发展和土地利用效率的提高等也相应改善，并予以进一步的支持，国家稳定性（b）继续增强。实践中表现为国家先后批准芜湖、苏州、安阳、顺德等城市开展流转试点，广东、安徽、湖北等地相继出台规范集体建设用地使用权流转的地方法规。这一阶段属于中央政府因从地方政府制度创新中分享了收益而追认、吸纳，并开始主动成为积极创新主体，是从诱致性变迁向强制性变迁过渡的环节。

第三阶段以十七届三中全会决定提出逐步建立城乡统一建设用地市场，允许集体经营性建设用地公开转让、与国有土地享有平等权益为标志，属于农村建设用地细化并试点入市流转阶段。自2013年《中共中央关于全面深化改革若干重大问题的决定》发布以来，已构建起集体经营性建设用地的直接入市政策体系。在村集体、农民的诱致性变迁和政府强制性变迁的共同作用下，村集体和农民可享有的收益（h，l）和保障（m）因土地增值收益分配权逐渐得到充分保护而进一步提高，中央政府效益（a）、国家稳定性（b）也有了改善。但地方政府因土地一级市场将遭遇的冲击影响了现行土地财政收益，从而降低了自身收益（e）。实践中体现为凭借国有建设用地供给和农村土地征地的双垄断权而享有高额利润的地方政府，在长期"低征高卖"中形成土地经营模式和土地财政，更愿意通过"征地—出让—开发"的传统卖地模式推进集体经营性建设用地流转。政府公权力依然是配置集体经营性建设用地的主要力量。①

（三）结论

纵观改革开放后农村集体建设用地流转政策的变迁历程，可得出以下结论。

1. 以村集体及农民的诱致性变迁为主导

我国集体建设用地流转制度经历了"村集体及农民私下自发流转—地方政府参与并创新—中央政府参与推进"阶段。流转中，村集体组织与农民利益一致，为追求集体土地潜在经济价值、获取更多收益而合作联手，不断突破法律、创新流转行为，这些行为在增加利益的同时，也使地方政府通过入股、合作、联营等形式分享部分收益，提高了自发创新的积极性。地方政府创新成功并使中央政府从中获益后，中央政府开始全面推进集体建设用地的流转试点。整个流转制度围绕村集体及农民利益一致下的诱致性变迁展开。

2. 是由需求引致型变迁向供给主导型变迁过渡的历史过程

村集体及农民自发流转集体土地，除增加自身收益外，根本原因是社会经济发展客观增加了对建设用地的需求。在土地总量既定、城市建设用地价格日益增高的背景下，用地方需用特殊方式降低成本，诱使集体建设用地加速流转。但流转制度的不规范严重威胁到耕地的保护、宅基地和农村公共公益用地的利益。从社会稳定和长远发展来看，这种需求引致型变迁必然要让位于供给主导型变迁，由中央政府利用自身政治权利和资源配置优势，对制度供给的进程、方向、形式、战略安排等予以统筹，并借助地方政府力量推行，以推动集体建设用地流转制度的成熟完善。集体经营性建设用地入市流转就是中央政府以变迁制度供给主体推行的制度创新，其

---

① 张四梅：《集体经营性建设用地流转制度建设研究——基于优化资源配置方式的视角》，《湖南师范大学社会科学学报》2014年第3期。

结果直接决定流转制度变迁方向。

3. 现行集体经营性建设用地流转制度属于典型的卡尔多改进

制度变迁的博弈过程根据参与者利益变动情况分为帕累托改进和卡尔多改进。前者强调资源配置时的利益改变使至少一人状况变好，但没有使任何人状况变坏；后者认为导致一方增加的利益大于另一方减少的利益，该配置即有效。集体经营性建设用地的入市流转明显同时增加村集体及农民收益，不可避免地影响地方政府现有垄断收益，属于典型的卡尔多改进。而该变迁中因部分主体利益受损，博弈会更加激烈，制度变迁也更困难。

二 利益博弈模型及分析①

如上分析，集体经营性建设用地入市关涉中央政府、地方政府、村集体组织、农民与用地方多方主体利益的再分配。但因中央政府以宏观利益为主，农民和用地方以政策适用者参与改革并享受收益为主，因此，利益博弈中最重要的参与者和影响者就是地方政府和村集体，二者博弈结果直接影响该政策能否推行、推广。以下仅对此二者之间的博弈展开分析。

（一）基本假设及要素

集体经营性建设用地市场化流转的根本特征就是交易信息的市场化、公开化取缔了征收中"低征高卖"的价格不对称现象。因此，可按照完全信息动态博弈模型分析，并假设：（1）村集体与地方政府是地位平等的独立利益相关者，彼此之间"非合作"；（2）双方都是理性经济人，旨在追求自身利益最大化，并属于中性风险偏好者；（3）双方对博弈结构、规则及对方策略空间、支付函数等行为选择有准确认识。

---

① 本部分内容来自孙阿凡、杨遂全《集体经营性建设用地入市与地方政府和村集体的博弈》，《华南农业大学学报》（社会科学版）2016 年第 1 期。

基本要素包括：（1）参与人 N 的集合：N = {Z, C}，Z 代表地方政府，C 代表村集体。

（2）参与人的行动集合 A_{in}：i 代表阶段，n 代表参与人。地方政府 Z 和村集体 C 的行动都分为两个阶段，分别为：A_{Iz} = {支持，不支持}，A_{IIz} = {制止，不制止}；A_{Ic} = {上市流转，不流转}；A_{IIc} = {进入隐形市场流转，不流转}。

（3）策略集合 S_{in}：i 代表阶段，n 代表参与人。博弈中，Z 在两个阶段的策略集合依次为：S_{Iz} = {（支持，[上市流转，不流转]），（不支持，[进入隐形市场流转，不流转]）}；S_{IIz} = {（进入隐形市场流转，[惩罚，默认]），（不流转，[惩罚，默认]）}。C 在两个阶段的策略集合依次为：S_{Ic} = {（支持，[上市流转，不流转]），（不支持，[进入隐形市场流转，不流转]）}；S_{IIc} = {（惩罚，[进入隐形市场流转，不流转]），（默认，[进入隐形市场流转，不流转]）}。

（4）支付函数：$fZ(X_i)$、$fC(X_i)$ 分别表示参与人地方政府、村集体在第 i 个策略组合中得到的预期效用，由预期收益和成本之差组成。

（二）博弈模型的建立

完全信息动态博弈角度的集体经营性土地入市分析，强调行为的先后阶段和参与方的收益情形。地方政府从可选择的行动集 A_{Iz} 里选择行动 a，村集体即可从行动集 A_{Ic} 或 A_{IIc} 里选择行动 b；若村集体选择 A_{IIc}，则地方政府会继续在 A_{IIz} 里选择行动 c。不同行动组合决定不同的决策收益，该过程可反映为图 4-1。

假设集体经营性土地流转中，流转前土地年均收益为 V_c，上市流转交易均价为 P_c，私下交易均价为 P_M（$P_c > P_M > V_c$）；村集体边际成本为 C_c，地方政府为促进集体土地流转的服务成本为 C_{Z1}（包括提供信息、中介服务、招商引资等），查处违规流转的成本为

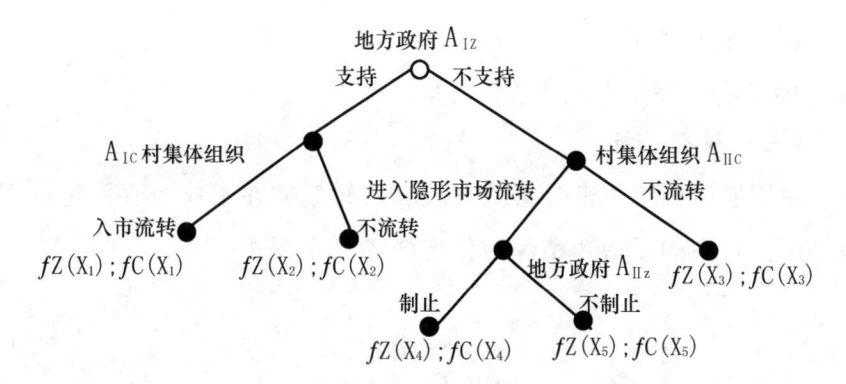

第四章 集体经营性建设用地直接入市与税制改革的衔接 / 123

图 4-1 集体经营性土地上市流转中地方政府与村集体的博弈树

C_{Z2}，依法征收的税费为 T；α（0≤α≤1）为政府在土地正常交易时分享收益的比例，β(0≤β≤1) 为政府罚款在交易额中所占比例（即处罚力度），ρ 为惩处概率。地方政府与村集体在不同策略组合的预期效用为：

① 地方政府支持流转，并且村集体上市流转：

$fZ(X_1) = T_1 - C_{Z1} = \alpha P_c - C_{Z1}$；

$fC(X_1) = (P_c - T_1) - C_c - V_c = (1-\alpha)P_c - C_c - V_c$

② 地方政府支持流转，但村集体不流转：

$fZ(X_2) = 0 - C_{Z1} = -C_{Z1}$；

$fC(X_2) = V_c$

③ 地方政府不支持流转，村集体也不流转：

$fZ(X_3) = 0$；

$fC(X_3) = V_c$

④ 地方政府不支持流转，并制止村集体私下交易：

$fZ(X_4) = \rho T_2 + \rho \beta P_M - C_{Z2} = \rho\alpha P_M + \rho\beta P_M - C_{Z2}$；

$fC(X_4) = P_M - C_c - V_c - \rho T_2 - \rho\beta P_M = P_M - C_c - V_c - \rho\alpha P_M - \rho\beta P_M$

⑤ 地方政府不支持流转，也不制止私下交易：

$fZ(X_5) = 0$；

$fC(X_5) = (1-\rho)(P_M - C_c - V_c)$

（三）模型分析

使用逆向归纳法来分析地方政府与村集体在集体经营性建设用地上市流转中的子博弈精炼纳什均衡解（见图 4-2）。

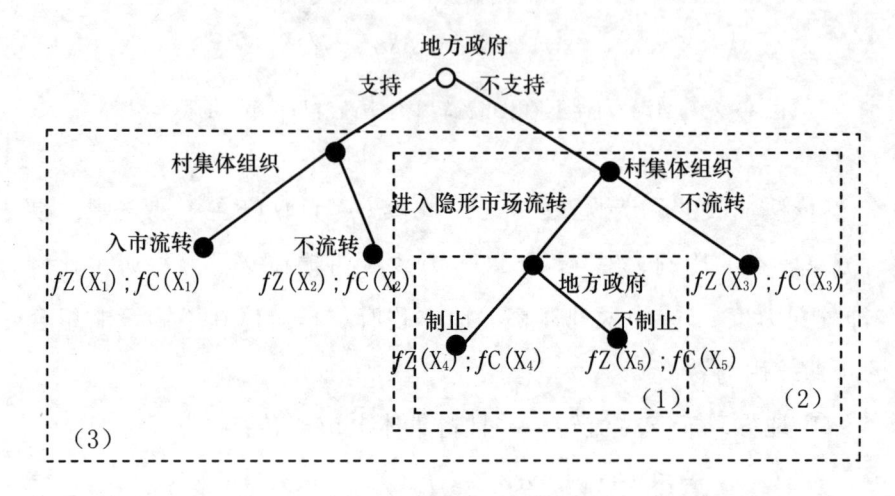

图 4-2　集体经营性土地上市流转中地方政府与村集体子博弈

在子博弈（1）中，若村集体决策点位于进入隐形市场流转，则地方政府选择制止与不制止的收益为 $fZ(X_4)$、$fZ(X_5)$，决策核心依赖收益比较，即 $\rho\alpha P_M + \rho\beta P_M - C_{c2}$ 是大于 0，还是小于 0，前者会选择制止，后者会选择不制止。事实上，地方政府是否制止受 ρ、α、β、P_M、C_{Z2} 五个因素影响，其中，P_M 由村集体与用地方的谈判决定。α 法定，现行税法对集体土地上市流转的规定仅涉及营业税及附加、契税、印花税[①]和新增建设用地有偿使用费，折合

---

① 营业税税率为 5%，城市维护建设税和教育费附加的税率分别为 5%、3%，以营业税税额为基数，契税税率为 3%，印花税税率为 5‰，由双方缴纳。

后是9.4%，新增建设用地有偿使用费均价约53元/平方米，按国土资源部公布的2012年全国土地出让面积和合同成交价款可知每亩约为56万元，折算后约占地价的0.63%。综合上述数据，α约为10%。β根据《土地管理法》第81条及《实施细则》第39条被限定为5%—20%。ρ与C_{Z2}则由地方政府单方决定并呈现正比例，实际中，政府查处时投入成本越大，查处概率越大，但长期操作后会形成固定模式及程序，会降低部分无谓成本，即C_{Z2}有递减趋势，ρ保持不变。根据2006—2014年国土资源部公布的立案查处违法用地案件与发现的违法用地案件数比例，可看到实际年查处率基本保持在60%以上。同时，作为稀缺资源，土地价值P_M会随用途改变而不断增值。当地方政府在土地管理中无其他途径收入时，该环节的最优选择是制止私下流转。

子博弈（2）中，地方政府选择制止私下流转后，村集体私下流转的收益为$fC(X_4)$，不流转的收益为$fC(X_3)$。实践证明，土地用途和利用强度通常产生不同的经济效益和地价，给村集体带来的利益也有差别。符合规划前提下，建设用地收益往往高于农用地，经营性用地收益往往高于非经营性用地，而商业、居住和工业三种用途的地价在其他条件不变情形下也依次递减。无论如何，土地流转收益大于不流转，村集体该环节的最优选择是流转土地，即地方政府不支持时，制止、私下流转是双方的较优选择。

子博弈（3）中，地方政府选择支持上市时，根据村集体对土地流转的偏好，可知$fC(X_1) > fC(X_2)$，村集体毫无疑问会选择上市流转，整个博弈模型简化为图4-3。此时，由于集体经营性土地市场交易价格通常大于私下交易（$P_c > P_M$），作为理性经济人，村集体偏好高价流转，在流转和不流转中选择流转，在上市交易与私下交易中选择上市，即$fC(X_1)$是较优选择。对地方政府而言，因其惩罚在信息不对称条件下往往具有滞后性、高成本、难操作等特点。因此，只要支持集体土地上市流转与不支持并阻止私下流转的罚款收益相差不大时，基于中央与地方政府的"委托—代理"关系与任期绩效考核的双重因素，地方政府始终忠于"向上负责"，更多倾向支持中央政策、支持上市。

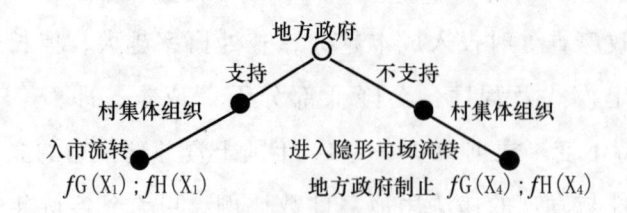

```
                    地方政府
               支持 ○ 不支持
              /              \
        村集体组织          村集体组织
           ●                    ●
        入市流转           进入隐形市场流转
      fG(X₁);fH(X₁)        地方政府制止 fG(X₄);fH(X₄)
```

图 4－3　集体经营性土地上市流转中地方政府与村集体博弈简化模型

实际中，影响地方政府支持集体经营性土地上市流转的因素，除与管制收益比较外，更重要的是要使其支持上市后的财政收入与"卖地收益"大体相当。在前面假设基础上，假定地方政府征地成本为 C_{Z3}，可获得的土地出让金为 R，税费为 T_3（和前述征收比例等同），土地出让金收入占出让价格的比例为 λ，卖地收益等于集体土地上市流转交易价格 P_c，则地方政府和村集体的预期效用函数 $fZ(X_6)$、$fC(X_6)$ 分别为：

$$fZ(X_6) = R + T_3 - C_{Z3} = \lambda P_c + \alpha P_c - C_{Z3};$$

$$fC(X_6) = (1 - \lambda - \alpha) P_c - C_c - V_c$$

在上市流转与被征用流转中，村集体组织会选择上市；地方政府则需要比较 $fZ(X_1)$、$fZ(X_6)$ 的关系，当 $\alpha P_c - C_{Z1} < \lambda P_c + \alpha P_c - C_{Z3}$ 时，会有阻碍中央政府改革行为，限制集体经营性土地入市，甚至冒被惩罚的风险实施不正当征地，二者差距越大，地方政府拒绝的阻力越大。调查显示农地征用收益分配中，村级以上政府及部门得到土地收益的 60%—70%，农民及村集体得到 30%—40%，即意味 $fZ(X_6)$ 中（λ+α）的范围为 60%—70%，而现行

税制下土地出让时 α 值为 10%，λ 为 50%—60%，这与国有土地使用权出让中的土地非税收入占地方财政预算收入比例基本吻合。征地成本 C_{Z3} 目前按原用途补偿，根据国土统计年鉴估算，改革开放以来，国家征用土地超过 1 亿亩，平均每亩补偿 5000 元，而地方政府出让土地价格在每亩 10 万元以上①，征地补偿成本只占出让收益的 5%。由此可见，地方政府参与征地分配收益的份额过大、成本过小，是热衷征地的主要原因，而上市流转中的收益分配份额过小则是产生阻碍的主要原因。如果降低等式右边的征地收益（λ + α）、增大征地成本 C_{Z3}，并增大左边上市收益分配份额 α，不等式关系会反向变化。

这说明集体经营性建设用地入市政策要获得地方政府支持，需满足以下条件：（1）地方政府在集体经营性建设用地土地上市流转前后的收益差额不能过大，需在推动流转、减少土地出让收入同时，提高地方政府在集体土地上市流转中的税费收益比例。（2）提高征地成本，包括严格征地范围、加大对地方政府滥用征地权的惩罚力度、提高征地补偿等措施的同时使用。（3）降低政府服务成本，当地方政府从集体土地流转参与者转为指导监督者后，借用市场资源配置决定作用同时来更好的发挥政府作用，可以自然而然地降低专项服务成本。

三 博弈对房地产制度及税制改革的统一目标要求

如前所述，集体经营性建设用地入市带给各方主体不同的利益改变，村集体态度积极，地方政府却需要权衡对"卖地收入"的负面影响和国家财税政策调整正面影响。这就对房地产制度及其税制改革提出了统一的目标要求。

---

① 陈义国、孙飞：《地方政府推动城市化发展的理论分析》，《贵州社会科学》2014 年第 3 期。

(一) 合理配置城乡建设用地资源

2016年以来，我国城乡建设用地资源配置政策中开始更多地注重从放活农村用地角度提高效率，例如推广特色小镇建设、美丽乡村建设等，这种改变有助于缓解农村土地浪费现象。但与此同时，国家也反复强调节约集约用地。例如2017年12月中央部委联合发布的《关于规范推进特色小镇和特色小城镇建设的若干意见》中，就明确提出"各地要把特色小镇和小城镇建设作为供给侧结构性改革的重要平台，从实际出发，遵循客观规律，防止盲目发展、一哄而上"。要求"各地要落实最严格的耕地保护制度和节约用地制度，在符合土地利用总体规划和城乡规划的前提下，划定特色小镇和小城镇发展边界，避免另起炉灶、大拆大建。鼓励盘活存量和低效建设用地，严控新增建设用地规模，全面实行建设用地增减挂钩政策，不得占用永久基本农田"。并规定"特色小镇四至范围规划面积控制在3平方千米左右，其中建设用地面积控制在1平方千米左右，旅游、体育和农业类特色小镇可适当放宽"。

与此同时，房地产业的迅速发展也使房地产税具有了丰富、成熟的税源基础和改革、调整条件。作为深化财税体制改革的重要内容之一，房地产税的改革政策趋向应与国家税制总体设计相配套，匹配特定的阶段性目标，并通过激励和约束效应提高房地产资源的流转及资源配置的优化功能。集体经营性建设用地入市推行政策初衷就是为了提高农村建设用地利用效益，其入市更是对房地产其税制改革中的资源配置功能提出完善要求，要求对供地方式及配套税制等予以改革。

(二) 缓解地方政府财政收支不平衡压力

集体经营性建设用地入市政策直接影响到地方政府长期以来赖以生存的"经营土地"收入，作为"一地之主"，地方政府又担负着促进辖区社会经济发展、为民众提供良好生存环境的责任，担负着维持基层政权运转、提供城乡均等化公共服务的重任，因此，如何健全地方税体系，通过房地产制度及其税制改革填补地方财政收入空缺、缓解不平衡压力就成为另一个改革目标。这既是推进改革的必要保障，有利于化解、消除地方政府对集体经营性建设用地入市改革的抵触抗拒心理；又是改革本身的应有之义，促进地方政府的"土地出让收入"向"税收收入"转型，促进"土地经营者"向"市场服务者"转型。尤其是房地产税制改革，根本上是财产税主体内容的本质属性更是决定了其筹集收入而非调控经济的主要功能。[1]

（三）逐步推进农村住宅制度改革

集体经营性建设用地的入市只是集体建设用地市场化流转改革的切入点，终极目标是实现农民财产权利的宅基地市场化流转。对广大农民而言，宅基地是保障生存的根本条件，但城市化、工业化进程中，大量农民主动或被动地离开农村、涌入城市，使宅基地闲置状况日趋严重。一些省市和县级单位调研结果显示，农村宅基地及房屋闲置率为10%—15%，即使按较低量10%估算，2亿亩宅基地总量中也有近乎2000万亩闲置。[2] 第二次全国农业普查数据则显示，截至2006年末，拥有自己住宅的农村居民户数约占99.3%，每户平均占地面积约128平方米，其中，拥有一处住宅的占92.5%；拥有两处及三处以上的分别占6.4%和0.4%。[3] 土地资源紧缺下，如何改善这部分闲置土地的利用效率，就成为房地产制度及其税制改革的第三重目标。一方面，需要有条件、有步骤地推进宅基地使用制度改革，探索其有偿使用、自愿有偿退出机制，以及住房财产权的抵押、担保、转让途径；另一方面，随着社会发展和

---

[1] 徐阳光：《房地产税制改革的立法考量》，《税务研究》2011年第4期。
[2] 郭立瑞、赵丹：《实现我国农村宅基地使用权流转的制度创新》，《农业经济》2013年第5期。
[3] 曹强：《农村宅基地流转法律问题研究》，《特区经济》2012年第1期。

经验成熟，可将宅基地纳入集体建设用地市场化流转范围，提高宅基地价值，有效增加农民财产性收入。而房地产税收作为国家参与社会再分配的重要调节手段之一，对调节资源配置、缓解分配不公有一定的积极意义。因此，推进农村住宅制度改革、提高农民收入需要房地产制度及其税制改革的保障与配套，也是二者改革的共同目标。

第三节 集体经营性建设用地入市后房地产及税制改革的协调

地方政府与村集体围绕集体土地展开的利益博弈要求集体经营性建设用地流转制度需与房地产税制改革目标一致，并为实现共同目标需在调控方式上有效衔接。这种衔接既包括应对"同流转"和部分"流转同税"的程序衔接，也包括"同地、同权、同价"的城乡统一建设用地市场的建立、协调与完善。

一 建立适应市场需求的"用途指标管制"供地格局

土地市场化是我国土地制度改革的重要内容。当前，在"按年度计划供应土地，逐级分配用地指标"的建设用地模式下，我国建设用地供给的一级市场完全由政府严格控制。这种用途管制和年度指标管制并存的模式对充分发挥土地规划的龙头控制作用，保护耕地规模，严格用途管制，创造良好的土地市场发展环境提供了积极作用，但同时也造成了建设用地的稀缺。集体经营性建设用地的入市增加了建设用地的潜在供给量，但仍有义务接受管制，也对国家用途指标管制的建设用地供地格局提出了新要求。

(一) 规范规划，树立规划的权威

集体经营性建设用地要求在符合规划的前提下才能入市流转，

但我国目前对农村的建设规划极其薄弱。一方面，2007年以来开始推行的城乡统筹土地规划制度，将农村纳入乡镇整体，但对农村建设用地仅在城镇体系规划中予以考虑，缺少建设规划，导致社会资本进入农村后很难形成资产，影响了投资积极性。另一方面，城镇土地规划要求在生产生活用地的空间协调、城镇化和新农村建设用地的数量统筹、用地方式转变等方面发挥积极管控作用，但目前土地规划与城乡规划目标差异大、标准不统一，省市与县乡规划衔接不够，规划修改频繁，整体管控强度差，对土地产权关注不够。这就使集体经营性建设用地入市所依赖的"规划"成为一个信息不完全的灰色系统，并有着无法完全消除的不确定性。

未来，土地利用总体规划要向"空间管制＋合理利用＋可实施"的趋势发展，在明确区域功能定位的同时有效整合城乡资源，在立足现有产业发展、基础设施、公共服务等城乡发展基础的同时把农村纳入城市规划范围，尤其要对农村各类建设用地做好规划。

一是要结合土地发展权，适度分离土地用途的近期规模管控与长远空间管控，避免规划死板，提高调整弹性；要将土地规划的"静态"与城乡规划的"动态"结合起来，在变与不变之间寻找平衡；要将规划的权威性与公众的参与性结合起来，在强制与人道之间寻找平衡。将"以人为本"的科学发展观树立为规划的价值取向，改变"经济驱动"为核心的传统发展观；规划理念由技术规定向土地综合政策安排转变，从控制性指令指标汇编，变为规划目标下的指导性指标与公共设施用地的示意性规划；规划功能及方法要从土地资源配置转变为市场配置，公众参与、规划相关者全程参与。[①]

二是建立土地规划定期评估和适时调整制度，将规划实施的定

[①] 吕苑鹏、李莉：《当土地规划"遇上"新型城镇化——聚焦中国新型城镇化发展中的土地规划转型》，《中国国土资源报》2014年1月8日第5版。

期评估结果作为调整或修改规划依据,适应城镇化发展要求,可以适时启动新一轮土地利用总体规划修编工作,规范中期评估。建立规划修改听证、公示制度,加强实施监督管理,加大对违法规划和违规调整或修改规划的查处力度。

三是在产权保护与用途管制之间找到平衡,在现存"从上到下"的计划式规划制定方式中引入市场反馈结果,兼顾地区间平衡、部门间平衡和市场供需的平衡,科学、合理、公开、透明地制定规划、分配指标。

这些改变首先需要树立规划的权威性,即通过在《宪法》《物权法》《土地管理法》及《城市房地产管理法》等上位法中明确土地规划的重要性,从而为集体经营性建设用地的有效供给提供依据,也为其他房地产制度改革提供合理的法律依据。2017年1月9日,国务院办公厅印发《省级空间规划试点方案》,旨在贯彻落实以主体功能区规划为基础统筹各类空间性规划、推进"多规合一"的战略部署,深化规划体制改革创新,建立健全统一衔接的空间规划体系,提升国家国土空间治理能力和效率,这也对未来城乡一体土地规划制度提供了有效保障。

(二)从供给侧改革角度推进土地供给制度创新

政府严格控制供给建设用地一级市场对我国社会经济发展有积极作用,但不能控制得过于死板,与市场需求背道而驰。作为经济发展的空间载体和基本生产要素,从供给制度上需要注意以下事项:

一是按照"发挥市场在资源配置中的决定性作用和更好发挥政府作用"的总体要求,按照"框定总量、限定容量、盘活存量、做优增量、提高质量"的全盘目标,统筹新增建设用地计划,实施建设用地总量、强度、质量的多维控制,逐步推进入市规模。在确定建设用地计划时,既要保证建设用地与农业用地、非建设用地的数量、质量平衡，又要保证国家、集体建设用地之间的利益平衡。为推动城乡一体发展和农村建设用地的市场化改革，确定指标时还需向农村倾斜，通过推动集体建设用地的入市让农村分享到更多的土地增值收益。

二是逐步改变土地在地区间的供需错配现象，在对土地利用总体规划不变的情况下，改变房地产供应与人口流动反向配置现象，适度增加人口流入、房屋需求比较大的一、二线城市的建设用地计划，缩减人口流出、房屋需求比较小的三、四线城市的用地计划，否则，可能会使不同城市之间的房地产长期供需平衡进一步恶化。

三是将土地供应方式、结构与产业发展和结构调整紧密联系起来，发挥土地供应在项目引进和产业发展中的调控作用。一方面，改变现行工业用地固定50年的期限，将土地使用权出让年限与企业生命周期相结合，并由企业根据自身需求申请实施弹性年期制或租赁制。根据国际上大多企业生命周期为10—20年的规律，可以将一般产业项目的用地期限设为20年，并在首期年限届满后，根据企业发展态势、履约情形综合评估，根据评估结果决定采取有偿续期或收回土地使用权。另一方面，土地供应方式要与产业发展目标紧密结合，重点支持符合产业导向的项目。新增用地时，对国家提倡的新产业、新项目用地指标优先保障，可通过定向挂牌或"带项目实施"的方式单列指标；存量用地中，可采用协议供地方式支持新兴产业发展。同时加大对创新创业企业的用地支持力度，探索先租后让、租让结合等用地方式降低企业拿地成本。严禁向不符合产业发展导向的项目或产能过剩项目提供新增用地或转用存量用地。

四是增加土地用途变更弹性，一定范围内准予用途的互相转化。一方面要在各地合理分配建设用地不同用途的比例，接受公共利益限制同时优先安排社会民生用地，增加商业与住宅用地的投入面积,并进一步取消禁止集体经营性建设用地用于商业性住宅建设的不合理规定;提高工业用地的集约性,通过提高闲置税费,改变工业用地"圈而不用""占而闲置"的低效浪费现象。另一方面可按照"用途相近、功能兼容、互不干扰、基础设施共享"原则,鼓励各地根据实际情况研究制定产业、服务、生活兼容的用地指标,将新产业的发展与办公、居住、商业等项目及生活性服务设施混合,增设综合用途用地管理。既包括结合城市发展更新需要,允许经营效益较差的商服项目用地改变用途;也包括结合产业园区发展需要,允许园区内不同类型的土地弹性变更用途。但自由变更时需遵守幅度限制,即对生产、社区、公共设施、办公及辅助用地在内的各类用地面积所占比例予以规定,比例范围内的细节调整授权自主实施。

2017 年以来,据不完全统计,全国至少有北京、上海、湖北、江西、山东、浙江、湖南、河北、广东、江苏、四川等多个省市出台了有关土地弹性出让的专门文件或者对应条款,可以说,土地弹性出让已经在一线、二线城市全面铺开。如何将这些试点的成功经验归纳并立法在全国推广,则是下一步要考虑的事。

二 规范流转价格确定体系

目前,城市建设用地的定价体系分层明显,工业用地多由政府根据招商引资需求通过"协议"方式确定流转价格,存在"虚低";商、住用地以"招、拍、挂"的市场竞争方式形成,但因政府限制供给指标,往往供不应求,使得价格"虚高""地王"频现。再加上地方政府的垄断供给和各地土地市场的割裂,并没有形成全国性的市场真实价格。集体建设用地的市场化流转将要求进一步规范建设用地价格形成机制。

(一)消除区域差异,提高整体土地市场化程度

土地市场的地方割裂抑制了土地真实价格的形成,在市场化程

度日益提升的同时，还需逐步形成全国范围内的政府引导、宏观调控下的市场价格确定模式。

一是要严格控制以划拨方式获取土地的新增数量。由于划拨是针对保证国家职能、职责实施而无偿准予使用的土地，容易引起过度滥用，应该对这种方式下获取土地的数量和规模予以严格限制，强化土地的市场化价格调节模式。

二是压缩和减少以协议出让方式获取土地的数量和规模。相比土地的"招拍挂"交易，协议出让方式的人为操作和地方政府单向决定更加明显，大大降低了土地的市场化水平。尤其是集体经营性建设用地入市后，如果继续准予大规模地以协议方式实现土地使用权转让，将会对集体土地期望的市场化收益大打折扣，影响农村建设用地使用效益的提高，故对协议出让土地的规模有待缩减。

三是要在提高增量土地市场化程度的同时，积极推进存量土地的市场化。主要是推进和加快国有土地市场化程度、提高资产性能，逐步将原有无偿划拨性质的土地纳入有偿使用范畴，准予符合规划和审批条件前提下的市场化转换用途，并通过国有企业改制、资产重组、收购兼并等时机提升土地价值。

(二) 规范土地流转价格的确定方式

一是在"指标管制"的供地格局中，严禁地方政府的经营性项目征地，限制政策性建设用地规模，缩减政府"低征高卖"的价格干预，逐步加大集体经营性建设用地的供应量，建立全国联网的建设用地供需信息平台，减少地方政府对供地的直接干预与决定。

二是地方政府授权专业土地估价部门，在综合考虑建设用地投放指标、潜在用地需求量、其他类似地块价值等外部因素和土地容积率、土地未来生成价值等自身因素前提下，合理估计并设定建设用地的最低价和最高价，然后通过"招拍挂"竞争出让方式形成市场基础价格。

三是参照"招拍挂"的市场竞争价格规范出租、入股价格。扩大工业用地的市场竞价范围；对租赁、入股等流转方式，地方政府应授权集体组织在一定范围内围绕土地基价上下浮动，尤其是浮动下限一定要统一规定，否则，可能会出现农村集体之间恶性降价竞争流转现象。

2018年3月1日，我国首部《标定地价规程》正式实施。这一规程立足当前城乡公示地价体系建设的基本需求及未来发展方向，突破了城乡二元模式，明确了标定区域划定、标准宗地选取与布设等各环节技术要点，使相关要求既统一规范又兼顾各地情况，对完善我国地价体系，更好地发挥市场在土地资源配置中的决定性作用和政府的调控引导作用，具有重要意义。未来亟待出台细则、保障落实。

（三）进一步完善土地"招拍挂"制度

"招拍挂"制度作为土地出让市场化程度最高的形式，为土地市场创造了相对公开、透明的竞争平台，最大限度地防止了暗箱操作，保证了土地资产价值的充分体现，应在土地市场化推进中完善、推广。

一是要进一步完善招标制度。国土资源部早在2010年《关于加强房地产用地供应和监管有关问题的通知》（国土资发〔2010〕34号）中，就提出在坚持和完善土地"招拍挂"制度的同时，要探索土地出让综合评标、一次竞价、双向竞价等方式，抑制土地出让价格的非理性上涨，同时鼓励各地积极试验。目前，北京市已将"一价定生死"的招标模式改为"综合条件最优者得"的综合评价方式[1]，并在社会中介机构提供的区域地价和房价基础上，经专家

---

[1] 张琦、邹晓云、王宏新、王昊著：《中国土地制度改革的新思考》，北京师范大学出版社2014年版，第255页，即将投标价款、付款进度、开发建设周期、政策性住房建设条件、土地节约集约程度、企业资质、业绩、财务状况、以往出让合同履约情况、参与建设的政策性住房规模、近期拿地情况和对未来商品住房销售价格的承诺等因素作为评标条件。

论证、由有关部门集体设定价格区间,进而确定土地受让人。对公平、公正、公开理念有了更好的阐释。

二是坚持"分类出让"模式,归类不同的用地需求,并配套不同的出让方式。例如保障房和商品房用地应该区别对待,别墅、高档公寓和普通住宅用地应该区别对待。保障房用地可采用限价招标,普通住房用地可采用正常招标,别墅和高档公寓则可继续采用拍卖方式。工业用地也可仿照该做法,对新兴产业、产能落后产业、大企业、创新型企业等区别对待,对需要鼓励的产业用地根据紧迫程度选择采用限价招标或正常招标,对需要限制的产业用地则采用拍卖方式;对资金实力雄厚的大企业可正常招标,对急需扶持的中小创新企业采用限价招标。这也可以满足招商引资时的土地优惠需求。

总之,集体经营性建设用地入市过程中,只有遵照贯彻市场法则的出让方式设立土地使用权,才能准确评估土地价值,正确区分集体组织、地方政府和开发商利益,将地方政府与集体组织设立的优惠摆在明处,使土地使用权流转公开化、透明化,也才能有效平衡相关主体的利益,真正规范市场化运作下的流转价格。

三 有条件地推行政策性建设用地流转

市场运行中,集体建设用地的入市流转会充分应用市场规律发挥调节资源作用,使土地流转完全遵循地段规律。在平面拓展的城镇建设中,受城市建设辐射影响大、地理位置便利的近郊农村会优先获取城镇化带来的土地增值收益,并自主将政府公共收入私人化;而偏远地区的农村建设用地因为远离城镇而无开发价值,无人问津。这种情况将会形成"一般农村—城郊农村—城市"的三元社会结构,引发新的城乡不公,既不符合公有土地制度下的"地利共享"原则，又与土地制度改革的城乡统筹目标冲突。①

政府参与的"增减挂钩"政策性建设用地流转对这种因地理位置而造成的不公有所抑制，可以通过"占补平衡"方式使偏远地区农村享受到集体土地带来的福利。因此，在今后一定时期内，政策性建设用地流转可作为政府特殊扶贫项目继续推行，但该过程中需要按照市场价值补偿农民利益，并使其获得长期可持续的生活保障。此外，集体经营性建设用地的直接入市会对政策性建设用地流转价格产生明显影响，加强转移支付体系的建立和完善，增加地方政府税收，缓解地方政府财力瓶颈，将成为推进相关改革的核心要点。2018年3月，国务院办公厅先后印发《跨省域补充耕地国家统筹管理办法》和《城乡建设用地增减挂钩节余指标跨省域调剂管理办法》，建立了增减挂钩节余指标的跨省域调节机制，引导该政策向贫困地区落实，并在执行中将指标调剂收益全部用于脱贫攻坚，将有助于缓解农村集体建设用地市场化流转中形成的区域不公平，使偏远地区也能享受到土地福祉。

四 填补集体经营性建设用地流转中的税收空缺

集体经营性建设用地入市涉及多方利益的重新配置，需发挥税收再分配调节功能予以调控，但我国税收体制对该领域的规制尚属空白。事实证明，行为性质及经济结果会影响到主体的法律地位，进而影响纳税主体范围②，因此，立足于税收的经济政策和再分配调控手段属性，坚持总体设计、分步实施和轻税负的原则，可从收益性、营利性两个方面来填补集体经营性建设用地入市流转中的税收调控。

---

① 桂华：《城乡建设用地二元制度合法化辨析——兼论我国土地宪法秩序》，《法学评论》2016年第1期。

② 张守文：《论税法上的"可税性"》，《法学家》2000年第5期。

(一) 填补收益性的税收调控空缺

集体经营性建设用地入市可以为土地所有者和使用者带来收益,通过房地产税收制度的设计,有利于收益调节、增加国家财政收入,并通过税收效应作用于市场调控。

一是扩大契税征收范围,对集体经营性建设用地使用权的受让方,无论是有偿出让,还是交换、赠予等类型的转让,都要求缴纳。这种调整是针对建设用地交易受让方的同一目的而实施,不能因土地属性不同而区别税负。

二是将土地增值税引入该环节。这是由土地稀缺性决定的,利用这种稀缺性获得的收益,无论土地属性是国有、私有或集体所有,也无论是谁获益,都应该给国家一定的回报;同时,用于非农建设的集体土地不可避免地会获得流转级差收益,既因二、三产业发展带来的建设用地需求增多而产生,也离不开耕地保护等国家政策对建设用地供给的限定。因此,集体经营性建设用地入市流转中的增值由整个国民经济发展创造而成,本质上是社会财富的再分配问题,不能仅归土地占有者。土地增值税则可较好地担负起这一社会增值财富的再分配任务。具体做法包括:(1)征税范围扩大到出让、转让集体经营性土地使用权及其地上物和其他附着物并取得收入的行为,实现土地增值收益部分"涨价归公"的根本分配理念。(2)改革现行税率,降低名义税率,从保护长期投资、减少征税阻力角度,建议综合考虑持有期限长短设计20%—50%的累进税率;同时,将现行1%—4%的预征率可提高至6%以上①,以保障征缴额。(3)简化计税依据核算,以常规开发涉及的成本类型及内容为标准明确具体准扣依据。集体经营性建设用地初次入市因村集体对流转土地的管理需要成本,应以全部收入减去核定的管理开发成本

---

① 资料显示2008—2012年房地产上市公司都充分计提了土地增值税,年均土地增值税税率为5.7%。

后核算土地增值额，并适用相应税率缴纳土地增值税。对于进入市场后的再次流转，则应完全遵照土地增值税规定核算应纳税额，从而确保土地二级市场上国有与集体建设用地的一视同仁。

三是基于买方、卖方在流转环节有契税、土地增值税的规制，针对交易合同的印花税可予以取消，城市维护建设税和教育费附加两项附加税因营业税的转型会自然消除。

（二）填补营利性的税收调控空缺

收益性强调只要使用即可从中获得好处，营利性则强调以获得利益为使用目的。准予进入市场流转的集体经营性建设用地，毫无疑问的是为了获得更多的价值增值和利益，符合税收调节的行为类型。

一是在取消转让土地使用权应缴纳营业税后，建议对村集体首次有偿转让环节直接适用土地增值税，并扩大到流转后的城乡各类型土地及其上建筑物、构筑物和其他土地附着物。对以土地使用权、不动产投资入股的利润分配和投资后转让股权的收益通过所得税中的资本利得项调整。这一改革既是简化税制的体现，也利于城乡土地在一级市场上的税收公平。

二是分步改革耕地占用税。耕地占用税因与经济发展不相适应的定额税率对农地非农化现象作用甚微。财政部、国税总局于2017年1月16日就《耕地占用税法（征求意见稿）》公开征求意见，标志着该税种将上升到法律层面。但征求意见稿中，为保持企业税负基本稳定，税率仍然和2007年颁行的《耕地占用税暂行条例》保持一致，同时，明确由国务院根据人均耕地面积和经济发展情况确定各省平均税额，实际适用税额则授权省级政府在规定幅度内自行确定。我们认为，在近期土地增值税制度未能有效改革之前，为保护耕地，需要继续保持这一税种，但需适度提高税率。等到未来彻底实现土地增值税制度的完善和房产税与土地使用税的合并后，耕地占用税就可以放在土地增值税中专门调节，既能有效保护耕地，又不提高企业总体税负，还起到了精简税制的作用。

三是对所有者的土地流转收益，应发挥所得税的收入调节功能。为推动集体经营性建设用地流转，可区分初次流转和再次流转进行税制设计：初次流转的收益是针对农村集体组织为转出方获得的收益，应考虑农村集体组织的"管理者"身份及其存续代价和维护管理的成本，例如用于村民社会保障，村庄公共、公益设施支出等，此类支出可在征收企业所得税前从收益额中按比例扣除，仅将余额作为应税所得额，并适用低档税率。再次流转的收益则是相关集体土地使用方作为转出方的获益，属于土地二级市场，应完全适用企业所得税征缴。

此外，对流转后未及时开工建设的集体经营性建设用地还可以开征空地税，以提高使用效率。我国目前对闲置土地尚未实施税收调控，无论是1999年出台的《闲置土地处置办法》，还是2007年修订后的《城市房地产管理法》，都只规定了缴纳土地闲置费。前者以督促再开发为核心，对非农业建设占用耕地的闲置情形根据时间长短，规定1年以内的恢复耕种；1年以上的按省级规定缴纳闲置费；2年未使用的无偿收回。后者规定以出让方式取得土地使用权开发房地产项目超过约定动工日满1年未开发的，征收相当于土地出让金20%以下的闲置费；满2年的可无偿收回。这些规定对解决土地闲置问题有一定的积极意义，但税收规制更有权威。具体可借鉴中国台湾地区的做法，在土地使用税中专条规定空地税，对未依法使用或使用效率过低的建设用地征收。以使用权转让合同签订之日为起算时间，以合同约定的开工建设日为主判定建设使用期，满1年未动工的在土地使用税基础上加征空地税。但合同约定的开工建设期最长不得超过2年，即设置2年的强制使用期限，这主要考虑到土地使用者的资金周转期和土地资源利用的效率问题。税率应在土地使用税基础上实施惩罚性征收,以发挥威慑惩处效力。

表4-2　　　集体经营性建设用地入市流转环节的税收调整

税种	现行主要规定	主要调整设计
契税	征税范围:国有土地出让;土地使用权转让(出售、赠予、交换);房屋赠予、买卖、交换	增加"集体土地出让";取消印花税
土地增值税	征税范围:转让国有土地使用权、地上建筑物及其附着物并取得收入的行为	增加"出让、转让集体土地使用权及其地上物和其他附着物并取得收入的行为"
耕地占用税	征税范围:占用耕地建房或者从事非农业建设;定额税率:(1)人均耕地不超过1亩的地区(以县级行政区域为单位,下同),10—50元/平方米;(2)人均耕地超过1亩但不超过2亩的地区,8—40元/平方米;(3)人均耕地超过2亩但不超过3亩的地区,6—30元/平方米;(4)人均耕地超过3亩的地区,5—25元/平方米	近期:增加税率;远期:合并至土地增值税
企业所得税	征税范围:集体土地所有权人出让、出租土地使用权,以及企业转让、转租集体建设用地使用权的所得额,对应纳税所得额扣除成本费用后核算未明确农村集体经济组织的运营成本和费用如何扣除	初次流转:收益扣除一定比例公益项目支出后的余额征收;适用较低档次税率。再次流转:全部征税,无优惠

五　宅基地流转中的税收差别待遇

目前理论界对宅基地使用权流转的研究很多,并一致认为通过出租、转让、抵押、入股、置换、继承、退出等方式流转宅基地,有利于支撑经济稳定增长,推进城市化、城乡一体化发展,增加农民的财产性收入。中央也加大了宅基地流转探索及试点步伐,2015年初,中央发布有关宅基地制度改革试点意见,并授权北京大兴等地准予突破现有法律,试点宅基地的有偿使用、自愿有偿退出及转让等制度。2016年底中央在《关于稳步推进农村集体产权制度改革的意见》中规定免征权利人名称和资产产权变更登记时的契税及产权转移合同的印花税，免收确权变更中的不动产登记费，并提出进一步研究制定支持农村集体产权制度改革的税收制度。2018年中央一号文件《中共中央 国务院关于实施乡村振兴战略的意见》中则明确提出"完善农民限制宅基地和闲置农房政策，探索宅基地所有权、资格权、使用权'三权分置'，落实宅基地集体所有权，保障宅基地农户资格权和农民房屋财产权，适度放活宅基地和农民房屋使用权"。

与此同时，针对宅基地流转缴税问题的研究空白，总体上我们认为作为未来的集体建设用地流转主体，宅基地和经营性建设用地虽然都属于农村集体，但因流转时涉及主体不同，二者税收设计不能完全等同，需要差别对待。

（一）税收政策是保障宅基地流转的必要手段

税收政策作为促进经济发展中政府与市场调控统一的重要手段之一，对宅基地流转环节征收，既是对宅基地产权的认证与保护，又可以保障宅基地的有效流转。

首先，税收政策有利于优化宅基地流转市场环境，提高配置效率。我国目前城乡一体的建设用地市场机制尚不健全，宅基地入市后，市场的资源配置职能无法有效发挥作用，价格机制也不能完全有效，利用政府调控经济的"有形之手"——税收，弥补市场调控经济的"无形之手"——价格的缺陷，将对纠正市场失灵、优化市场环境发挥积极作用。

其次，税收政策可以调节宅基地市场配置中的不公平，促进农村内部的收入公平分配。宅基地入市流转后，单一依靠市场配置，会因竞争而过于注重效率，并使农村内部拥有不同宅基地的农民之间形成新的不公平，尤其是城乡接合部与边远农村、近郊区与远郊区之间，交通设施、公共设施、市场水平、环境优劣等会明显造成宅基地流转中的需求盛衰甚至有无需求的差别。这种不公平是市场逐利下的必然结果，需要政府利用具有收益调节功能的强制性税收进行调节。

最后，税收政策可以稳定经济，对宅基地入市交易中出现的炒作行为发挥规制作用，稳定宅基地市场价格，从而稳定集体建设用地及整个房地产市场。

（二）宅基地流转具有征税的必要性

宅基地流转可以增加农民财产性收益，为使用方带来利益，无论是收益性，还是营利性，都是通过税收调节流转的必要性。

一方面，宅基地和其他类型建设用地的根本区别是具有成员权身份的农民可以从集体无偿取得宅基地无期限的使用权，是一种福利政策。这种原始取得的福利待遇是否该继续保留，我们暂不做讨论。但在准予宅基地入市流转后，既然要寻求与国有土地使用权的同市公平竞价，就应当受到同样的约束与保障。既体现为使用期限应从无期限转变为与国有土地使用权同样的用途期限限制，到期后根据不同情况续期或收回，与城镇居民保持使用权的同等公平；又体现为流转时可能是非集体成员的购买，不具有享受无偿待遇的身份，也不应该再次重复享受无偿待遇，因此，再次取得时需要向宅基地所有权人集体经济组织缴纳一定费用。

另一方面，宅基地流转时的增值并非农地所有人或使用人一己之力就可以提升，除了农民的修建成本投资、村集体的环境改善投资以及宅基地本身的特殊环境以外，更重要的是国家的发展规划、交通设施、公共设施等基础建设的投资。根据马克思地租理论，因宅基地本身所处的特殊环境产生的收益属于垄断地租，归土地所有人；因土地所有权垄断产生的绝对地租利益归所有人；因地理位置和设施环境差别产生的级差地租Ⅰ和因连续追加投资而形成的级差地租Ⅱ，归土地所有人或使用投资者享有。因此，宅基地流转中，除农民获得增值收益外，村集体和国家也有权以税费形式参与分享，既便于其将获得的收入继续投入农村基础设施建设，也便于国家利用税收杠杆调节市场。

(三) 宅基地流转税收设计

与集体经营性建设用地不同，宅基地使用权流转必须与宅基地的取得制度相协调，对其流转税收的设计也需要区分不同情况对待。

从供给角度看，虽然部分农民因继承、赠予、占地多建等方式拥有两处及更多的宅基地，但根本上宅基地分配仍以"一户一宅"为基本政策，该规定下，绝大多数农民除了居住使用外，不会有过多多余的宅基地推向流转。虽然进城务工后"空宅""废宅"在一些地区已成常态，但这些农民因在城镇没有固定居所，大多仍将农村宅基地视为落脚点；再加上城市房价过高，不愿意卖出或即使卖出也因无法在城市定居而不敢卖出，有固定居所的也想留着，用于以防万一或养老等。从需求角度看，有需求才会有宅基地流转的市场，所以想流转的宅基地并不一定能全部如愿以偿。对需求方而言，经济较发达、交通便利、生活设施齐备，外加风景秀丽、空气清新、污染少、环境好的城郊区、风景区是理想需求地，这些地方的宅基地更受欢迎。在经济不发达地区和偏远山区，即便法律允许宅基地使用权流转，投资方或承接方也屈指可数，甚至因过于偏远而无人问津。[①]

这就使得宅基地流转税收设计需要分情况区别对待，不能"一刀切"。

首先，对于在集体经济组织内部成员之间的转让，因为是属于"成员权"的体现，有一定的福利性，而且一直以来都属于许可保

---

① 翟全军、卞辉：《城镇化深入发展背景下农村宅基地流转问题研究》，《农村经济》2016年第10期。

护行为，不能完全按市场流转对待，也不应该纳入征税范围。

其次，对于农户向集体经济组织成员以外的人员转让，应纳入市场化流转范围。前已分析，集体经营性建设用地入市流转环节转出方需要承担增值税、土地增值税、企业所得税和耕地占用税，转入方应承担契税。但宅基地的流转不同于集体经营性建设用地，除了被集体整理合并后统一流转外，也存在农户的个人流转，即转出方可能是集体或个人；而转入方也包括两类，非城镇居民和城镇居民。这就使得宅基地流转环节的税收规制要更为复杂一些，应本着总体设计、分步实施和轻税负的原则区分对待，具体可分为以下情形。

一是先对村集体统一整理后流转的宅基地予以税收规制。由于村集体通过"撤村并居""迁户上楼"，以及新农村建设与"宅基地换住房"等方式整理的宅基地，根本目的是规范农村宅基地用地情况、减少土地浪费，但同时整理出来的多余用地也期望通过流转增加收益。因此，这部分整理后多余的宅基地如果用于市场流转，则应按照集体经营性建设用地对待，适用同样的流转税收规定。

二是对宅基地的农户转让行为予以税收规制。一方面，农户自己转让时，需要区分初次流转与再流转。对于初次流转，由于农民转让宅基地后不能再次申请取得宅基地，因此，村集体应把好审核关，做好转让登记。该流转环节获得的收益，应按照国家、集体、农民个体三方主体合理分享土地增值收益的原则进行税费安排，村集体可以从中收取一定比例的、基于所有者身份和管理者身份获取的费用；国家可以从中收取一定的税收，原则上包括增值税、土地增值税、个人所得税。但是，基于过去几十年工业化、城市化进程中的"剪刀差"发展模式，农民、农村利益被大规模剥夺，在现在刚刚起步的城乡一体化发展中，应该予以照顾。税收上，可以体现为部分免税。其中，土地增值额未超过扣除项目金额20%的部分，可以免征；超过20%的部分，可按应征额的80%计征；个人所得税本应适用"财产转让所得适用20%税率"的规定，但因目前对城市住房转让的个人所得税征收都存在房产信息未联网、实际征收数量效果有限、大多城市空转等问题，对宅基地的转让更应该免征。对于进入市场后的再次流转，则应该全部征收，不再准予享受税收优惠。

另一方面，对初次流转中的不同转入方也应该区别对待。对于非城镇居民，可能存在两种情形，第一种是在其他集体经济组织有宅基地，但想搬迁到条件更好一点集体的转入方，这种情形如果是纯粹个人交易，按现行法律原则上无法实施，即受到"一户一宅"和"宅基地出让后不许再申请"的规定限制。第二种是新独立成家、在原户籍所在地没有宅基地的非城镇居民，这种交易可以给予一定的税收优惠。对于城镇居民，事实上也存在多种情形，包括低收入人群因城市房价过高而购买、高收入人群因享受而购买、投资者因投资经营而购买等，不同的目的也应该适用不同的税收。

三是对转入方应承担的契税，可以参照城市购房时的契税优惠政策，对不同转入方区别对待。现行契税对购买城市住房的优惠政策包括：城镇职工第一次购买公有住房的，规定标准面积以内部分免征契税[①]；个人购买经济适用房，减半征收契税[②]；个人购买90平方米及以下普通住房的，且属于家庭唯一住房的，减按1%的税率征收[③]。那么，转入方购入宅基地时，也可以优惠对待。首先，转入方为企业，根据转入宅基地后的不同用途直接参照适用现行契

[①] 《契税暂行条例》第六条第二款。
[②] 财政部、国家税务总局《关于廉租住房经济适用住房和住房租赁有关税收政策的通知》。
[③] 财政部、国家税务总局、住房和城乡建设部《关于调整房地产交易环节契税、个人所得税优惠政策的通知》。

税优惠政策。其次，转入方为非城镇居民，可免征。最后，转入方为城镇居民，可根据用途全征或部分征收。但不论是哪一种，一定要求手续合法。

总之，宅基地流转税的顺利征收，前提是流转法律本身的完善。只有流转行为合法合规，才能降低监管成本，实现房地产流转税的效率原则。实践中还需将宅基地流转法律制度的设计与流转税的设计同步进行。

第五章

去"土地财政"后房地产制度改革与税制改革的衔接

"土地财政"一方面促进了近些年来我国的城镇化建设，既为地方政府推动城镇化提供了足够的资金，也才使中央政府可将更多的资金用于全国公共性事业、民生事业等；另一方面又引起地方政府过度"经营城市"，抬高地价、房价，加大了实体经济的成本与费用，增加了城市居民生活的成本与压力，"高地价、高房价"已成为头等民生难题；巨额卖地收入与低价征地又诱使失地农民不满，征地矛盾突出。作为一把"双刃剑"，有学者指出："土地财政本身并不错，全世界的地方政府都是靠土地财政。但是中国特色的土地财政的方向错了。错在我们的土地财政不是靠西方城市土地和房产征税的土地财政，而是靠剥夺农民土地的土地财政。"[①]

我们赞同这一观点，并将狭义土地出让金范畴的"土地财政"作为讨论对象，去"土地财政"也主要指土地批租制度的改革。土地自身特殊的稀缺性资源属性，再加上城乡社会经济的发展和房地产制度的改革，尤其是集体建设用地的逐步直接入市，使"卖地收入"维持的财政方式面临诸多困境，无法也不可能长期持续下去，"去土地财政"已成定势。

---

① 华生：《土地制度改革亟待顶层设计》，《东方早报》2011 年 1 月 11 日第 32 版。

第一节 去"土地财政"的客观必然性

一 国土资源的稀缺引致土地财政的不可持续

土地资源的稀缺有限是每个国家都面临的基本国情。我国地大物博，但人口众多，如何利用有限的国土资源满足国民生存发展要求，充分发挥土地生产要素性能，是国家在土地用途安排时主要考虑的问题。这也意味着传统的土地城镇外延扩张发展模式和地方政府赖以生存的土地财政难以为继。

（一）土地资源空间的硬约束使土地财政扩张有限

在土地总供给有限的条件下，建设用地与耕地和未利用地之间存在此消彼长的关系。一旦用于建设用地，必然意味着耕地和未利用地的减少，进而威胁到粮食安全和生态安全。基于此，中央政府提出"保证18亿亩耕地红线"的基本政策，并规划到2020年全国耕地保有量要保持在18.05亿亩，仅比2010年的规划保有量减少0.13亿亩，这既是保证14亿人口粮食安全的重要基础，也是建设用地市场供给时需要遵守的指标，意味着政府分配土地资源时首先要考虑城市建设与农业生产之间的合理配置。随着近些年城镇化建设的发展、环境污染的加重以及城乡建设用地增减挂钩等政策漏洞，坚守耕地红线的任务任重道远，不仅要保护有效的耕地数量，更要注重质量，做到数量与质量的并重。2015年1月5日，李克强总理在永久基本农田划定和设施农业用地管理视频会议上也指出，我国人口众多导致人均占地面积稀少，在任何时候都必须要保护耕地面积、守住基本农田的红线，要在城镇化进程中实行最严格的耕地保护制度。因此，耕地红线的政策限制使建设用地总量始终受限，也就意味着地方政府依赖建设用地"农转非"获取财政收入、维持财政运转的方式不具有长期性。

(二) 土地规划管制的硬约束使土地财政面临统筹压力

目前,我国实行城乡建设用地空间管制制度,通过分解下达城乡建设用地指标,对各级地方用地规模和布局划定扩展边界,同时落实建设用地空间管制规则,针对不同区域实施差别化土地利用管理措施,并进一步通过规划管制保障土地资源的长效利用。例如《全国土地利用总体规划纲要(2006—2020年)》中明确规划到2010年和2020年,全国建设用地总面积分别控制在3374万公顷和3724万公顷以内;新增建设用地分别为195万公顷和585万公顷;城镇工矿用地在城乡建设用地总量中的比例由2005年的30%调整到2020年的40%左右。这些指标将根据《城市用地分类与规划建设用地标准》《村镇规划标准》《县级土地利用总体规划编制规程》,以人口、时间序列为变量,通过趋势预测法、指数平滑法、回归分析法等方法对各行政区域进行预测,进而得出规划年期用地规模[①],分省下达,并进一步由省级国土规划部门继续分解下划。各地在规划年限内需要统筹安排,否则会面临没有新增建设用地可用的困局。这种土地规划管制的硬约束要求地方政府需严格遵守指标限定并统筹规划用地方式,从而对地方政府土地财政造成压力。

(三) 存量建设用地改造难度高降低了土地财政收益

对地方政府而言,建设用地包括新增建设用地和存量建设用地两大部分。新增建设用地受到土地利用规划管制、征地制度转型等限制的同时,对其土地财政收入扩张有直接约束。存量建设用地主要指对现有建设用地进行改造,提高其使用价值,这一部分国家没有数量限制,只需遵守建设用地总量规模指标即可。但对地方政府

[①] 朱良元:《新增建设用地指标分解技术方法和研究——以陕西省为例》,硕士学位论文,长安大学,2009年,第5页。

而言，随着居民维权意识的日益提高和土地价格的激增，存量建设用地改造中地方政府需要支付的补偿价款等直接成本日益增多，而"钉子户"、暴力对抗等社会矛盾对政府形象带来的间接成本也需要考虑，这就使存量建设用地改造存在较大难度。成本提高意味着地方政府的净收益降低，对土地财政的持续性有着直接制约。资料显示，2009—2015 年，土地出让收入从 14253.8 亿元增长到 2014 年的 42940.3 亿元，增长了 2.01 倍，2015 年略有下降；同期成本补偿性支出从 7866.4 亿元增长到 33952.4 亿元，增长了 3.32 倍，土地出让收益从 6387.4 亿元增长到 8987.9 亿元，仅增长了 0.41 倍，土地出让收益占土地出让收入的比例从 44.81% 下降到了 20.93%（见表 5-1）。①

表 5-1　　　　　2009—2015 年全国土地出让收益情况

年份	土地出让收入（亿元）	成本补偿性支出（亿元）	土地出让收益（亿元）	土地出让收益占土地出让收入的比例（%）
2009	14253.8	7866.4	6387.4	44.81
2010	30397.1	17394.3	13002.8	42.78
2011	33477	24743.5	8733.5	26.09
2012	28892.3	22881.8	6010.5	20.80
2013	41638.4	33702.9	7935.5	19.06
2014	42940.3	33952.4	8987.9	20.93
2015	33657.73	26844.59	6813.14	20.24

资料来源：根据财政部公布的《全国土地出让收支情况》整理。

二　市场需求的不确定引致土地财政的易波动

土地财政多寡的根本决定因素是地价，地价作为生产要素价格之一，在经济大环境中毫无疑问受市场影响。长期以来，

---

① 苏明、施文泼：《我国房地产税制度改革研究》，《经济研究参考》2016 年第 9 期。

我国建设用地市场由地方政府垄断，供给单一，需求多样。随着集体建设用地的入市，土地供给方式增多，需求会被部分分流；同时，土地市场作为宏观经济组成部分之一，受经济波动影响，需求存在不确定性。供给增多和需求的不确定直接影响到土地市场价格，进而引致土地财政的波动，对地方政府而言存在较大的风险隐患。

（一）宏观经济波动影响土地财政的稳定性

土地财政内生于经济增长，同时还受到政府土地、住房政策调整的影响已成既定事实，并在现实各种因素的综合作用下，其波动更加频繁；与之相应，土地财政的波动也会对经济产生影响。当宏观经济形势较好时，土地出让收益会相对较高，不仅能够增加地方政府的当期收入，还能降低其债务风险；但当宏观经济形势下行，政府对房地产业调控趋紧时，土地收益必然减小，进而会影响地方政府的偿债能力。从1999年至今，土地出让收入在2005年、2008年和2012年出现明显的低点[①]，其中2008年的低点就是因为当年全球性金融危机引起我国宏观经济形式下行，进而引发土地出让收入的下降。基于土地价格与市场供需、宏观经济之间的联动关系，宏观经济的波动毫无疑问对政府出让土地使用权的价格收入产生直接影响，进而影响到以土地为标的的融资可持续性，以及整个土地财政的稳定性。

（二）房地产市场需求影响土地财政的可持续性

除了宏观经济波动影响土地财政的稳定性外，住宅房地产市场需求下降则会直接影响土地财政的可持续性。2014年以来，中央多次强调我国经济进入新常态，经济增速放缓，这一大逻辑在土地市

---

① 2005年和2012年的低点则是在经济增长势头良好、房地产市场过热同时，中央未雨绸缪，同时采取调整金融和税收政策以紧缩"地根""银根"，抑制市场过热，并明显影响了当年的土地出让收入。

场的表现是土地需求有降低趋势,以及住房房地产市场去库存任务艰巨。自2015年以来,中央经济工作重心之一——"三去一降一补"中,就包含"去库存"这一任务;2016年中央经济工作会议再次强调在新的一年要"坚持分类调控、因城因地施策,把去库存和促进人口城镇化结合起来",重点解决三、四线城市房地产库存过多的问题。统计数据也显示,2013年以来,全国国有建设用地实际供应量、房地产用地供应量和全国土地出让面积都呈下降趋势(见图5-1)。2016年全国国有建设用地实际供应量为51.8万公顷,比2013年的高点下降了31%,其中住宅用地供应量仅10.75万公顷,比2014年的高点减少了28.81%。在房地产高库存压力下,房地产开发企业对购置土地也更加谨慎,当年全国土地出让面积22.14万公顷,同比下降18.6%,在这些因素的综合影响下,除个别一、二线城市外,其余地方地价增幅逐步趋缓。"后土地财政"时代,这种现象将日益常态化并愈演愈烈,由此会进一步影响地方政府土地财政的可持续性。

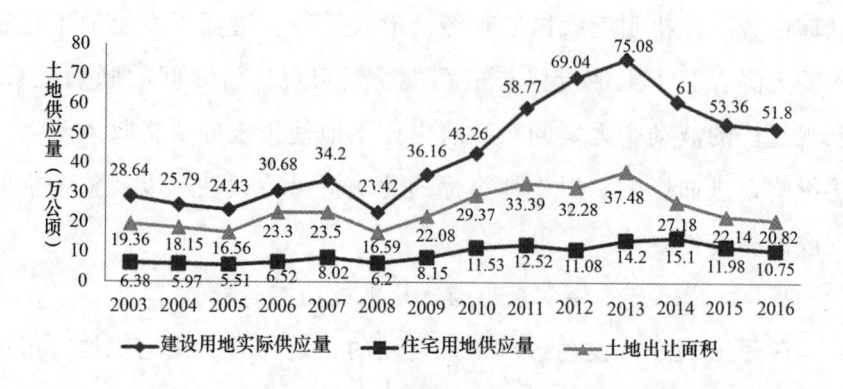

图5-1 2003—2016年建设用地实际供应量及土地出让面积

三 土地融资的链条性加重了土地财政的隐形危机

土地财政目前已形成一个连接地方政府、房地产企业和居民个人的利益链条,信贷为联系载体。当地价、房价因政府调控或市场原因下调时，会引起土地财政收入的下降，既体现为以土地为标的进行新一轮融资时可得资金的减少，也会使依赖土地出让金偿还过去融资债务的资金来源减少，影响到期债务的偿还。而这种以土地为核心生成的融资链条可归为政府的隐形财政赤字，其可能带来的风险一旦发生，必将通过机构与政策传导途径向财政金融领域转移，进而影响到金融稳定与财政的可持续发展，从"土地财政"转向"债务财政"。

资料显示，我国城镇基础设施投资主要是政府投资，其中仅有10%左右来源于政府财政节余，20%左右来自土地出让金和房地产税费，70%左右来源于土地抵押融资；2012年底地方政府融资平台贷款余额达9.2万亿元，是地方政府财政收入的2.1倍，是可支配财力的1.1倍。[①] 在房地产投融资中，不少观点认为融资比例已达到50%以上。据房地产开发投资实际到位资金的统计数字，2014年，国内贷款、利用外资、自筹资金和其他资金来源分别占17.4%、0.5%、41.3%和40.7%，在"自筹资金"中，除自有资金占17.2%外，还有24.1%的资金没有标明出处，其中有相当部分也从不同渠道来自银行业金融机构的贷款；在"其他资金来源"中，个人按揭贷款占11.2%，定金及预收款占24.8%，后者也有30%的资金来自银行贷款。这样粗略估算，房地产资金中大约有50%来自于银行贷款。[②] 这些因土地衍生的债务，已成为悬在政府头上的一把利剑，一旦市场需求下降，土地出让收入降低，债务无法按期偿还，将会引起一系列无法低估的严重后果，加重土地财政可能的危机。

---

① 刘保奎：《拓权延利：将城郊作为推进土地制度改革的突破口》，《中国房地产》2013年第15期。

② 郭克莎：《中国房地产市场的宏观定位、供给机制与改革取向》，《经济学动态》2015年第9期。

四 土地收支"硬预算"约束了地方政府的自主性

"硬预算"是与"软预算"对应的概念。软预算原指国有企业缺乏硬性预算限制，出现亏损不断向上级政府部门索取资源来进行弥补的行为，是计划经济时期形成的概念。后来将其扩张到政府行为中，指下级政府突破国家已有预算限制、实现规模与权力扩张，并通过游说上级部门获得预算外资源的现象。土地财政现象出现后，土地出让金及其增值收益经历了从"软预算"向"硬预算"逐步过渡的历程，具体表现为中央政府在下放土地出让金收益权同时，通过对增量建设用地收益的用途管制来间接限制土地出让金的支出方向和规模，并且愈加严格，即土地增值收益"硬预算"日益强化。从管理上看，土地出让收入从游离于预算外变为"纳入财政预算"；从支出方向上看，从简单强调优先保障农业、重点项目及城市建设，逐步变为增量、存量建设用地收益区分规定，增量收益要求上缴中央并用于耕地开发，存量收益留归地方并用于城市基础建设、土地开发、中低产田改造；从支出内容上看，从宏观规定变为专用比例限制，即2004年起要求土地出让净收益按比例专用于农地开发、廉租房建设、农田水利建设、教育资金等，比例底限分别为15%、5%、10%、10%。这种对土地收支的"硬预算"规定减少了地方政府的自主性，对其依赖土地出让收入维持财政开支、"经营城市、经营土地"的做法有一定的约束作用。

第二节 去"土地财政"后房地产及税制利益的重新分配转换

去"土地财政"事实上是对地方政府过度依赖"土地经营"解决财政收支不平衡、推动经济社会发展现象的纠正，既是房地产制度改革的核心内容，又是推动房地产税制改革的重要力量。去"土地财政"将不可避免地引起房地产及税制利益的重新分配转换。

一 土地出让金与房地产税收的统一关系

土地出让金与房地产税收在征收关系中具有一定的共性，征收对象是土地使用者，征收客体是土地，征收行为存在的客观关系是行为人取得或转让土地使用权的行为，二者具有一定的统一性。

（一）土地出让金的性质

土地出让金即土地出让收入，是20世纪90年代改革国有土地使用制度时仿照香港引入的，对推动我国房地产制度改革起到了一定的积极意义。财政部在公布2009年全国土地收支基本情况时，将其范围具体界定为地方政府依法以"招、拍、挂"和协议方式出让土地取得的收入，土地用途被改变后补缴的费用、土地划拨时收取的拆迁安置等成本性收入和土地出租收入。[1]

土地出让金的性质学者们普遍认为属于地租，是国家作为所有权人对其中的使用权权属分离并对外交易时收取的价款，实质是一次性出让若干年限土地使用权的地租之和。[2] 也有学者认为土地出让金兼具租税性质和税收一样都是为了国家政权的运行，具有公共财政收入属性。[3] 笔者认为，土地出让金的性质应该与税收区别开来，界定为"租"更为妥当。

亚当·斯密在《国富论》中强调"租金是一种垄断价格，也是一种剩余"，马尔萨斯认为地租是"土地所有者持有的所有产出

---

[1] 《2009年全国土地出让收支基本情况》，2010年4月，财政部（http://www.mof.gov.cn/zhengwuxinxi/caizhengshuju/201004/t20100413_286852.html）。

[2] 胡洪曙、杨君茹：《财产税替代土地出让金的必要性及可行性研究》，《财贸经济》2008年第9期。

[3] 钟大能：《土地出让金去租改税的动因、效应及对策研究》，《西南民族大学学报》2013年第3期。

的部分，……是一种包括资本使用的利润的支付"。① 大卫·李嘉图、威廉·配第，以及当代萨缪尔森等诸多学者都对"租金"进行了深入、特殊探讨。无论学者们的研究主题是什么，租的根本属性——对"包括资本使用的利润的支付"——的认识具有一致性。故租具有有偿性和不固定性，与税收的强制性、无偿性、固定性明显不同。

对土地出让金而言，虽然也具有国家征收、增加政府财政收入的特征，但一方面，它是土地使用者为获得一定时期的土地使用权才向国家缴纳的，"土地使用权"是有偿交易的对象；税收则具有义务性、无偿性。即使广义意义上认定税收与政府公共服务的提供存在对价、有偿关系，也无法与地租所反映的主体明确、以"土地使用权"为对象的有偿交易行为相类比。另一方面，土地出让金是由政府介入的市场调节下的土地使用权价值，直接受市场变动、政府干预影响而明显波动，税收也因房地产价格波动而波动，但相对稳定，并存在滞后性、分散性。因此，从与税收基本特征的区别来看，土地出让金的性质界定为"租"更为妥当。

（二）理论上体现为国家政治权力和财产权力的关系②

马克思将权力划分为财产权力和政治权力，即所有者权力和国家权力两种。其中，政治权力为国家独有，是国家"作为主权者"的权力，借以在经济上实现的形式是赋税；财产权力即所有者权力，借以在经济上实现的形式是利润和工资。在主体不同一的条件下，政治权利是绝对的、至高无上的，并统治着财产，这个马克思在评析封建王朝和资本主义制度时的观点可以引用分析社会主义国家对各类经济性质不同的土地和财产征税的原因。在主体同一的条

---

① 张换兆、郝寿义：《制度租、土地增值收益与政府行为》，《制度经济学研究》2008 年第 2 期。

② 王国清、费茂清、张玉婷：《房地产税与土地产权的理论研究》，《财政研究》2015 年第 8 期。

件下，国家政治权力依然凌驾于国家财产权力之上而居于首位，这是国家存在的必然要求。对国有土地而言，"如果不是私有土地的所有者，而像亚洲那样，国家既作为土地所有者，同时又作为主权者而同生产者相对立，那么，地租和赋税就会合为一体，或者不如说，不会再有什么同这种地租形式不同的赋税"①。意味着国家政治权力与财产权力借以在经济上的实现形式——税收和上缴利润即地租（我国的土地出让金）在一定条件下可以合为一体。基于国家政治权力高于一切，租税合一应合为税，至于是全部还是部分合税，取决于经济体制、税收体制、土地所有制等多种条件。鉴于我国目前实行以公有制为主体的多种所有制并存的经济体制、合理配置的差别化税收体制、国有与集体并存的土地所有制，租税合一只能是部分合为税，即对土地征税理所当然，但在一定时期内土地出让金仍有存在的条件。

（三）实践中体现为二者的互相影响

一是土地出让金与房地产保有环节税收具有重合性。我国实施城镇国有土地有偿使用制度以来，土地使用者既要在获得国有土地使用权时一次性缴纳相应期限的土地出让金，还要在交易和使用过程中缴纳各种房地产税收。由于土地出让金缴纳者往往将其作为成本，通过价格转嫁给最后使用者承担，流转环节的税收也具有转嫁性，亦由最后使用者承担，这就使二者具有一定的重合性。尤其是土地出让金与房地产保有环节的房产税、城镇土地使用税的重合，更是明显。房产税扩张对个人住房征收时，该问题极为突出，学者们提出，"政府基于所有权从国有土地出让中获得土地出让金收入，意味着部分商品房房价中包含了一部分土地出让金"，那么，对存量房征税时就需要考虑"这部分土地出让金是否应该作为政府预征

---

① 《马克思恩格斯全集》第25集，人民出版社1974年版，第891页。

的房产税，在未来应缴纳的房产税税款中予以扣除"①。

二是土地出让金对房地产流转环节税收具有正向传导性。经济社会发展中，地租会因土地稀缺性、周边设施改善、市场的供不应求、政府的限量投入等因素而逐渐上涨。我国近年来土地出让金收入的迅猛增长，尤其是住宅用地地价的上涨是最好的反映。根据国土资源年鉴相关年份的数据计算得出，2008年工矿仓储用地、商服用地和住宅用地每公顷的平均成交价格分别为201.64万元、4705.82万元、1147.74万元，2013年分别为216.45万元、1990.69万元、2386.12万元，2013年是2008年的1.07倍、0.42倍和2.08倍，即工业用地的土地出让金收入基本持平，仅上涨0.07倍；商服用地不增反降，仅是2008年的42%；只有住宅用地翻了一番，意味着住宅用地的地价增速较快。同期土地出让收入增长3.81倍，由上述三种类型土地的发展趋势可知，土地出让收入的增加主要是住宅用地价格上涨引起，而住宅用地地价的上涨必然引起房地产价格的上涨，由此增加了交易环节的税源。凡是以交易价格为纳税基数的税收，如土地增值税、契税、营业税、所得税等，都会因此获益，增加税额。

三是保有环节房地产税收的提高可能降低土地出让金。增加保有环节房地产税收，会使房地产持有人成本增加，在一定程度上降低购房、存房需求。在供给不变的前提下，购房需求降低会使房地产市场"供过于求"，削减房地产商收益，进而影响拿地积极性，传导缩减土地需求，使土地出让"供过于求"并减少收入。如果缩小供给，这一结论不成立。另外，对政府因公共服务、基础设施提供等而需收缴的成本补偿费用，如果从包含在土地出让金中一次性收取改为按比例以房地产税收形式按年分期缴纳，也可降低一次性

---

① 何杨：《存量房房产税征收的效应分析与影响测算》，《中央财经大学学报》2012年第3期。

收取的土地出让费用。

二 去"土地财政"后地方政府的财力缺口

（一）地方政府财力缺口的产生原因

地方政府财力缺口根源于1994年进行的分税制改革，"财权上移、事权下移"，在集中税收立法权于中央同时，将税源稳定、税基广泛和容易征收的税种大部分也划归中央，留给地方政府的多是税源分散、征管难度大、征收成本高的税种。这种划分使税收收入大幅度向中央倾斜，地方政府收入明显下降。与此同时，中央与地方政府管辖事务却呈现授权分散化，事权因利而趋或缺、或越。具体表现为中央政府缺少对外溢性较强的基础公共服务事务和民生事务的责任承担，过分热衷参与地方经济建设；省级以下各级政府则承担了几乎所有的与民众生活息息相关的公共服务，并负责提供重要的社会支持，行政体制权威下的层层下放，最终多由县级及以下基层政府承担。[①] 这使得地方政府财政开支比重日益增加（见图5-2），中央政府与地方政府的财政缺口也呈现出巨大变化（见表5-2）。以1994年为界限，中央政府财政从入不敷出演变到大量节余，并且节余额日益递增，2014年的财政节余已经是1994年的36.4倍；地方政府财政始终是入不敷出，但缺口急剧增大，已从1994年的1726.59亿元上升到2014年的53338.91亿元，增加了约31倍。虽然在分税制改革中，为确保地区间平衡、缓解财政缺口压力，规定了中央政府的转移支付制度，实际中，中央财政转移要考虑全国各地的各种情况，往往僧多粥少，无法满足地方政府发展经济的不同资金需求，再加上转移支付制度不健全、分配不规范、形式不完善等问题，致力于均衡发展目标的一般性转移支付比例过

[①] 安体富、窦欣：《我国土地出让金：现状、问题及政策建议》，《南京大学学报》2011年第1期。

小，地方政府的财力缺口往往没有得到较好的弥补。

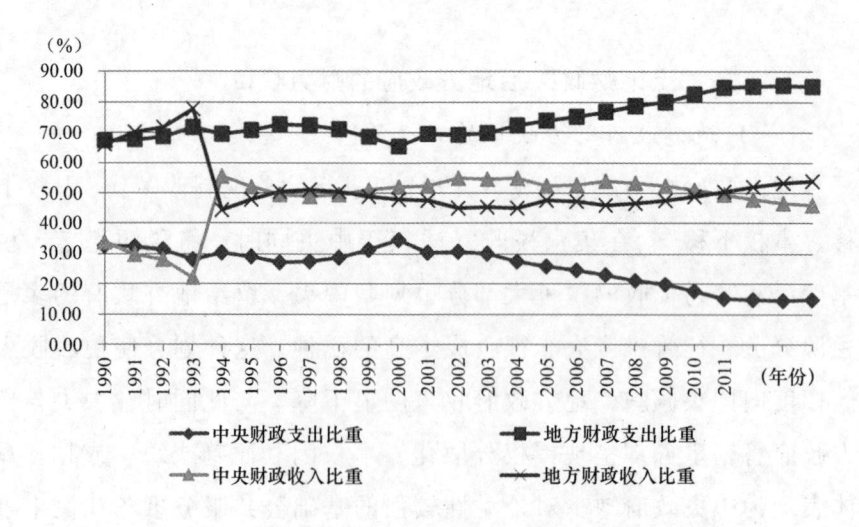

图 5-2　1990—2014 年中央政府与地方政府各自的财政支出比重、财政收入比重

表 5-2　　　　　中央财政收支缺口、地方政府财政收支缺口

年份	中央财政收入（亿元）	中央财政支出（亿元）	中央财政余缺	地方财政收入（亿元）	地方财政支出（亿元）	地方财政余缺
2014	64493.45	22570.07	41923.38	75876.58	129215.5	-53338.91
2013	60198.48	20471.76	39726.72	69011.16	119740.3	-50729.18
2012	56175.23	18764.63	37410.6	61078.29	107188.3	-46110.05
2011	51327.32	16514.11	34813.21	52547.11	92733.68	-40186.57
2010	42488.47	15989.73	26498.74	40613.04	73884.43	-33271.39
2009	35915.71	15255.79	20659.92	32602.59	61044.14	-28441.55
2008	32680.56	13344.17	19336.39	28649.79	49248.49	-20598.7
2007	27749.16	11442.06	16307.1	23572.62	38339.29	-14766.67
2006	20456.62	9991.4	10465.22	18303.58	30431.33	-12127.75
2005	16548.53	8775.97	7772.56	15100.76	25154.31	-10053.55
2004	14503.1	7894.08	6609.02	11893.37	20592.81	-8699.44
2003	11865.27	7420.1	4445.17	9849.98	17229.85	-7379.87
2002	10388.64	6771.7	3616.94	8515	15281.45	-6766.45

续表

年份	中央财政收入（亿元）	中央财政支出（亿元）	中央财政余缺	地方财政收入（亿元）	地方财政支出（亿元）	地方财政余缺
2001	8582.74	5768.02	2814.72	7803.3	13134.56	-5331.26
2000	6989.17	5519.85	1469.32	6406.06	10366.65	-3960.59
1999	5849.21	4152.33	1696.88	5594.87	9035.34	-3440.47
1998	4892	3125.6	1766.4	4983.95	7672.58	-2688.63
1997	4226.92	2532.5	1694.42	4424.22	6701.06	-2276.84
1996	3661.07	2151.27	1509.8	3746.92	5786.28	-2039.36
1995	3256.62	1995.39	1261.23	2985.58	4828.33	-1842.75
1994	2906.5	1754.43	1152.07	2311.6	4038.19	-1726.59
1993	957.51	1312.06	-354.55	3391.44	3330.24	61.2
1992	979.51	1170.44	-190.93	2503.86	2571.76	-67.9
1991	938.25	1090.81	-152.56	2211.23	2295.81	-84.58
1990	992.42	1004.47	-12.05	1944.68	2079.12	-134.44

资料来源：国家统计局网站。表中"-"代表财政赤字缺口。

（二）去"土地财政"后单一房地产税收填补缺口力不从心

地方政府作为中央与辖区居民的双向代理人，既要发展经济满足民众利益需求，又要彰显政绩满足升迁考核需求，在双重压力下，需要寻找新途径同时满足创收、增支之需。而城市扩张中仅凭"土地管理人"身份就可获得的资源收入是满足其需要的最简单方法，事实上，土地出让收入形成的"财产性土地财政"贡献度远远大于"税收性土地财政"。前者以土地出让纯收益与地方财政收入之比来反映，后者以土地相关的房产税、土地增值税、城镇土地使用税、耕地占用税和契税税收总和与地方财政收入之比来反映。通过资料整理可以发现，财产性土地财政贡献度从1999年的9.19%增长为2014年的54.59%，2010年最高达到67.62%，而同期税收性土地财政贡献度仅从6.76%增长为18.21%。2014年，仅考虑地方一般预算收入、中央税收返还和转移支付、政府性基金收入的地方政府财政收入为17.88万亿元,其中地方一般预算占42.43%,与土地、房地产关联的税收占11.81%;政府基金收入占28.72%,土地出让金占23.83%。不考虑土地融资的情况下,土地财政贡献了地方财政收入的35.63%。[①] 去"土地财政"后,单一依赖现行房地产税收收入填补地方政府财力缺口力不从心。

一方面,无论是保有环节的房产税、城镇土地使用税,还是流转环节的耕地占用税、土地增值税,都存在征税范围过窄、税率较低,调整缺乏前瞻性,调节力度较弱等漏洞,未能对土地占用、地价上涨等经济现象起到应有调节作用。而重流转、轻保有的格局更是引发并放纵了房地产闲置、空置现象。据资料统计,保有环节的房地产税种——房产税、城镇土地使用税2010年收入和为1898.08亿元,与交易环节核心直接税赋——耕地占用税、土地增值税、契税之和的比例为0.4∶1,与当年土地出让收入和交易环节税收之和的比例则为0.06∶1,即房地产保有环节收入大约只相当于交易环节总收入的1/20;[②] 2014年,相关比例则分别降为0.385∶1和0.04∶1,即房地产保有环节收入大约只是含土地出让收入在内的交易环节总收入的1/25。

另一方面,"营改增"增加了地方财力空缺的压力。推行分税制改革时,为获得地方政府支持,流转环节的商品和劳务各被分为两大类型,并分别属于增值税和营业税征收范围。增值税多环节征税但环环抵扣,国内部分中央、地方按75∶25比例分成,进口部分全归中央;营业税不准抵扣,除铁路、银行总行、保险公司总部集中缴纳的营业税收入划归中央外,其他均归地方,已成为占地方税收收入50%以上的最主要税种。"营改增"后,如果没有其他改

[①] 任泽平、宋双杰:《地王之谜:来自地方土地财政视角的解释》,2016年8月,方正证券(http://news.cnfol.com/guoneicaijing/20160824/23335466.shtml)。

[②] 邓靖:《土地财政模式转型的思考》,《中国财政》2013年第14期。

革的配套措施,其他税种收入归属不变、增值税分享比例不变,即便税收收入不变,地方政府收入也会减少75%。① 按2012年全国地方营业税总额1.55万亿元静态测算,"营改增"改革全面实施后将会造成地方1.28万亿元的财力缺口。②

这就意味着在当前财税体制和正在进行的改革中,地方政府财政缺口压力较大,完全取消土地财政,仅靠现行税收来建设城市基础设施是没有可能性的。

三 "卖地收入"转为"税收收入"的利益再分配

土地作为体现国家意志的特殊经济发展载体,调控必不可少,现实中引发房地利益分配完全受地方政府主宰,其决定直接影响甚至决定着土地市场、房地产市场、产业结构、经济增长、社会福利等领域的改变及发展。"去土地财政"不是否认国家的调控作用和地方政府在房市利益分配中的核心地位,而是在改革中督促政府调控"归位",既要在收入获得方式上"归位"——通过税收分享私人经济活动成果从而取得收入,旨在削弱地方政府获得卖地收入的垄断财权,也要在土地管理职能行使方式上"归位"——实现从直接介入到宏观调控的转变。

(一)"卖地收入"制度去留的理论界争论

目前,学者们针对"卖地收入"——土地出让金的留存争论主要围绕与房地产保有环节税制的关系展开,并分为"取消派"和"保留派"。

"取消派"的理由主要如下:一是认为土地出让金是政府对建设用地使用权一次性收取的未来若干年的使用费用,而房地产保有

---

① 杜娟:《税制改革视角下的中央和地方财政关系调整研究》,《河南社会科学》2013年第11期。

② 付广军:《财税改革与完善地方税体系》,《中国税务报》2014年2月19日第1版。

环节的税收是逐年对建设用地使用权的收费，二者属于对建设用地使用权的重复收费。二是财产税替代土地出让金后，可为地方政府培育稳定、持续的税源，便于挤出房地产"非真实"需求，降低房价，降低金融风险。① 主张取消土地出让金，将其与保有环节的房地产税合并，以税代租，统一征收税。具体如将土地出让金改为增值税，设立包括土地、房产交易的房地产交易增值税，房产税以及占地过多的土地使用税②；设立物业税，取代现行部分房地产开发流通环节及保有环节税费和土地出让金，逐年收取③。

"保留派"主张保留土地出让金，将其与保有环节房地产税并列单独征收，主要理由如下：一是土地出让金与房地产税收的性质不同，前者是政府凭借资源所有者身份收取的土地使用权价款，属于地租；后者是政府凭借国家强制力征收的、维持国家正常运转的费用，是强加给土地使用人的一种法律义务，不能互相替代。二是土地出让金是城镇化建设的主要资金来源，完全"以税代价"会造成城市发展困难④。但保留并不意味着一成不变，学者们根据土地价值形成原因的不同，提出将政府投资形成的公共服务和基础设施费用分离至税收中，降低土地出让金收费，并将批租制改为年租制，分期向房地产持有人征收。

两种观点事实上是从"土地财政"的功、过角度出发而得出不同的结论，有各自的合理性。本书认为"土地出让金"制度的去留要结合具体的社会制度改革背景予以分析，在去"土地财政"的大背景下，"卖地收入"有转型的必要性，但并不是完全的消失。

---

① 胡洪曙、杨君茹：《财产税替代土地出让金的必要性及可行性研究》，《财贸经济》2008年第9期。

② 周天勇、张弥：《中国土地制度的进一步改革和修法》，《财贸经济》2011年第2期。

③ 郭云钊、巴曙松、尚航飞：《物业税改革对房地产价格的影响研究》，《比较经济体制》2012年第6期。

④ 何振一：《物业税与土地出让金之间不可替代性简论》，《税务研究》2004年第9期。

(二) 去"土地财政"改革对"卖地收入"制度的影响

在去"土地财政"的大背景下,土地出让金的留存面临着根本性的制度选择。如前所述,土地出让收入主要包括以"招拍挂"和协议方式出让土地取得的收入,改变土地使用条件后缴纳的收入,划拨土地缴纳的拆迁安置等成本性收入,以及依法出租土地的租金收入。其中,"招拍挂"和协议方式出让土地的收入是最主要的。以 2013 年为例,当年全国国有建设用地供应总面积 750835.48 公顷,其中,划拨供应和出让供应面积大体持平,分别为 373275.34 公顷和 374804.03 公顷,占全部比例的 49.71% 和 49.92%,租赁供应仅为 2728.75 公顷,占全部比例的 0.38%。从收入上看,出让收入 43745.3 亿元,租金收入 99.51 亿元,其他收入 0.13 亿元,租金收入仅是出让收入的 0.23%。

集体建设用地入市后,一方面,使地方政府征地制度面临困境。征地时,在直接入市与征收收益相差太多时,村集体及农民将会越来越强烈的抵触征地行为,提出越来越高,直至与集体建设用地直接入市收益基本持平的征地赔偿。另一方面,使土地储备供应中通过征收方式获得的储备来源将面临成本不断提高、数量日益受限的困境,更多的局限于公益性用地和依法符合没收、收回、收购等条件的土地。也使储备土地供应不可能再像"土地财政"时代一样利用垄断地位获取高额的差价利润,要承受集体土地直接入市对出让价格产生的影响和对需求的分流,这进一步限制了土地储备制度的运行基础,也使占土地出让收入 80% 以上的"招拍挂"和协议出让土地方式丧失了存在基础。因此,去"土地财政"某种程度上意味着"卖地收入"存在的制度基础坍塌。

(三) "卖地收入"行为的存在及土地财政制度的必然转型

"卖地收入"存在制度基础的坍塌并不意味着该行为的彻底消亡,在今后很长一段时期内,政府的"卖地收入"依然会存在。

从理论上看，马克思地租理论有效阐释了土地出让金存在的可行性。马克思认为"建筑土地地租基础由真正的农业地租调节"，而地价是资本化的、一次提前付清的未来的地租[①]，属于社会总分配中的第一层次分配。该分配中，基于土地所有权垄断产生的绝对地租不论建设用地优劣都归所有人；基于地理位置或追加投资形成的级差地租归土地所有者或投资使用者享有。对国家来说，因完全享有国有土地所有权而获得绝对地租，因提供公共设施或城镇建设而形成的级差地租Ⅰ，以及因土地储备中的建设用地整理而获得的级差地租Ⅱ，都可以授权地方政府在转让土地使用权时收取，即可以土地出让金形式收取。

土地私有条件下，地租根据市场供求而变化，是政府的调控对象；但在土地国有条件下，地租、地价政策则需由政府因地制宜地确定，既要考虑市场情况，也不能完全由市场自发定价。这就意味着土地作为体现国家意志的特殊经济发展载体，其价格——地租，即我国的土地出让金，不能简单地由市场决定，需要政府一定的宏观调控。现实中地租的确定也反映了这一点，除政府实际支出的土地整理费用可确定外，因所有权而获得的绝对地租和因提供公共设施或城镇建设而形成的级差地租Ⅰ都无法准确确定，单一凭借市场确定土地出让金，必然存在一定的虚假，国家调控必不可少。

从现实来看，我国尚未实现真正的城镇化。未来一段时期内，为推进城乡一体化，国家建设用地的出让行为还会继续存在。一方面表现为政府需要履行政策的公平性干预手段，帮助偏远农村享受到建设用地增值收益。由于偏远地区的建设用地缺少市场价值，即使进入市场直接流通，也会出现无人问津的可能，而直接财政投资

---

① ［德］马克思：《资本论》第 3 卷，人民出版社 2004 年版，第 753—874 页。

又因涉及面广、资金需求量大而无法满足，这就需要政府通过城、乡建设用地指标的置换，引入部分社会资金，在满足投资需求同时带动偏远地区的发展。这种政策性建设用地流转的有条件推行，是今后一段时期内促进广大农村内部实现发展平衡和公平的必要手段。另一方面，集体建设用地入市的推进更多限制了国家建设用地的新增，但与此同时，国有土地还包括大量的存量用地，其中不乏过去几十年计划经济中形成的大规模划拨用地，将部分划拨用地整理后再出让的行为也会继续存在。

但是，随着集体建设用地大规模入市和城乡一体房地产制度的建立，政府土地出让行为将会受到越来越多的限制，土地储备制度也最终会在城乡建设用地整合中实现由"土地供给方"向"土地调控方"的转变；土地出让制度、土地出让金仍然存在，但只是作为调控市场手段之一加以应用，不再是政府直接参与的行政行为，"卖地收入"也不再将是政府赖以生存的财政来源。

（四）"税收收入"取代"卖地收入"中的利益再分配

"税收收入"取代"卖地收入"的实质是对地方政府土地权力的调整，体现为"收权—放权—规制权力"三者的结合。"收权"即减少地方政府直接参与建设用地市场交易的权限。"放权"即授予地方政府一定的宏观指导、调控、服务权，包括土地市场构建、制定城乡发展规划、检查土地利用规划、出台配套法律规定等权限。"规制权力"是指特殊交易中地方政府要从公权主体转变为平等的民商事主体，出让土地时与集体同时作为供给方竞争，购买土地尤其是储备征收时与其他用地方作为平等需求方竞争。整个过程中，围绕地方政府实施的收权行为主要是推进改革，放权行为主要是扩展市场，规制权力则主要用于保障改革效果，三者既是推动地方政府退出土地市场直接交易参与权的主要内容，又是获取"税收收入"、推动房地产税制改革的前提。

在对地方政府"收权—放权—规制权力"的土地权力调整中，在现行财权、事权不对称的财税体制下，要求增加税权、财权。一方面，需要加快房地产税制改革。利用房地产不可移动的特性，根据属地原则直接归于市县地方政府，树立房地产税的地方"主体税种"地位和独享体系。在继续维持现行房产税、城镇土地使用税、土地增值税、耕地占用税、契税等房地产税种地方化的同时，应该积极稳步推行相关税种改革，遵循"简税制、宽税基、低税率、严征管"原则，减少土地流转环节的间接税税负，提高保有环节的直接税税负。另一方面，因房地产税的征收受到居民收入水平、纳税意愿、产权配置、法律规定等多种要素的影响，不能无限制的扩张以满足地方政府财政需求，因此，还需要配套其他税收和财政体制的改革来增加地方政府的可持续税源。

一是弥补"营改增"后地方政府丧失主体税收来源的缺口，从占税收总收入比重约57%的增值税中分成给地方政府，提升地方分成比例。

二是将即将执行的资源税划归地方政府，增加地方税收收入。环境费改税已成定局，2016年底，《环境保护税法》被通过并决定自2018年起施行。但该税法事实上是环境保护的"税负平移"，除授权省、自治区、直辖市人民政府适用税额的确定权外，没有明确税收归属是中央、地方还是中央地方共享，也没有明确具体使用方向。而收入归属不清可能造成征收过程中中央和地方之间的利益冲突和博弈；使用方向不明，则容易误导民众以为政府为筹集收入而开征了新税。因此，需要通过《环境保护税实施细则》的出台对上述问题弥补解释，建议在填补去"土地财政"后地方政府收入空缺的视角下，将其定为地方税，由地方政府组织征收，但适用税额的确定、适用范围的调整、特殊优惠政策等，需报国家税务总局审批备案后方可执行。

三是进一步加大政府间转移支付的力度,尤其要对地方税源薄弱的地方政府倾斜,例如,房地产税税源就可以直接反映出地方政府经济状况,对这些地方,可以适度增加一般性转移支付额度,满足经济社会发展事务的需要。

另外,还可以考虑将消费税从中央税改为中央地方共享税,既可以考虑按税目设计分税方案,还可以考虑按总收入确定分税方案。

第三节 去"土地财政"后房地产制度与税制改革的协调

去"土地财政"既是房地产制度及其税制改革的必然结果,也是加快房地产制度与配套税制改革的催化剂,二者在我国社会经济发展及改革推进中存在衔接的必然性,维持政府产权界定的公权规则,构建合理的土地出让制度、征地储备制度、可持续地方税收财政,以及公益国有建设用地的用途转变等共同组成了具有"中国特色"的土地财政转型模式。

一 维持地方政府建设用地产权界定的公权规则

包括产权界定、权利划分、保障自由在内的诸多排他性制度安排,没有国家凭借其强制力的合法介入,范围、内容就会出现含混不清,执行、保障效果就会大打折扣。因此,地方政府在去"土地财政"后,仍然要保留维持房地产产权界定的公权力,尤其是建设用地产权界定的公权规则。目前,我国城市建设用地产权制度已相对完善,改革重点主要集中在农村。

(一)确定集体经营性建设用地使用权的用益物权属性

集体经营性建设用地作为较新的一种提法,没有法律对其进行界定。性质上，它与现行物权法中规定的用益物权类型——建设用地使用权和宅基地使用权明显不同。《物权法》和《土地管理法》中规定的建设用地使用权限对于国家所有土地享有占有、使用和收益权利，宅基地使用权限于依法利用集体所有土地建造住宅及附属设施的土地。集体经营性建设用地实质上是以乡镇企业用地为基础、与农村公共公益设施用地和宅基地并存的一类独立建设用地，目前虽已准予直接入市流转，但缺少法律基础，对其范围、使用期限等尚未明确规定。为更好地保障其权益并有效规制，需要考虑将集体经营性建设用地作为一种新型用益物权列入物权法，并通过概括法与列举法并存的方式规范其权利客体。

（二）拓展宅基地使用权权属范围

宅基地作为未来集体建设用地入市的主要对象，其使用权的完善极其重要。一是可将"空间权"制度引入宅基地使用权体系。现行农村一户一宅的规定在保障农民利益同时没有充分发挥宅基地使用效益，学者们提出可利用《物权法》第136条"建设用地使用权可以在土地的地表、地上或者地下分别设立"的规定，设立宅基地空间权。这一制度没有使宅基地地表面积发生变化，不会影响现有耕地的保护，但其权利的纵深发展可以在同等土地面积上配置更多的建筑面积，既保障了农民利益，还可以提高宅基地资源的利用效率。

二是引入并规范宅基地的抵押、担保机制。《担保法》《物权法》目前都将耕地、宅基地等集体所有土地使用权排除在抵押范围外，这与农村土地资本化、市场化以及住房财产权流转的改革趋势格格不入。抵押制度既可以帮助债务人融通资本，又可以保障债权人债权的实现，对增加农民财产性收入意义重大。在"房地一致"还是"房地分离"的抵押体例选择上，我们认为"房地分离"体例虽在现行集体土地产权制度下理论上可行，但实践中无法有效解决房、地权利纠纷,尤其是面临拆屋还地诉求时会浪费巨额社会资源,不利于社会发展。因此,应设立"房地一致"的抵押体例,并通过优先回赎权、保险基金等措施化解失地风险,使宅基地抵押权从单纯的保全手段转向投资手段,在确保农民生存权基础上实现宅基地使用权的市场化和资本化,提高宅基地用益物权的经济效益。中共十八届三中全会决定以及 2015 年 8 月发布的《关于开展农村承包土地的经营权和农民住房财产权抵押贷款试点的指导意见》已开始试点。

三是引入宅基地有偿、自愿退出机制。适应目前部分农村人口举家迁入城市、宅基地荒置的现象,准予这部分全部家人已在城镇安家落户、收入稳定、住所有保障的农户自愿并适当补偿后退出宅基地,将这部分土地经全体村民同意后认定为集体经营性建设用地,整理后准予上市。

(三)未来可推行一元土地国家所有权

随着未来城乡一体化的发展、户籍制度改革,城乡居民身份统一,作为集体土地所有权主体的"农民集体"将呈现出不断萎缩的趋势,再加上农村集体建设用地入市制度的完善,集体土地与国有土地的一视同仁,这些都将使集体土地所有权功能日益弱化,逐步呈现出农村集体土地所有权的国有化特征,进而可以在全国范围内建立起用益物权配套的一元土地国家所有权。[①]

在维持产权界定的公权力过程中,存在一个悖论性的难题,即如何协调合法强制力提供产权界定公共服务同时被约束、监督以避免滥用、私用。这就要求一方面构建权力体系时要尽可能地明确化,避免模棱两可、含混不清的现象;另一方面实施用途管制权限时要强化土地利用总体规划的效力,通过规划防止用途管制权力滥

---

① 陶钟太朗:《论城乡一体化视域下集体土地所有权的走向》,《中国土地科学》2015 年第 3 期。

用，从单一用途类型管制拓展到包括用途类型、方式、强度、环境影响等在内的多维管控，从平面管制转向立体、空间管控。在产权保护与用途管制之间实现平衡，进而建立起约束权利但又保障自由的管控体系。

二 构建税、租、费、债归位的土地出让制度

财政部财政科学研究所所长贾康指出，现行土地出让为核心的财政体系要素框架在学理上和现实中均无可厚非，工业化和第三产业发展导致城市扩张的同时必然涉及国家"征地"；土地征为国有后必然要采用有偿出让使用权方式进行开发，即"土地批租"；"土地批租"匹配于市场经济客观要求的具体方式必然是以公平竞争为取向的"招、拍、挂"，整个环节中技术层面的优化改进都不足以动摇对大框架的肯定。[①] 这一论断十分客观地概括了今后一段时期内我国土地出让制度存在的必然性。但随着集体建设用地入市制度的完善，"征地"行为必将受到制约，政府土地出让行为会日益缩减，逐步形成"税、租、费、债"功能归位的土地出让制度才是保障地方政府可持续收入的关键。如前所述，去"土地财政"不是要完全取缔政府的"土地出让金"模式，而是要将地方政府完全依赖土地出让金的财政模式逐步转向"税收财政"，缩小政府直接参与土地出让的供给范围，降低土地出让金在财政体系中的直接影响作用。

（一）建立国有土地出让收入基金制度，实现"租"、"债"的良性运转

合理配置土地及房地产资源利用及收益分配，并将权限授予地方政府已是市场经济较为发达的国家共同采用的方式。我国在1994

---

① 贾康、梁季：《市场化、城镇化联袂演绎的"土地财政"与土地制度变革》，《中国发展观察》2015年第5期。

年分税制改革以后,为弥补地方政府财政困难缺口,中央逐步将国有土地有偿使用收入及土地相关税收的支配权全部交由地方自行支配,一度甚至以"预算外收入"形式游离于正式财政预算监督体系之外。2007年后中央虽要求将土地出让金收支纳入地方预算体系并设立专户监控,但因缺少资金支出的细化安排,未能充分发挥中央的监管效用。[①] 在集体建设用地入市和去"土地财政"改革的影响下,地方政府土地供给垄断局面被打破,行为从直接参与转向间接指导,直接取得的土地出让金也相应减少,将其用在刀刃上格外重要。

从国际经验来看,英国、日本、新加坡等发达国家都在不动产税收的基础上,通过土地基金、土地银行等政策措施筹集资金,建立了可持续的城镇化筹资机制。我国哈尔滨、杭州、广州、厦门、深圳等地也建立了土地收益基金制度,并取得了积极效果。在实践经验的基础上,可进一步通过制度加以规范,建立起国有土地出让收入基金制度,实现"租""债"的良性运转。具体可先将国有土地出让收益从政府财政体系中剥离出来,设立专门账户,由专门机构统一管理;支出项目及经费由本级全国人民代表大会审批,并次年提交使用具体报告;使用方向应专门用于解决累积的土地抵押贷款和土地债券回购,以保障跟土地相关的政府资产负债表的长期平衡。

(二)探讨土地"招、拍、挂"的分类出让,实现"租""税"的有效调控

土地"招、拍、挂"是通过需求的市场化确定土地价格,能够充分发挥竞争下的资源配置效应,但并不是所有的土地需求都适合这种供应方式,例如一般工业企业、小型服务业、中低档居民住

[①] 刘佳、吴建南:《财政分权、转移支付与土地财政:基于中国地市级面板数据的实证研究》,《经济社会体制比较》2015年第5期。

宅、保障房建设等。这些需求方无法与资金实力雄厚的大企业抗衡，也无法仅凭一己之力在土地市场中获得急需的土地使用权。如果不加区别的强调一律"招、拍、挂"，这些弱势群体的利益将无法获得保障，一些特殊的政策目的也无法实现。因此，可分类确定"招、拍、挂"的土地供给方式，特殊用地需求特殊归类出让，可适当降低或减少"租"，并施以税收优惠。

该过程中，尤其要注重工业用地出让方式的改革。现行土地出让制度中，工、商用地之间的结构性扭曲已成为"土地财政"的主要构成内容，二者的贡献和供应量明显不成比例。占年度建设用地供应量30%左右的住宅和商业性用地在土地财政收入中的比例高达80%以上，占土地抵押贷款的90%；工业用地供应量占总量30%以上，但通过协议方式获得的收入在土地出让总收入中占比不到10%，只是住宅和商业用地的1/10。① 明显体现出二者供应方式的不均衡，也不利于可持续的地方政府财政收入机制的建立。供应方式上，未来可将现在一、二线城市根据产业需要和企业生命周期试点的弹性出让年期供应制和长期租赁、先租后让、租让结合等弹性出让供应方式以法律形式确定并全面推广。既利于降低企业用地成本，又便于工业用地的及时退出和产业的更新换代，提高工业用地使用效率。出让方式上，可将协议出让方式改为"招、拍、挂"，将一次性收取的土地出让金改为租金方式分期支付，通过市场竞争确定工业用地价格，租金水平不能低于"最低价格保护值"。土地供应结构应与产业结构调整目标吻合，对需要政策支持的产业，例如当前的创新、创业企业，可适度降低门槛、赋予优先权。最后，逐步形成"租""税"互补、但总量不变的政府调控模式。通过将

---

① 根据统计年鉴计算，2006—2013年，住宅和商业用地占年度建设用地供应量的平均值为32.66%，工业用地为37.01%，工业用地以协议方式获得的土地出让收入占土地出让总收入平均比例为9.35%。

工业用地的固定出让方式改为弹性出让年限与长期租赁、先租后让、租让结合的供应方式,化解一次性缴付压力同时可适度提高短期"租"额;在"重保有、轻流转"的整体房地产税负调整下,工业用地流转环节税负会减轻,保有环节也可根据调控需求在法律范围内适度减免,整体总量是可以实现保持不变的目标的。

(三) 积极"清"费,规范房地产市场收费体系

房地产市场中的"费"是对政府提供特定的社会产品或服务而给付的费用,包括规费(手续费和工本费)、受益费(补偿费)、类似于政府性基金的收费[①],是政府非税收入的主要来源,其中土地出让金是最典型的政府性基金,属于广义"费"的范围,此处不涵盖。据不完全统计,我国目前涉及房地产的收费项目有 50 多项,土地出让环节,典型的如征地管理费、土地登记费、城市房屋拆迁管理费、工程定额测定费、建设工程质量监督费、水土保持设施补偿费、防空地下室易地工程建设费、特种设备检验费等,内容五花八门,亟须分类清理。

"清费",一方面要求根据收取目的分类整理,其中,对符合政府收费原则、体现市场交易规则并且不存在重复征收的项目继续保留;对明显属于地租性质的收费项目应归于土地出让金范围;对不合理、不合法、不合规、可收可不收的"四不"收费项目应予以取缔。另一方面要求遵循"谁受益,谁缴费"的公平原则,尽可能地将合理收费列入地方财政预算,明确其使用方向和范围,减少"乱收费"现象。

三 建立市场化公益优先购买权为核心的征地储备制度

国外,土地优先购买权是与征收并列的土地储备来源方式,被

---

① 蔡旺清:《我国房地产税费租的协调性研究》,《税收经济研究》2015 年第 5 期。

认为是在平等协商基础上进行的，具有保障土地高效利用、抑制土地投机等公益目的的弱强制性行为。政府土地优先购买权制度则指在土地所有人自愿出售土地时，在诸多平等竞买人中，政府享有以市场价格优先购买该土地的权利[①]。我国自1990年《城镇国有土地使用权出让和转让暂行条例》第26条首次规定政府优先购买权以来，在《加强国有土地资产管理的通知》《土地储备管理办法》等法规中始终以防止低价转让土地、增加土地储备来源为权利行使要件，明显不同于国外的多样化公益目的，并缺少具体模式、详细规则、法律解释和实践可操作性。更有学者提出，"在政府获得土地的强制性方式没有得到完全改观之前，中国政府土地优先购买权的功能将无法实施"[②]。

但随着集体建设用地的入市，强制性的征地储备土地方式将受到严格限制，平等协商的市场购买制度才是满足政府土地储备需求的主要手段。基于我国房地产制度的市场化改革，我们认为，以"市场化"和"公益性"为要件，逐步将政府征收变卖土地权力转型为市场化的公益优先购买权，是适应集体建设用地入市新形势的土地征收、储备制度转型之基础，和去"土地财政"后地方政府职能的整体转型相一致。

（一）完善公共利益为核心的土地征收制度

一般认为，征用权因减少了市场配置下公共项目的总建设成本，并通过成本再分配实现了社会福利的再分配而具有经济合理性。土地征用制度作为依赖政府权力、满足特殊需求而实施的强制性行为，受到世界各国的授权，同时因侵害私人财产权利又被施以诸多限制。公共利益重在强调"公共"，旨在确定用地主体的非私

---

① 黄睿：《我国政府土地优先购买权制度研究》，硕士学位论文，西南政法大学，2011年，第2页。

② 杨遂杰、周文兴：《中国政府土地优先购买权功能分析》，《中国土地科学》2011年第2期。

人性，但多样化的"公共"主体并不一定属于公共利益，需要兼顾征地后的土地用途，综合考虑经营性或非经营性。

首先，授权兼顾用地主体和用途，以土地上生产的产品提供方式为出发点来确定"公共利益"。如果该主体项目产品可由市场来解决，无论主体性质是公共或非公共，都可将土地交由市场解决；如果该主体项目产品因成本过高、期限太长等原因市场提供不了，则无论盈利与否，均可视为公益性项目，所需土地可通过征收方式解决，这种项目往往只能由公共主体承担。

其次，引入比例原则约束"公共利益"范围。由于"公共利益"本身边界不明晰，只能笼统涵盖使整个社会福利有所改进的意义，因此，在《土地管理法》《物权法》《集体土地征收补偿条例》等法律、法规中，可明确国家在符合"公共利益"要求的条件下征地时，要采取适当的、对人民权利造成最小侵害的方式来实施，并不得超过实现行政目的所追求的公共利益，将因征地行为对公众权益造成的不利影响限制在尽可能小的范围和限度内，从而实现整体社会福利的改进。同时，适度提高征地补偿，并从长远利益出发，通过引入"土地资源变股权、补偿金变股金、被征地农民变股民"的征地补偿费变形分配方式，以及妥善安排被征地农民的养老、医疗保障，提供再就业培训等形式，增加长期稳固保障。

最后，对《物权法》现行第42条规定的"公共利益需要"进一步予以明确，并可作为《宪法》之下的根本性上位规定。具体可采用列举法与概括法相结合、包含性概括与排除性概括并行的方式，先从总体上明确判断公共利益价值时以绝大多数人利益的维护和整体社会福利改进为准，进而可将（1）国防、军事需要；（2）国家和地方政府修建交通、通信、水、电、气等公共设施需要；（3）政府机关及非营利性事业单位需要，以及其他典型需要通过列举方式包含在内。同时将一些明显不能包含的范围直接排除，例如基于单纯商业利益、企业利益、集团利益等的征收行为，基于经营性目的的征收行为和工商业开发行为排除。这种"概括+双向列举"的明确方式既可以通过具体设定避免争议纠纷，限制国家征地权的滥用，又可以通过兜底呈现开放性、灵活性与发展性，能较好地适应我国现行征地立法需求。

（二）强化政府市场优先购买权为主的储备手段

集体建设用地的入市，一方面会减少地方政府因征地而收储土地的数量，另一方面，集体建设用地自身会因追逐流转利益而大量上市，如果不加以规划、指导，将会影响整个房地产市场的正常流转。因此，应逐步建立政府指导下的政府与市场相结合的储备模式，并将储备范围扩充到农村集体土地范围。

首先，土地储备制度必须接受政府的统一规划和指导，这个规划主要指城乡发展规划、土地利用规划等涉及地方发展的项目。

其次，限制地方政府直接干涉、参与具体储备活动，赋予土地储备中心一定的自主权，但需要接受政府的监督及违规惩处。还可以逐步引入市场化机制，储备主体从单一土地储备中心变为与企业的并存，近期可以采取政府收储和企业自由转让并重的发展策略；远期可实行以企业自由转让为主、政府收储为辅的模式，并先期推行政府与企业的联合储备，建立起合资入股、共同开发的收储机制。

再次，具体储备时，如果涉及经营性用地，应尊重市场调节，按照市场价格收储；如果涉及公益性用地，政府可享有优先购买权并予以收储；如果因市场需求低迷导致集体建设用地流拍、无法实现土地价值时，由土地储备机构托底购买，保护土地市场的正常运转，并保障农村利益。

最后，鉴于以宅基地为主要对象的农村建设用地整理及流转将成为建设用地入市主流趋势，为充分保护农村集体和农民的利益，建议集体建设用地政策调整重点转向这些结合宅基地复垦指标与农地整理折抵指标而新产生的建设用地上，并将其作为后备土地资源划入储备管理范围。作为宏观土地调控的手段之一，政府应保证这些整理建设用地的再利用符合相关规定与规范，具体使用时可直接授权农村集体使用，也可以通过市场化优先购买模式由地方政府先储后用。逐步将土地储备制度从单纯的国有土地收储及供应，转向城乡建设用地整合的收储，实现以国有收储土地、集体征收土地、集体土地重划取得的部分公益用地为实地管理，以集体土地整治实现的建设用地指标为补充调节的实地供应和指标供应双轨运作模式，将土地储备由"供给方"转为"调控方"。①

四　建立保有为主、流转为辅的可持续地方政府税收财政

去"土地财政"必然引起"卖地收入"的大幅度下降，同时倒逼地方政府逐渐摆脱对土地的依赖，回到做强产业、增强税收的正道。这是由地方政府在去"土地财政"后的特殊境遇而决定。作为中央与基层的中间联系者，在现行土地制度中，地方政府因国家所有人的虚位而在建设用地管理中真正行使占有、使用、处分和收益权利，既是中央政府的代理人，又是当地微观主体的代表；既是中央制度的执行者，又是地方制度的供给者；既是土地市场管理者，又是唯一的供给者和需求者。与此同时，也是区域基础设施投资与公共服务支出的主体，长期存在事权多、财权小、财政收支不对等的压力，再加上 GDP 考核竞升等因素，成为土地财政的主要推动者和参与者。目前行政体制改革中实施的"乡财县管"，在一定程度上缓解了财政压力，再加上上级转移支付，可以部分弥补收支缺口，但金额不确定，用途受限，仍有相对独立财源的诉求。因

---

① 夏方舟、严金明：《土地储备、入市影响与集体建设用地未来路径》，《改革》2015 年第 3 期。

此,增加长效、稳定财源,建立可持续的房地产税收财政是去"土地财政"后满足地方政府独立财源的关键。

(一)房地产保有税是地方政府税收财政可持续的主体

一是由其直接税性质决定。房地产保有税的征收主要由作为课税对象的不动产的保有情况决定,具有典型的空间固定性、不可磨灭性和可见性,税基不易隐匿,税负不易转嫁,性质上属于直接税。同时,税源普遍、充分,收入相对稳定、持续,并具有一定弹性,受经济周期短期波动影响较小。这些特征使得房地产税具有作为地方主体税种的内在禀赋,可以长期、持续的为地方政府涵养税源,并为地方税收增长提供了一定的内生机制。

二是由其财产税性质决定。随着社会经济的发展,土地稀缺性日益突出了房地产的资产特征,房地产税也呈现出典型的财产税性质。实际征税时强调"谁享有、谁纳税",遵循"有财产者纳税、无财产者不纳税、财产多者多纳税、财产少者少纳税"的原则,一定程度上可以实现对社会财富的再分配。中共十八大三中全会决定中也将新一轮税制改革的操作主线定为"逐步提高直接税比重",对房地产保有税的开征提供了积极的政策指向。

此外,房地产的空间固定性使其财产效应区域性明显。国外根据"受益原则"将此项税收限定为地方政府的公共服务提供层面,并将税负轻重与公共服务水平对应起来交由居民选择决定,既可以行使对公共服务的意愿表达权,也可以通过迁居而行使退出权,从而通过较强的地方政府收支制度安排对应体现出了地方税特性[1]。

三是由其征收效应决定。作为直接税,最主要的特点就是税负的相对不易转嫁。理论上,保有环节房地产税的开征,可以直接增加持有住房的成本,一方面诱导人们改变居住方式和住房选择,另

---

[1] 胡学奎:《房地产税改革:基于财政改革整体性与受益原则的制度设计》,《地方财政研究》2015年第6期。

一方面会直接侵蚀投资、投机者的利润空间、增大持有风险,在收入水平不变的前提下有利于降低投资、投机及市场需求,抑制房产泡沫,从而引导居民合理消费。但对刚性需求的抑制作用不明显。

四是由我国税源格局发生改变的现实决定。一方面,"卖地收入"的不可持续和转型必然性要求寻找一个可持续的、能够分布于未来若干年并细水长流的收入来源,来满足并逐步承担起地方政府的财政收入需求。另一方面,我国房地产税源结构呈现出鲜明的个人不动产规模扩大和货币收入增加的趋势,城镇家庭自有住房比例已接近90%,但对地方财政收入贡献仅维持在3%左右。按照中国指数研究院房地产动态政策设计研究组的测算,城镇住宅总价2010年底约为50万亿元,参考上海房产税试点方案免除首套房税负,若对1/3总价征税并适用1%税率,仅个人住房房产税收入就有1670亿元,约为当年房产税收入的1.9倍;若以1/2课征,个人住房房产税收入则为2500亿元,可占地方本级财政收入的6.15%,[①]如果把税率再提高,例如美国的3%左右,则会更多。有学者从新房与二手房的成交情况指出我国大规模住房建设时代正在过去,存量房时代正在来临,[②]从大趋势上反映了我国房地产保有环节税收在增加地方政府财政收入中发挥作用的可能性。

(二) 房地产流转税是地方政府税收财政可持续的必要辅助

一是由保有环节房地产税的功能限制而决定。由于保有环节税收无法对交易行为进行完全规制,并受到征税范围、税负轻重、公平等因素影响而不能课税过重,从而无法也不可能单一发挥作用满足去"土地财政"后地方政府的收入需求。无论是从税收的调节功能,还是从弥补财政收入的角度,都需要流转环节房地产税收予以

---

① 刘明慧、赵敏捷:《房地产税改革定位的相关问题辨析》,《财政金融研究》2014年第3期。

② 任泽平:《房产税将给中国带来什么影响?》,2017年2月,金融行业网(http://chuansong.me/n/1607361043414)。

辅助。

二是由流转环节房地产税的间接税性质决定。流转环节的税收往往针对交易行为课征，因税负可以跟随价格而转嫁，往往使纳税人与负税人不一致，也使得本应对纳税人的税收调节和财富分配效应反而转嫁到负税人身上，负税人的不确定又使得应有的调节效应无法真正发挥。因此，该税收属于间接税，在房地产税收中只能作为调节市场有效流通的辅助手段发挥作用。

三是由流转环节房地产税的"一次性"性质决定。流转税具有典型的"一次性"特征，只在房地产开发、建设、销售或使用的某一或某几个环节征收，并主要依赖于增量财富的增长而确定收入，使得税收容易跟随市场价格波动而波动，不利于地方政府稳定可持续税收增长机制的形成，只能辅助存在。现实中，流转环节房地产税往往与保有税协调发挥作用，尤其是房价快速上涨时，短期内可以抑制房价，但长期因税负的转嫁，反而提升了二手房地产的交易价格，并影响到整体房价的上涨，降低了交易量，制约着房地产市场的流通。基于其辅助调节作用，各国设置的房地产流转税种一般很少，税收规模也较小。

五 公益国有建设用地的经营性转变支持财政

公益国有建设用地主要指国家根据法律法规无偿划拨交付使用的土地，包括机关、军事、城市基础设施、公益事业及国家扶持的能源、交通、水利设施用地等。

如前所述，去"土地财政"主要是逐步消除地方政府对集体土地"低征高卖"而获得的巨额土地利差，维护农村利益。但在我国社会发展中，土地的国有性和有偿、有期限的使用规则，意味着地方政府的"卖地收入"行为始终会存在，只是形式可能改变、收费方式可能转变而已。

在去"土地财政"后，地方政府长期依赖的由集体土地"低征高卖"产生的财政收入缺口巨大，除"卖地收入"的直接减少外，还存在大量的以未来"卖地收入"为担保的债务，一旦收入减少，这些债务的偿还也不容小觑。因此，构建合理土地出让制度、征地储备制度和可持续地方税收财政的同时，还可以对无偿划拨的公益国有土地使用方式进行改革，提高使用效率，以部分补偿地方政府财政收入。这主要是由于土地无偿划拨制度早于有偿使用制度，再加上划拨初期界定范围过宽，即使经过近30年的国有土地有偿使用改革，仍有近70%划拨土地名不副实，未真正承担公益用地职能，也未能全部实现有偿使用的转让，需要继续梳理、改革，以完善城市公益建设用地体系。这一理念在国家新一轮房地产制度改革中予以强化，2016年底，国土资源部、国家发改委和财政部联合发布《关于扩大国有土地有偿使用范围的意见》（国土资规〔2016〕20号），提出在坚持用途管制、市场配置和依法行政原则下，深化国有土地使用和管理制度改革，扩大有偿使用范围，促进土地的节约利用。

我们认为可以从以下几个方面推进公益国有建设用地的经营性转变，从而支持并弥补地方政府财政收入缺口。

一是对增量公益性国有建设用地，应严格划拨范围并尽可能缩小审批面积。一方面，限制政府单位的办公用地和国防建设用地划拨，提高开发强度要求。甚至有学者认为在多年的体制改革和市场化运作中，国家财政为政府办公和国防建设事业均有专款立项，主张除战备等特殊情况外，政府和军事单位也应有偿使用土地资源[①]。这一观点从提高国有土地市场化角度有可取之处，但我们认为因政府办公和国防建设用地无直接收益，即使采取有偿转让，也属于用

---

① 汪利娜：《中国城市土地产权制度研究》，社会科学文献出版社2006年版，第321页。

国家的钱买国家的地，没有意义，对这部分用地仍应无偿划拨，但需缩减范围、提高开发强度。

另一方面，限制、缩小使用划拨土地进行养老、教育、文体、保障住房、能源、环保、"三供"等经营性公共服务项目的新增用地，提高开发强度要求的同时根据公益层次分别适用优惠划拨、协议划拨和公开竞价方式。即以政府分等定级土地后确定的基准地价为准，公益性强、收益低的项目可采用低于基准地价的优惠划拨方式，如环保、生态用地等；公益性弱、收益高的可采用公开竞价方式，略高于基准地价，如私立学校、私营医院及养老等项目；介入二者之间的则采用大致相当的协议划拨方式，如保障住房、"三供"项目等。通过竞争性供地机制，吸引社会资本参与运营一些营利性的公共服务项目，并支持地方政府以国有建设用地使用权作价出资或入股方式提供土地，与社会资本共同投资建设。

二是鼓励存量国有建设用地的用途转变。计划经济历史中城市大量国有土地以无偿划拨方式分配使用，但一部分当年的"单位所有制"今天已经发生了巨大变化；而新时期城镇化建设中，部分地方政府本着"政绩"目标，开发了大量宽敞阔气的"面子"工程，占用了大量的划拨国有土地。无论是为了解决土地资源紧缺、提高使用效率，还是为了弥补地方政府财政收入，都可以考虑将这些划拨的公益国有建设用地部分因地制宜的转为经营性用途，从无偿使用转变为收取一定的土地出让收入或者租金收入。

首先，继续清理经营性划拨用地，重点对有偿使用土地制度推行前的划拨土地按照使用用途现状核定使用方式，如果属于公益性范围，可继续无偿使用；如果已经改变为经营性，需通过要求按年上交土地使用费或租金的方式体现有偿使用。以此为原则，进一步完善改制的国有企事业单位建设用地处置方式，无论是事业单位改制为企业，还是行政、事业单位和国有企业之间的国有建设用地使用权转换，建议仍以转变后的土地用途为衡量依据。当不存在公益性质并有营利行为时，需改为有偿使用。

其次，支持原无偿使用土地的主体将闲置、多余或者可以整理出来的划拨用地与土地市场进行接轨，在用途不变的情形下，直接通过租赁、入股等方式提高开发机会和流通增值效益；或者通过临用、抵押等方式提高资产属性；也可以经审批后转换用途，补缴土地出让金后而出让、出租或入股用于经营性业务，整体上使存量土地从"单位所有制"转向市场化的高效配置。

最后，支持现已存在的提供公共服务项目的存量用地主体，进行市场化土地运作，鼓励通过建设用地使用权的作价出资或入股方式将土地提供给项目使用，引入社会资本共同建设。

三是逐步严格行政机关公益性建设用地的使用，将开发强度引入核算指标以提高使用效率，降低浪费。实际中，可以所处区位平均开发强度为标准衡量行政机关实际用地情况。具体可将职能、编制和公务、业务、物业用房相挂钩，对划拨用地面积合理核算，从源头上抑制豪华办公场所的屡禁不止及其攀比。鼓励存量国有建设用地上建造的房地产按上述强度要求整理，并将满足国有单位需求后的多余房地产登记后出租，向国家依法缴纳税费，提高闲置房地产的使用效益。

四是在推进公益国有建设用地的经营性转变时，不能一味地为了增加地方政府财政收入而过分追求国有用地的经营性利益，需要合理安排二者比例，既要考虑经营性工业、商业用地，也要考虑道路广场、公共绿地、公园、生态用地等人民生活质量需求，要从满足人民日益增长的物质文化水平需要出发，做好各个类别用地的城市总体规划。

五是从完善国有土地所有权角度出发，考虑专门出台一部兼有公法与私法属性、兼顾实体和程序规范的《国有土地法》，将国有土地根据用途分为公益用地和经营性用地,并对各自的设置、管理和利用进行规制,通过实现政府在国有土地所有权领域活动的法定化、规范化、合理化,最终实现公益性建设用地公益效应的最大实现和经营性建设用地经济效益的最佳发挥[①]。

整体上,通过国有土地资源的内部挖潜、科学配置和租售自由,引入市场的互利交换,可以对现存巨量国有划拨土地提高使用效率,也将对弥补地方政府财政收入缺口、促进去"土地财政"转型起到积极作用。

---

① 朱小平:《国家土地所有权的行使》,博士学位论文,西南政法大学,2015年,第163—167页。

第 六 章

城乡一体下房地产制度改革与
税制改革的衔接

马克思、恩格斯认为通过城乡融合才能使社会全体成员得到全面发展。世界发达国家经验也说明城乡一体化是城市、工业发展到一定阶段后的必然趋势，是人类在掌握客观规律基础上进行制度选择的结果，要求经济、政治、文化的齐头并进与生产方式、生活质量的趋同类似。新中国成立后，以"农业支持工业、农村支持城市"为手段的城市化进程造成了城乡贫富差距的加大与农村的落后。推动城乡一体化，准许生产要素自由流动，实现城乡同步发展已成为当前社会发展主要目标。该过程中，如果彻底放手将农村土地利用和空间配置交给市场调控，必然会在自由逐利趋势下打破城市发展中的既定利益框架和对农村土地资源的依赖秩序；但如果坚持"农业哺育工业"、集体土地利用以城镇建设需要为先，便会造成长期停驻在城乡二元结构的困境，引发社会成员利益分配的不平等与冲突。① 因此，在城乡一体化必然趋势下分析以土地资源为基础的房地产制度与税制的改革和衔接，有利于促进城乡公平。

---

① 徐文：《集体公益性建设用地政治与经济属性开发论》，《西南民族大学学报》（人文社科版）2015 年第 8 期。

第一节 城乡一体化是房地产制度改革加速的助推器

一 城乡一体化加快建设用地"农转城"改革步伐

城乡一体化不仅是实现经济、政治、文化的同步发展，更是在生产方式、生活质量上的无限趋同。土地作为人类经济社会发展的基本生产要素，被视为兼具"资源、资产、资本"三种属性。作为一种资源，天然数量有限的特性要求尊重规律、重在保护；作为一种资产，旨在通过合理配置实现价值、效益的最大化；作为一种资本，其稀缺价值可提高财产收入并提供保障、发展。城乡一体化进程中，最基本的要求是生产要素城乡配置的一视同仁，由于集体土地分为农用地、建设用地和未利用地三种类型，从土地资源属性来看，能够实现城乡一体化配置的只能是建设用地。

城乡一体化的发展要求在保证城市发展的同时加快农村发展，实现农村经济增长和公共福利水平的同步提高，其实现需要工业化、城镇化、农业现代化、信息化的一体推进，但"四化"都离不开土地要素。工业化、城镇化需要占用大量土地用于生产、建设；农业现代化、信息化需要在现有农村农业土地上实践。其中，城镇化发展最能体现城乡一体化水平，也与土地要素使用方式的转变关系最密切。新型城镇化要求坚持以人为中心的发展思想，增强城镇对农业人口的吸引力和承载力，一要提升农业转移人口的市民化水平，使农业转移人口享受平等的市民权利；二要以中心城市为核心、周边中小城市为支撑，推进大中小城市的网络化建设，提高中小城市公共服务水平，增强城镇的产业发展、公共服务、吸纳就业、人口集聚功能。而在上述城镇化推进过程中，必然会引起土地利用方式、结构，以及土地权属关系和经济关系的变化；与此同时，土地利用的改变也会进一步影响城镇化的发展，其中，土地政策是推动城镇化建设的根本因素，土地制度是推动城镇化建设的核心力量。① 而近十多年来我国土地城镇化②的事实也充分论证了城乡一体化是加快建设用地"农转城"改革步伐助推器的观点，对改善农村建设用地的不良配置方式，提高配置效率作用重大。统计数据显示，与2015年底相比，全国农用地面积净减少493.5万亩，其中耕地净减少115.3万亩，建设用地则净增加751.1万亩。

二 城乡一体化扩张城市房地产建设需求

城乡一体化的推行不可避免地扩张了城市房地产建设的需求。首先，城乡一体化从根本上要求为城乡居民提供均等化的公共服务。在城市公共服务日益健全的当下，增加对广大农村和小城镇的投入资源，完善基础设施、公共建设，提升农村居民的社会福利成为建设核心。这一需求体现在新型城镇化理念中，学者们一致认为，新型城镇化的"新"就是要改变过去片面追求城市规模扩大、空间扩张的表面取向，要以提升城镇文化、公共服务等内涵取向为核心，使城镇成为具有较高品质的适宜人居之所。无论是新型城镇化的"新"，还是公共服务的"均"，都要求加快城镇公共设施建设。

其次，城镇化的推进使大量人口转为城镇居民，引发了居住的房地产建设需求。我国目前已由农业大国逐步转变为现代化强国，2016年，三大产业占比为8.6：39.9：51.6，其中，农业增加值仅为65975.7亿元，而工业增加值为247877.7亿元，是农业增加值

---

① 杨璐璐：《我国城镇化建设、土地政策关联度及其实态因应》，《经济管理》2013年第3期。

② 土地城镇化与人口城镇化相对应，2004年到2014年十年间，我国城镇人口增长了38%，而同期城市建设用地面积增长了62.38%，是前者的1.64倍，土地城镇化速度快于人口城镇化。

的 3.76 倍。在产业转变进程中，大量农业人口被释放到工业和城市，每年有超过 1000 万的人口进城落户，城镇居民数量急剧增加。据统计，2011 年我国城镇居民人口 69079 万人，首次超过 65656 万的乡村人口，超过人数为 3423 万人；到 2016 年，这一差距已扩大为 20325 万人。城镇居民人口迅速增长的同时，住房需求急增，进而引发城市房地产建设需求的增加。2016 年，全国全社会住宅投资 83660.24 亿元，其中城镇住宅投资 76649.93 亿元，占全部投资的 91.62%。与此同时，城镇化增加了居民就业机会，提高了个人收入，使越来越多的居民有能力改变过去住房建设薄弱、基础较差的生活环境，引发大量的"改善性住房"需求，也影响了城市房地产建设。

最后，房地产业市场化程度的加深增加了住房和土地的资产性，促生了住宅投资需求。近些年房地产业的市场化使住房和土地的商品性、资产性日益突出，越来越多的人忽视其"用于居住"的使用价值理念和原始的物理属性，将其作为财富及增值的化身，争抢追逐；再加上城市房价的过快上涨，房屋已成为我国民众的重点投资对象。在国家政策尚未有效限制之前，这种投资性购房、炒房需求依然存在，并对城市房地产建设需求产生了巨大影响。

三 城乡一体化诱导农村房地产制度转型

城乡一体化对农村房地产制度的影响主要体现在两个方面：一是城乡一体化加快了农村人口向城市的流动，在为城市提供劳动力要素的同时，必然因基本的居住需求而增加城镇住房需求量，这也为农村宅基地的退出提供了可能。但当前宅基地缺乏合法有效的退出渠道，使得大批农民工成为城乡"两栖"人口、两头占地，并出现大量的空置、闲置宅基地，反映在城镇化快速发展的同时农村建设用地的只增不减，引发土地和人口在空间地域上的严重不匹配。

资料显示，1997—2007年，我国农村人口减少13%，村庄用地却增长约4%，呈现出人减地增的逆向发展趋势，人均用地高达229平方米[①]；农村住宅人均建筑面积也从1997年的22.5平方米增长至2016年的45.8平方米，约是1997年的2倍，比2012年增加了23.3%。这种快速增长既和农村经济社会发展、农民收入大幅度提高、大规模的改扩建住宅、改善住房条件现象密切相关；也不排除近郊区农村借助城市化、工业化推进中的土地增值，基于利益驱动和征地预期而抢建的房屋。

二是城乡一体化建设中，随着农村基础设施建设的逐步完善，城市生存成本的日益增高和生活环境的恶化，一些城市居民开始追求农村的田园式生活，有从城市扩张到农村生活的倾向，也使得设施齐全、风景秀丽的农村宅基地和住房有了一定的市场需求。这些都使得宅基地流转加速。

第二节 城乡一体房地产制度及税制改革中的公平、效率要求

城乡一体化的推进推动了房地产制度改革，而房地产制度改革会引发土地要素分配的改变并在市场作用下形成新的效率与公平问题，如"土地财政"和快速城镇化诱使经济欠发达地区过度重视房地产建设，引起三、四线城市及农村出现大量闲置房及废弃工业用地等；而农村内部，近郊区和沿海发达地区的农村与一般农业性地区的农村因二、三产业发展和地理位置差别生成鲜明的土地增值收益不公平。这些新现象要求通过城乡一体房地产制度及其税制的配套改革予以纠正，实现配置效率提高与公平的兼顾。

---

① 袁业飞：《新型城镇化：解套土地财政——新型城镇化如何破题？》，《中华建设》2013年第9期。

一 减少闲置房地产

随着我国人口老龄化的到来和过去 30 多年"计划生育"政策引起的人口缩减,专家们认为人口负增长会提前到来,国家也全面放开"二胎"生育,但 2017 年出生人口为 1723 万人,反而比 2016 年的 1786 万人少了 63 万人。虽然"二胎"效应需要慢慢体现,但人口总量缩减已成既定事实。这种缩减对房地产市场的影响如果不加以限制,会造成供过于求,闲置房地产过多。因此,减少闲置房地产是城乡一体房地产制度及税制改革的效率目标之一。近期,该举措是实现"房子是用来住的"国家调控政策的主要手段;远期,可以避免因目前盲目满足不真实需求扩张而引发的未来房地产资源的浪费,保护耕地和粮食安全。

(一) 规范农村住宅房地产的资源配置

城乡一体化进程加快的典型体现就是我国城镇化效果显著,农村住宅房地产状况变化明显。一方面,住房投资增大、条件明显改善。农村居民人均住房面积从 2005 年的 29.68 平方米增长为 2012 年的 37.1 平方米;同期农户住宅投资总额从 2083.1 亿元上升至 6051.63 亿元,增长了 2.91 倍;农村居民家庭平均现金消费支出中,居住支出从 342.33 元上升至 1054.2 元,其占比从 16.04% 增加至 19.5%。发达沿海地区的农民住房条件更为优越,如地处珠江三角洲的佛山、广州、东莞,农村居民人均楼房居住面积分别达到 39.79 平方米、40.21 平方米和 53.38 平方米[①]。另一方面,"一户多宅"和超标占地现象普遍,实际流转增多。第二次全国农业普查显示,2006 年末,农村居民户均住宅面积 128 平方米,99.3% 的住户拥有自己的住宅。其中,92.5% 的拥有一处住宅;拥有两处及三

---

① 《广东:农民住房条件持续改善,四大问题尚需完善》,《中国经济导报》2010 年 10 月 30 日第 3 版。

处以上的分别占 6.4% 和 0.4%。① 重庆市垫江县国土房管局 2009 年调研显示该县人均宅基地面积 165.4 平方米，核算城镇化率后人均面积约 210 平方米，超标准占地户数达到调查总数的 81.18%，人均占有宅基地标准已超过法定标准 110.9 平方米。② 与此同时，城乡接合部、近郊区农村住宅实际流转增多。山东经济学院不动产法研究中心 2006 年对全省抽样调查结果显示，发生住宅出租事件的村庄占被调查总数的 51.3%，其中，30% 以上的村庄出租户数超过 10 户；住宅出卖的村庄占被调查总数的 68.9%，其中 75% 以上的位居城乡接合部，而 26.5% 以上的出卖住宅超过 10 户。③ "小产权房"是农村住宅流转的典型，有学者透露目前全国小产权房面积已经达到 68 亿平方米，占全国城镇住宅的 1/3。

这些农村房地产新形势的变化要求在城乡一体房地产制度及税制改革中予以调控。一是积极规范农村房地产产权制度，在新一轮正在开展的以确权为基础的实践措施中，逐步弥补宅基地所有权形式化、使用权流转受限、使用权登记和管理制度缺失等制度弊端，加快确权颁证，同时加快并明确宅基地"三权分置"的权力界定与法律规制，通过精准确权减少流转纠纷，为未来的继承、担保及其他合法流转提供可靠的权利范围保障和改革依据。

二是随着农村集体经营性建设用地入市改革的推进，继续加快宅基地"有偿使用、有偿自愿退出"和抵押等流转制度的试点改革，拓展宅基地使用权权属范围、推进流转、增加宅基地财产价值，同时鼓励将长期闲置、废弃的宅基地退回集体，重新配置，提高使用效率，逐步形成正规的、有形的农村住房房地产市场，与城市住房房地产市场接轨。同时，目前国家税收涉及宅基地的仅限于

---

① 曹强：《农村宅基地流转法律问题研究》，《特区经济》2012 年第 1 期。
② 垫江县国土房管局课题调研组：《深化农村集体建设用地改革的探索与思考》，2009 年 11 月（http://www.djgtfg.gov.cn/Html/12/dwjs/xxyd/dywz/2009-11/100163.html）。
③ 曹强：《农村宅基地流转法律问题研究》，《特区经济》2012 年第 1 期。

占用耕地建设时需缴纳耕地占用税，但低定额税率并不能发挥应有的调节作用，还需要政府通过税收进一步优化保有环节的配置效率，加强使用管理，规制"一户多宅""乱占乱建"等宅基地浪费现象，从而促进农村房地产经济的良性循环。

三是总结近几年来宅基地改革试点中的成功经验，结合新农村建设，逐步推行农村房地产的产业化。近十年来宅基地流转试点中，比较突出的是四川都江堰市地震灾后推行的"宅基地联合建房"模式，重庆市推行的宅基地使用权地票交易模式，天津、上海、浙江嘉兴等地推行的"宅基地置换"模式，江苏苏州、浙江温州、义乌等地推行的宅基地转权国有化退出模式，广州、成都等地推行的宅基地合法直接流转模式等，这些模式的共同特点之一就是将分散到个体的宅基地通过整理联合起来，实现集中、规范、统一的建设和利用，属于事实上的产业化，并对土地集约节约利用、提高农民生活水平等有积极意义。今后，可将这些成功经验逐步推行，以整体提高宅基地配置效率，减少空置浪费。

（二）抑制城市房地产的过度投机，鼓励出租、减少空置

对城市住宅房地产而言，市场化的房地产制度相对健全，但社会中存在的"买不起房"与"多套房"并存、"高房价"与"高库存"并存、"结构失衡"与"保障缺失"并存等现象，充分反映了市场运行中的低效率与不公平。抑制城市房地产的过度投机、减少房屋闲置，是提高城市房地产使用效率的重要手段。

目前，我国城市房地产用地的供给受到双层限制，一是城乡二元差别化的建设用地制度和地方政府垄断的土地供应制度使城市建设用地的供给数量受限；二是在城市建设用地本已紧缺的情形下，地方政府又采取"商住用地养工业用地"的做法，通过限制商业、住宅用地的投放面积与速度，人为制造商住用地的供给紧缺，弥补工业用地低地价、零地价的土地成本缺口。再加上城乡居民收入提

高、住房需求增长、城镇化建设等因素，商、住用地地价上升态势明显，"地王"频现。2008—2011 年，全国综合地价年均上涨 7.2%，[①] 同期房价涨幅也高居不下，全国 70 个大中城市房屋销售价格涨幅分别为 7.6%、1.5%、6.4%、6.6%。高地价、高房价的现实一定程度上使人们对未来房产增值充满期望，在逐利心理下越来越多的人购买、囤积房产用于投资、投机，而这种大规模的投资、投机必定增加房地产需求量，供不应求时引发房价日益攀升。据初步测算，目前全国空置房多达 6000 余万套，都属于投资性或投机类房屋。[②] 2014 年 6 月西南财经大学中国家庭金融调查与研究中心发布的《城镇住房空置率及住房市场发展趋势》调研报告表明，2013 年全国城镇住宅市场整体空置率为 22.4%；这些空置房资产在相关家庭总资产中占比 34.4%，占城镇所有家庭总资产的 11.8%。截至 2014 年 3 月底，城镇家庭自有住房拥有率已达到 89%，而多套住房拥有率为 18.6%。[③] 无论是高地价、高房价，还是住房的空置，都反映了城市房地产制度资源配置效率的低下。

为抑制城市房地产的过度投机、减少房屋空置，一是需要改变目前城市住房用地供给的错配现象，既包括全国范围内一、二线人口流入多、住房需求量大的大、中城市与三、四线城市之间建设用地供给量的调整，也包括地区内部在工业、商住用地之间的格局调整。因直接关涉利益增减，建议可通过指标"飞出方"与"飞入方"之间的利益分成、产业扶持、建设投资、国家财政直接补贴等方式予以平衡，从而从根本上解决城市住房房地产的供需平衡

[①] 刘柏惠：《新型城镇化或将成为"土地财政"的解药》，《经济参考报》2013 年 7 月 19 日第 3 版。

[②] 许经勇：《高房价、高地价与房产税的深层思考》，《南通大学学报》（社会科学版）2011 年第 2 期。

[③] 高晨：《2014 年全国城镇住房空置率高达 22.4%》，《京华时报》2014 年 6 月 11 日第 2 版。

问题。

二是增加"可支付住房"的供给，鼓励出租，减少空置。可支付住房指居民可以买得起的住房，主要针对中低收入人群而言。增加可支付住房，既包括放开住房市场供给垄断，通过增加多样化的供给主体和住房供给量，借助市场作用降低住房价格；也包括供给主体不变，通过行政手段干预市场而提供廉价住房。目前，两种方式需要同时推进。一方面，继续加大并督促地方政府落实保障性住房的投资，确保并增加保障性住房用地的供给力度，为中低收入家庭提供可支付得起的住房保障。另一方面，通过持有成本的增加和出租税费的优惠，鼓励将包括公有办公用房和居住用房在内的闲置房出租，盘活现有房地产资源，通过充分利用真实反映需求，避免因需求虚大扩大建设，而可能形成的将来浪费。同时，在集体建设用地入市推进中，逐步赋予城郊村、城中村享有与国有建设用地平等的集体土地上的房地产建设权与交易权，允许城市内部和周围"城中村""城郊村"的农民、村集体利用特殊的地理位置建设出租房，甚至在符合城乡发展规划和手续合法前提下开发房地产，为城市中低收入者和外来务工者等流动人口提供居住用房，这不仅可以充分利用民间资本减轻政府保障房的投资压力，还可以依赖集体土地上房地产的低成本而影响并抑制、降低整体地价、房价，减少投机。[①]

二 减轻房地产交易环节的流转税负

通常情况下，房地产转移环节税费的资源配置效应与税收呈逆向关系，即流转环节税费越高，越容易限制房地产资源的合理流动。我国房地产税制则呈现鲜明的"重流转、轻保有"特色并被学

[①] 陶然、孟明毅：《土地制度改革：中国有效应对全社会住房需求的重要保证》，《国际经济评论》2012年第3期。

者们共同诟病。减轻房地产交易环节流转税负已成为城乡一体房地产制度及税制改革效率提高的另一重要目标。

(一) 尽可能实现房地产税收效益的外部性内部化

税收效率原则包括经济效率和制度效率。其中，经济效率要求政府利用税收制度影响资源分配时，应尽可能使数量有限的资源福利和效率损失最小化，并使税收额外收益最大化。城乡房地产流转环节，税收的经济效率提高主要体现为尽可能实现税收作用外部性的内部化。一方面要求通过税费形式将政府公共投资及提供产权保护而产生的正收益收归国有，即对房地产价值增值"受益原则"的应用。实际中，税收可为政府更多的公共投资或服务提供资金保证，从而形成"增值"与"政府投资"之间的良性循环，其作用和房地产保有环节税收的作用类似，鉴于后者在我国目前作用微弱，一定时期内还有待土地增值税继续发挥调整作用。

另一方面要求农村房地产流转中减少负外部性影响，尤其是为片面追求流转收益而影响农用地时，需通过取得环节税费的提高增加土地使用权获取成本，在部分抑制农用地非农化速度的同时，增加耕地保护资金。耕地占用税则可较好的发挥相应功能，需进一步完善使用。

(二) 降低房地产交易环节的税收成本

税收的制度效率强调降低交易成本。以科斯为代表的产权经济学派主张清晰的交易权利界区能够降低交易成本、节约交易费用。

在城乡房地产流转环节，加强产权规范，并通过增值税、契税、印花税等的规制，既可以从形式上确认产权交易的合法性，还可以充分利用国家权威确保产权交易后果，增加交易安全。此外，精简占比过高的流转环节税制既是我国目前房地产税制改革的主要方向，也是降低交易成本手段之一。在已经推行的"营改增"改革中，建筑业和房地产业已全部取缔营业税，改征增值税，这种改革对理顺房地产开发交易环节的抵扣链条意义巨大，有利于减轻相关环节的流转税负。而房地产二手交易环节需缴纳印花税、增值税，未来可进一步精简，分别只对买方和卖方开征契税和土地增值税；并将房地产租赁环节承担的增值税、房产税和所得税合并在房地产保有税和所得税中核算征收。

（三）促进城乡房地产资源在空间上的合理分配

相对于城市房地产市场的繁荣，农村房地产市场尚处于试点起步阶段。市场发展程度的不同，使流转税制促进城乡房地产资源空间配置效率的要求明显不同，在城市，以抑制过度投机为主；在农村，则应兼顾鼓励初次流转市场的发展与防范二级市场的投机。

在抑制房地产投机、囤积和价格过度上涨方面，流转环节主要由土地增值税来实现。土地增值税旨在规制房地产流转获益额，其累进税率对持有房地产过多、并通过买卖获得的高额利差有一定的调节功能。通常，增值收益越多，缴纳的税额越多。对城市房地产，土地增值税需要继续发挥作用；对农村房地产，需将该税种引入同时根据不同流转环节的鼓励或防范需求采取不同措施。如初次流转土地增值额未超过扣除项目金额20%的部分免征，超过20%的部分按应征额的80%计征；再次流转则与城市房地产一视同仁、不做优惠。

在促进农村房地产合理流转方面，因农村住房在宅基地上修建而成，与宅基地的流转政策、价值息息相关，甚至可以界定为宅基地价值决定着住房房产的价值。因此，农村房地产流转中的税收调控可与宅基地流转环节相同适用。初次流转市场的鼓励，通过形式上与城市房地产税种的同类、内容上的税式减免来落实，除营业税改征土地增值税并减征外，还可免征个人所得税。而初次流转转入方在享有契税起征点优惠的同时，若是非城镇居民还可免征；若是城市低收入者可减半征收。再次流转则与城市房地产转入同等征税。

三 缩小贫富财产分配差距

在城市，建设用地的严供给与高需求的不匹配与现行税制对持有环节的调节不力是造就高地价、高房价的共同原因，纵容投机同时形成了以房产为衡量标准的"有产者"与"无产者"、"多产者"与"少产者"之间的财富区别，加大了贫富差距。在农村，通过土地制度改革分享到由二、三产业发展带来的土地非农使用级差收益的，只是位于城乡接合部或自然环境优美、交通便利、市场发育良好等特殊地理位置的极少数农民群体，绝大多数农村和农民还处于低收益状态。城市化带来的"一夜暴富"使农村群体内部不公平现象加剧，因房地产财产价值不同而引起的城、乡居民收入差距加大更是日益突出。城镇居民人均可支配财产净收入从2013年的2552元增加到2016年的3271元，增长率为28.17%，同期农村居民人均可支配财产净收入从2013年的195元增加到2016年的272元，增长率为39.49%，绝对差距也从2013年的2357元增加到2016年的2999元。

在城市房地产价值激增，城郊和沿海发达地区农民因房地产收益高涨时，作为国家配置资源、再分配利益重要手段的税收却没有发挥应有的激励、约束作用。城市主要体现为缺乏对居民住宅房地产保有环节的税收调控，农村则无论是保有环节的房产税、城镇土地使用税，还是流转环节的土地增值税、契税，都没有将其纳入征税范围；营业税、所得税等更是所占份额少之又少，调节功能弱之又弱。社会公众也因房价上涨过于迅猛、超出承受能力而普遍期待通过房地产税调节市场、抑制投机、缩小财产分配贫富差距。有学者指出，房地产市场波动性大的特征不利于保持税制稳定性，从宏观调控频率较高与税收制度稳定性较强的矛盾来看，房地产税不适宜承载调控房地产市场、平抑房价的功能[①]。但这并不否定房地产保有环节税对调节居民收入和存量财富、缓和贫富差距矛盾的基础功能，目前"重流通、轻保有"的房地产税负结构，明显无法实现这一目的，亟须改善。

（一）实施"提低、扩中、调高"的房地产收入分配理念

"提低、扩中、调高"是我国目前收入分配领域的改革主导思想，既是以房地产为核心的不动产财产收入分配应自动遵循的理念，也与房地产税制立法的公平原则要求有相通之处，可将其引入房地产税的立法理念中，与纳税能力原则和受益原则融会贯通，充分发挥税收收入再分配调节手段。

"提低"，强调通过房地产制度及其税收将公共资源向弱势群体倾斜，既包括增加城市经济适用房、廉租房、公租房等多类型廉价房产的提供，保障低收入者的基本居住权；也包括增加广大农村地区的致富渠道，提高房地产价值及变现能力；还包括将税收开支更多的倾向低收入人群，改善其生存条件、提高生活水平。"扩中"，一方面要通过房地产制度改革实现与中等收入人群相适应的房地产价格，使房子至少成为中等收入人群能够买得起的不动产，降低房价比与房贷压力；另一方面应减轻中等收入人群税收负担，扩大该类人群规模，即房地产税负不能过重，要保障居住基本需求，使中等收入人群房地产财富不能被过于削弱。"调高"，强调通过房地产制度和税收制度对高收入者予以一定调节，合法减少并对其过于悬殊的财富量予以合理再分配。

与此同时，房地产税收的纳税能力原则要求在保证纳税人基本生活需要的基础上根据支付能力承担税负，与收入公平直接关联，可以通过"收入越高、纳税越多；收入越低、纳税越少"的规律实

[①] 潘文轩：《改革关联视角下我国房地产税改革问题分析》，《经济体制改革》2015 年第 3 期。

现贫富差别调节。受益原则要求按照纳税人从政府公共支出中获得的利益程度来承担税负，一般适用于受益边界较为清晰和具有一定消费竞争性的准公共产品，也使根据受益原则征收的房地产税受到公共产品提供因素的制约。① 这两项原则在实际中都因无法准确衡量而备受细节争议，但理念上的贯彻毫无疑义。

（二）推行普适性和特殊性相结合的保有征税范围

房地产保有税制征税范围的普适性及特殊性是城乡一体房地产制度及税制改革实现公平目标的根本保障。普适性旨在解决我国目前房地产税收征税范围狭小的问题，将征税范围扩至广大农村有助于实现城乡一体化下房地产税的一视同仁，发挥税收调控及产权保护作用。特殊性旨在解决公平问题，通过征税范围、税式支出和优惠政策的配套来共同加以规范。

由于目前通过土地制度改革分享到土地非农使用巨额级差收益的只是地理位置特殊的极少数农民群体，进而也享受到更好条件的社会福利，根据受益原则，需要对他们进行税收的"调高"规制；其他绝大多数的农村和农民还处于低收益状态，则需特殊照顾。总体上，房地产保有税制的公平性可根据享受公共服务水平和分享经济发展收益的不同，按照"城市—近郊区—远郊区"的区域界定区别对待，具体可通过税式支出及优惠政策来体现。其中，房地产税税式支出政策，即通过免税、减税、纳税扣除等特殊规定的实行减轻特殊人群税负，从而缩小贫富差距，维护社会公平，以政府放弃部分税收收入为代价而推行②。这些优惠政策除基于特殊用途，如对党政机关、宗教社团、军队、事业单位自用房地产免税外，更多是基于公平，为实现"提低、扩中、调高"而设计，如免税面积或免税额的核定，对家庭自用普通住房适用较低税率的规定等，在普

---

① 邱泰如：《论房产税的公平、效率及政策》，《经济研究参考》2014年第45期。
② 温来成：《我国房产税税式支出政策改革探究》，《税务研究》2012年第11期。

惠同时也体现了对中等收入人群税负的减轻；对城乡接合部以外的普通农村地区的免税，对廉租房、公租房等保障性住房的免税，则是典型的扶持低收入人群的政策。

四 采用累进税率增强保有环节公平调控

累进税率是比例税率的复杂版本，通常随征税对象的增大而相应逐级提高计征比例，被认为可以对纳税人收入进行弹性调节，具有符合公平税负、合理负担原则的优势，是目前限制房地产奢侈需求、抑制投机需求、保护基本需求的主要税收手段，但也具有计算复杂、抑制效率提高的负面效果。

在我国房地产保有环节，征税是为了提高存量房地产的利用效率，减少闲置浪费，释放多余房地产资源，相比之下，累进税率是比其他税率更能体现公平的调节手段。首先，房地产保有税的征收建立在满足住房基本需求的保障基础上，基本住房需求可通过免征额的方式予以保护。其次，房地产保有税的征收并不排除居民对大面积住房的需求，只是通过累进税率对这种享受需求行为多征税。最后，累进税率的阶梯性一定程度上有助于体现"能力原则"，可以充分反映高、中、低收入水平的区别调整，即要求居住用房和非居住用房区别税率，居住用时还应根据超标准的不同幅度设定不同档次税率，享受需求越大，持有面积越大，适用税率越高，承担税负越多。而这种税费负担贯彻在整个持有过程中，可以对以投机为目的的不动产持有行为予以威慑，也可以对房地产贫富分配不均现象予以一定纠正。

第三节 与城乡一体房地产制度协调的税收制度设计

城乡一体的房地产市场应该是一个完全融合的市场，土地一级市场供给方包括国家和集体，国有建设用地和集体建设用地"同价同权"；集体土地变为国有土地除公益用地的征收外，市场交易占主导，价格基本市场化；二者可以根据需要互相演化；利益分配机制符合市场需求。[①] 这也是城乡一体房地产制度的根本目标，与其协调的税收制度除了流转环节集体建设用地与国有土地的同等税收规制外，更重要的是保有环节的城乡一体规制。

一 坚持城乡一体房地产税制的联动改革

适应城乡一体化的房地产制度及税制改革的衔接，根本上要求消除制约城乡协调发展的房地产市场体制性障碍，促进房地产资源在城乡间的自由流动和均衡配置，坚持联动改革是实现该目的的基础。

（一）房地产制度改革引起的城乡一体化与房地产税制改革的联动关系

城乡一体化建设需要大量的资金，正是中国特色的房地产制度，尤其是土地制度，才使得近些年来我国可以较低成本实现大规模城市的扩展和快速的基础设施建设，有力保障了经济发展速度与规模。这种特色制度体现在地方政府的财政收入中。

目前，我国地方政府财政收入主要来源于一般预算收入、中央税收返还和转移支付、政府性基金收入、预算外收入、政府发债。城镇化建设资金主要来自土地出让金收入、税收收入、土地债务收入、转移支付收入和国有资产收入等，其中，土地出让金收入和土地债务收入被认为是重中之重。统计数据显示，2013—2017 年的地方财政收入中，政府性基金收入在一般预算收入中的占比在 50% 左右，2013 年最高，达到 69.61%，2015 年最低，也占 40.06%；其

[①] 王克强、赵露、刘红梅：《城乡一体化的土地市场运行特征及利益保障制度》，《中国土地科学》2010 年第 12 期。

中国有土地使用权出让收入占地方政府性基金收入均在85%以上，构成地方政府收入的主要来源，也是城乡一体化建设的主要来源资金。

表6-1　地方政府一般预算收入、政府性基金预算收入、国有土地出让收入及占比

年份	地方一般公共预算本级收入（亿）	地方政府性基金本级收入		国有土地使用权出让收入	
		金额（亿）	占地方一般公共预算收入比例（%）	金额（亿）	占地方政府性基金收入比例（%）
2017	91448	57637	63.03	52059	90.32
2016	87195	42441	48.67	37457	88.26
2015	82982.66	38218	40.06	32547	85.16
2014	75859.73	49995.87	65.91	42605.9	85.22
2013	68969.13	48006.91	69.61	41249.52	85.86

资料来源：根据历年财政部《中央和地方预算执行情况与预算草案报告》整理、计算。

从财政理论和国家财税改革的方针指向来看，"土地税收财政"取代"出让金财政"是未来的必然趋势。"土地出让"一枝独大的地方财政收入格局将日益缩减，进而影响土地债务的偿还，而占比较低的国有资产收入[①]和转移支付对城镇化建设贡献微乎其微，城乡一体化建设及其资金来源将面临难以兼顾的困境。假定地方政府的财政经常性支出不变，政府债务资金的融资乘数既定，上述困境会引发几个无法兼顾[②]：一是城乡一体化意味着地方政府必须增加公共福利支出，而税制改革的综合目标是"简税制、宽税基、低税

[①] 2013—2016年地方财政国有资本经营收入和国有资产有偿使用收入之和分别为4598.86亿元、5333.99亿元、7064.01亿元、8359.94亿元，仅占地方政府一般预算收入的6.66%、7.03%、8.51%、9.58%。

[②] 贾康、苏京春：《财政分配"三元悖论"制约及其缓解路径分析》，《财政研究》2012年第10期。

率",民众希望减少税收。如果这两项同时进行,在土地出让收入降低以及国有资产收入和转移支付收入忽略不计的情形下,地方政府只能以通过提升债务及赤字水平的方式来实现城乡一体化目标。二是如果既要实现城乡一体化,增加公共福利开支,又要保持或者减少现有地方政府债务及赤字,则只能通过增加税收来解决资金需求。三是如果选择既要降低税负又要减少地方政府债务及赤字,那么,只能选择降低公共福利水平,减缓城乡一体化的推进。事实上,在土地出让收入减少的背景下,政府既希望城乡一体化推进不受影响,又希望不引起民众的税收抗拒和未来债务负担的增加。这就使得城乡一体化、房地产制度及房地产税制改革三者之间存在密切的关联关系。城乡一体化的推进需要实现城乡房地产制度的一体化,需要房地产配套税制改革提供资金;而房地产制度改革有利于城乡一体化的实现,也督促房地产税制的改革,三者联动。

(二)坚持房地产税制与房地产制度改革的联动

城乡一体化的推进离不开财政提供公共产品服务、弥补市场失灵的功效,税收作为财政收入主要来源,是上述功效实现的重要手段之一。税种、税率、税基、税收优惠等要素设置直接影响到纳税人利益和国民收入再分配,对调节收入分配、调整产业结构、促进社会发展有积极作用。但近些年我国地方政府财政呈现鲜明的"土地财政"推动城镇化发展特色,未能有效发挥税收作用,亟待通过房地产税制与房地产制度改革的联动实现"税收财政"功能。

1. 做好房地产制度改革引起的"税收财政"转型准备

从"土地财政"转为"税收财政",是集体建设用地入市、去"土地财政"后的必然结果,也是推进城乡一体化的必然要求。但土地出让收入的巨大缺口并非仅凭房地产税制的单一改革能够实现,需要在纳税人负担不恶化的前提下,全盘考虑直接税与间接税、流转税与所得税的综合改革。

一是逐步从间接征税为主的税制体系转为直接征税为主，增加直接税比重。由于直接税不容易转嫁，并多采用累进税率，根据所得、利润多少决定其负担水平，相比间接税，更符合税负公平和量能纳税原则。间接税具有可转嫁性，纳税人与实际负税人不一致，也使得本应对纳税人的税收调节和财富分配效应反而转移到负税人身上，负税人的不确定又使得应有的调节效应无法真正发挥。因此，应对房地产制度改革引起的"税收财政"转型，应本着从间接征税为主向直接征税为主的理念推进整个税制改革。

二是在流转税领域继续推动以"营改增"为核心的精简税制改革，"营改增"完成后，还应推行其余税制的规范与简化。

三是推动所得税改革，将个人所得税从分类税制逐步改为综合与分类相结合的模式，通过建立基本扣除配套专项扣除机制，适当增加专项扣除，减少劳动所得的税负；同时通过将个人收入和财产信息联网，增加对资产利得的直接征税，并实施个人所得的综合征管。

2. 利用税收可持续性推动城乡一体化的房地产制度改革

我国城镇化率从1978年的17.9%增加到2016年的57.35%，成效显著。但这种城镇化是政府主导下"重建设不重民生、重数量不重质量"的片面增长，也是资本、劳动力、技术等要素从农村向城市集聚的单向流动，体现为城市向郊区及农村的逐步拓展与扩张，其结果导致"土地城镇化"快于"人口城镇化"（见表6-2）。广大农民不仅没有享受到城镇化带来的利益，还在事实上为城镇化发展担负着土地及劳动力成本，加剧了社会群体的利益分化与固化。这和新型城镇化的本质要求相违背，也和利用税收可持续性推动城乡一体化发展要求相悖。

表6-2　　　　2004—2016年城镇人口增长率和城镇建设用地
年增长率（%）

年份	土地出让收入		城镇人口（万）	比上一年的增长率	城市建设用地面积（平方千米）	比上一年的增长率
	金额（亿元）	占地方财政收入比重				
2004	6412.0	53.91%	54283	—	30781.28	—
2005	5884.0	38.96%	56212	3.55%	29636.83	-3.72%
2006	8077.6	44.13%	58288	3.69%	31765.70	7.18%
2007	12216.7	51.83%	60633	4.02%	36351.65	14.44%
2008	10259.5	35.81%	62403	2.92%	39140.46	7.67%
2009	17179.5	52.69%	64512	3.38%	38726.92	-1.06%
2010	27464.5	67.62%	66978	3.82%	39758.42	2.66%
2011	32126.1	61.14%	69079	3.14%	41860.61	5.29%
2012	28886.3	47.29%	71182	3.04%	45750.67	9.29%
2013	39073.0	56.62%	73111	2.71%	47108.5	2.97%
2014	42940.3	56.59%	74916	2.47%	49982.74	6.1%
2015	33657.7	40.55%	77116	2.94%	51584.10	3.2%
2016	37456.6	42.94%	79298	2.83%	52761.30	2.28%

资料来源：《中国统计年鉴》和《国土资源年鉴》各期。

随着农村集体土地入市和去"土地财政"的实现，利用税收的可持续性推动城乡一体化建设就格外重要。"拉弗定理"告诉我们经济增长和社会发展是税收可持续的来源，但税收作为直接关系国家基础设施建设、公共事业投资和政府开支的影响因素，税率与经济发展不能呈现正比关系，税收过高会抑制发展速度。在我国城乡一体化建设和发展中，仍属于经济社会发展的初始阶段，需要税收与经济发展速度和总量增长呈现同步，从而推进城镇化的更快发展与城乡差距的缩小。这种税收的可持续包括将农村建设用地与城镇土地使用税合并统一征收土地使用税；征收城乡一体的保有环节房地产税，并将征税范围扩大到居民自住房屋；取消带有城、乡歧视的城市维护建设税等,即通过以用途限制取代主体限制的城乡一体房地产制度实现税收的一视同仁。

(三)做好适应财税新常态的房地产税制与其他税制改革的联动

改革中,房地产税制需要放在整个税制"简税制、宽税基、低税率"的改革背景中综合权衡,不能单一为之,既要适应财政经济的"新常态",结合"稳增长"做好减法,还要结合地方税体系建设做好"加法"。

速度变化、结构优化、动力转换的经济新常态反映在财税领域,一是适应经济增速的变化,财税目标追求、价值取向等需要配套调整、转变,从过去的稳定宏观税负转向调整降低宏观税负。二是调整中央与地方的财政关系,维持二者财政收入各一半的格局,但需调整彼此支出事项及事权范围,由中央上收若干项支出责任;并通过财税手段缩小城乡差距,增加居民收入占比。三是要在房地产资源配置中充分发挥市场的决定性作用,并需配合政府财税调节作用,使市场与政府的"无形""有形"调控力量共同作用,即在转变经济发展方式同时,必然促进经济和政府结构的合理化,以及改革措施的科学化、协同化。

在财税领域的新常态下,房地产税制改革应做好与其他税制改革的联动。一是房地产税制改革要对本身涉及范围内的税种结构优化,取消重复征税,合理税制、稳定税负,改变现存"重流转、轻保有"格局,增加房地产持有环节的税负。如前面提出的取消城市维护建设费;将房地产流转环节的营业税取消,合并到土地增值税中;以及房、地一并征收的保有环节房地产税的设计等。

二是要整体优化流转税税负,逐步改革间接税为主的税收体制。在"营改增"改革后,继续通过完善抵扣制度、降低税率等方式减轻企业间接税税负;优化所得税税制,逐步提高个人所得税的工资薪金起征点，降低劳动所得税负，增加资产税负，尤其是不动产资产；加快消费税、资源税改革等。

三是调整中央与地方的财政关系。按照国务院《关于推进中央与地方财权事权和支出责任划分改革的指导意见》，在维持中央与地方财权五五分配的同时，将现在中央和地方共同承担的社会保障、教育、卫生、支农等事项的支出责任根据受益范围、影响程度、构成要素、实施环节等逐步细化明确，适度增加中央事权；并在地方将部分适宜由更高一级政府承担的保持区域内经济社会稳定、促进经济协调发展等基本公共服务职能上移，将适宜由基层政府发挥信息、管理优势的基本公共服务职能下移。根据省以下财政事权划分、财政体制及基层政府财力状况，合理确定省级以下各级政府的支出责任。有效落实《指导意见》提出的分领域工作安排。

四是在房地产领域逐步引入市场的资源配置功能，并在政府财税调节、规划约束等宏观指导下发挥决定性作用，减少政府的直接参与与干预，使政府与市场各司其职、互相配合，共同完成改革任务。

二 城市房地产保有税收改革

现行房地产保有环节的税收主要涉及房产税和城镇土地使用税两项，二者因征税范围狭窄，税率与房、地产市场需求增加和价格攀升不符，没有有效调节因房地产使用而产生的收益，更没有充分发挥组织财政收入和税收宏观调控作用。城乡一体化的房地产制度要求对城市房地产保有税进行改革，更好地发挥资源配置效率与收入分配功能。

（一）城市房地产保有税改革的关键问题

房地产保有环节税在城市的征收，主要涉及两个问题的讨论：

一是是否对已经缴纳了土地出让金的房屋征收；二是是否对已有居住用房征收。

首先，我们主张实施以用途原则为主的征收范围及方式的划分标准。一是将房地产分为居住和非居住两大类。二是对非居住类的公益性用途的房地产可免缴，如国家机关、军队、财政拨款事业单位自用房地产；宗教、公园、名胜古迹自用的房地产；市政建设、服务所需的公共房地产等。其余非居住类房地产全部纳入征税范围，以评估价值作为税基，将纳税人的所有物业评估价值加总，根据超额累进税率计算应纳税额。三是居住用房地产将评估价值作为税基，加总纳税人所有居住用房面积并扣除法定减免额后，适用超额累进税率计算应纳税额。

其次，对房价中已经包含了土地出让金的房屋可以征收房地产税。在前面土地出让金的留存论述中，我们已指出土地出让金和房地产税有共存的国家权力配合原因，也有国家对房地产市场调控手段的需求，二者可以并存征收。

有学者从土地经济学角度提出，房地产价值包括内在价值（土地出让金、建筑成本、使用受益对价）和由公共、私人部门带来的增值两部分，其中，政府部门可获得因人口增长、经济发展、政策调整等外部因素带来的土地增值，和因基础设施、公共产品等投资所带来的收益。外部因素增值属于公共收益，应通过征收资本利得税和除不动产以外的其他财产税（如遗产税）的方式由公共部门获得；政府投资增值属于投入回报，应按照使用者付费原则通过房地产税的征收取得。更深一层，土地出让金包括国家出让一定期限土地使用权而获得的地租、开发商基于土地升值预期而愿意支付的溢价和公共支出带来的土地增值三部分，其中第三部分的增值应作为预征的房产税予以扣除。如果不扣除房价中已经包含的土地出让金，政府从房地产增值中获得的收入将超过其因公共支出而可获得的应有份额部分。① 但实际中，要准确区分土地出让金中的公共支出增值比例很难，要准确划分房地产价值中政府可得增值比例更是难上加难。

因此，实践中只能概而行之。未来随着集体建设用地的入市和城乡一体房地产制度的建立，土地使用权获得方式将会多样化，土地出让金将会回归"租"的本性，越来越理性，无论是一次性缴纳还是按年缴纳，都不影响房地产税的征收。目前，因土地出让金中包含内容过多，只能通过房地产税计税依据的优惠方式消除重复影响，即拉大评估价值与市场价值的差距，或减按市场评估价值一定比例征收。例如美国土地保有名义税率一般为3%—10%，因土地评估价值只是市场价值的10%—25%，所以实际税率往往只有1.2%—3%。

最后，居住用住房不区分存量、增量，统一纳入房地产税征税范围。除了土地出让金和房地产税的可以并行外，我们认为城乡一体房地产制度及其税制改革的根本目的是为了提高城乡房地产资源配置效率，而产权税收理论强调清晰的产权可以提高资源配置效率，合法的税收也可以更有效地保护产权，因此，以提高资源配置效率为核心的房地产税应该基于"房子是用来住的、不是用来炒的"的理念，一视同仁对待所有居住用住房。

(二) 城市房地产保有税税收体系的搭建

首先，关于征税体系，国际上房地产保有环节的税收设计包括两种类型，一种是房地分离，如香港地区分别征收的差饷和地租（地税），台湾地区征收的房屋税和地价税，德国征收的土地税和房

---

① 何杨：《存量房房产税的效应分析与影响测算》，《中央财经大学学报》2012年第3期。

屋税。另一种是房地一体，如英国的住宅房屋税，美国的一般财产税。[①] 不论哪种情形，保有环节的主体税种始终作为地方财政稳定收入来源而存在，在对全部土地和房屋征收同时根据不同情况以及不同用途实行区别税率，如美国的财产税对所有土地、房屋征税，但各州大都对农业、制造业给以优惠，对老人、残疾人、退伍军人房主给以减免，并采用家庭财产低税率、商业财产高税率。台湾地区保有环节的房屋税则根据用途不同分为住家、营业以及非营业三个税目，并分别适用不超过1.38%（公寓楼为1.38%—2%）、3%—5%、1.5%—2.5%的税率。我国目前实行的是房、地分离的保有环节税收体系，但土地公有制下主要享有土地使用权，而房产所有权与地产使用权紧密联系在一起，物理形态上二者不可分割，流转价值上二者合为一体，房产价格中始终包含地产价格，因此，房、地合并征税更适合我国国情，利于税基的计算。

其次，关于税基，国外一般以房地产税的评估价值作为依据，这在我国理论界也基本达成共识。评估价值由房地产位置、面积、结构、已用年限等综合决定，如何评估以及谁评估起到决定作用。评估方法上，我们认为应该结合各地房地产市场发育程度采用不同的方法，对房地产交易量大、市场较成熟的城市，应采用市场比较法；对市场不完善、交易量低、价格低的落后地区、小城镇或农村住宅可采用成本法，批量建立分区域的基础价格指数体系和市场租金价格指数体系。评估时，基于我国房地产财产信息数据量极大的国情，税务机关应该与房地产管理部门通力合作，委托专门机构——地方国土部门内的专业机构，或者有资质的社会第三方评估机构来完成。此外，还应考虑起征点问题，对非居住类物业，结合占地面积统一评估房地产价值，全部计征；对居住类物业，根据各

---

① 杨晓香：《房地产税保有阶段税收规制研究》，载《财税法论丛》第15卷，法律出版社2015年版，第252页。

省、直辖市的城镇房屋统计报告公布的平均数据为参考，以扣除一定标准人均居住面积后的余额来计征，城市按人均住房面积、以户为标准核算。

再次，关于税率，一是要根据用途建立起居住类与非居住类不同的税率体系，前者应放在自然人纳税人的整体税负下考虑设计，后者应放在企业税负下考虑设计，兼顾面积与价值。二是要遵守立法权限在中央、地方政府拥有开征自主决定权的权限设定原则，由中央设定各类型税率的范围及上、下限，授权地方政府享有一定的范围内选择权，但需防范因选择权范围过于宽泛而使相邻省区滥用，并引发招商引资中的新型恶性竞争。三是税率形式上，从资源配置和财富调节角度，建议采用分用途的以比例税率为基础的超额累进税率。考虑到非居住用房的产业规模经营效应，不同等级间的税率相差不宜过大，可以 0.2% 为基础递增；居住用房因收入调节效应，以 0.5% 为递增基础。可根据核心大城市、省会城市、一级地级市、县城、建制镇（工矿区参照建制镇）的不同区域优势，授权省级政府在国家限定范围内自行确定分类的税率标准。

最后，关于具体征税对象，应将城市里单位产权房、经济适用房、"两限"房、共有产权房等全部列入，统一以扣除一定标准后的家庭房地产市场总价值为计税依据，初期为缩小房产价值与市场价值的差别，还可考虑再以市场总价值的一定比例，如 80% 为计税依据，并辅以差别税率，包括对住房与商业、工业不动产实行差别税率；对低收入、特困家庭自住房免税；对中等收入家庭自住房按评估值确定免税额或免税比例并实行 0.6%—1% 的低税率，以体现"扩中"理念及税收受益原则；对高收入家庭的高档住房（房产价值超过当地平均值一定比例）或多套房产累计总价值较高的可实行 1%—3% 的累进高税率；对租赁性住房实行优惠税率，鼓励民间租房市场的发展，减少政府公租房负担；对居民贷款购买自住房的贷款利息支出应在个人所得税中扣除,既避免"税收套利"、又避免税负过重。①

三 城乡接合部集体土地上房地产保有税收设计

城乡土地产权的二元化无法阻挡城乡接合部农村地区的发展,城镇化的推进自发提升了这些区域的房产价值,再加上特色产业的开展,为农民增加就业机会同时大规模增加了房产经营性收入,甚至在发达地区,建设用地的国有或集体已没有太大区别,二者在房地产市场中互为补充、共同发挥作用。如果还继续笼统对所有农村房地产免税,既难以满足社会发展需要,也难以发挥"受益""公平"的房地产保有税功效,并产生新的避税集聚地。因此,将房地产保有税扩张到城乡接合部的集体土地上,有一定的可行性和积极意义。

(一)城乡接合部集体土地上房地产保有税设计的关键问题

房地产保有税能否扩张到城乡接合部的集体土地上,主要涉及两个问题的讨论,一是农村自建房是否纳入房地产税征税范围,二是小产权房等违法建筑是否纳税。

首先,我们认为城乡一体化发展下,将房地产税扩至农村尤其是城乡接合部的自建房是可行的,也是必要的。随着城镇化建设的加快,国家对农村基础设施投资力度日益增大,公共设施改善明显,在一些沿海经济发达地区和城乡接合部、城市近郊区,城乡界限日益模糊,农村生活条件甚至优于城市,尤其是增值后的宅基地在保障住房条件的同时,还可能带来高额收益。这些地区的农村自建房所有人基于特殊区域位置,在发展中已经和城市居民一样从政府提供的公共服务中获益,应当同样为此付费。正在推行的集体建

---

① 汪利娜:《房地产税的关联因素与良性方案找寻》,《改革》2015年第4期。

设用地入市改革，会出现越来越多的农村集体土地上的房地产；农民住房财产权抵押和宅基地有偿退出、流转等试点的推行，使以宅基地为核心的农村房地产产权体系将越来越完善。推行房地产保有环节税收并将其扩大到农村，既是城乡一体房地产制度改革的应有之意，也是对农村房地产产权合法性的认定和保护，与城市"一视同仁"的对待有可行性。

其次，对小产权房等违法建筑是否纳税。目前，除了个别试点地区诸如"城乡联建"等小产权房得到国家的承认以外，绝大多数建设在城乡接合处集体土地上的小产权房仍然不合法，属于未经许可而擅自改变土地用途的违法建筑行为，没有国家房地产管理部门颁发的产权证，不受法律保护，但这种违法行为与征税与否的衡量标准——是否符合课税要件并不冲突。小产权房虽不受法律保护，其依然具有使用价值和交易价值，并且价值主要取决于所处地段和周边公共设施的建设情况，意味着小产权房的非法收益符合房地产税课税要件——房地产收益与公共服务互为对价时的"增值归公"，即非法未必不征税。而"小产权房"价格中不包括一定年限内建设用地使用权的税费，学者们①也纷纷建议将其作为"房地产税"改革的试金石，通过征收房地产税解决小产权房土地差价问题，既保障农民利益，又保证地方政府以税代替土地出让金后的财政收入来源，还可以平抑房价，维护社会和谐。

（二）城乡接合部集体土地上房地产保有税体系的搭建

首先，基于房地产保有税的整体一致性，与城市保有税体系的设置保持一致，实行房、地合一的征税体系，但在具体要素上需适当区别。

---

① 详见李光德《产权论视域下小产权房开发管制的经济分析》，《云南师范大学学报》2010年第9期；黄维芳《产权理论框架下小产权房的开发管制研究》，《经济体制比较》2011年第1期；赖华子《农村小产权房及其流转的法律规制》，《农业经济》2013年第7期。

其次，税基需实施以宅基地为基础的评估价值依据，采用市场比较法或成本法，批量建立分区域的基础价格指数体系和市场租金价格指数体系，经济发达、农村土地市场发育较完善的地方采用市场比较法，其余地方可采用成本法，根据宅基地价格与住房建筑成本之和核算。考虑起征点时，非居住类物业结合占地面积统一评估、全部计征；居住类物业建议根据各省、直辖市的城镇房屋统计报告公布的平均数据为参考，对独地独户的，应以扣除一定标准的户均宅基地面积的余额来计征；对宅基地换房的则应参照当地城市人均住房面积、考虑置换特殊情况适当提高人均标准。

最后，应将城乡接合部集体土地上的"小产权房"、农户自建房、出租房、共有产权房等全部划归到征税范围，适用于城市等同的差别税率，但可根据经济发展程度、政府投资情况和公共设施配套情况等，减按应纳税额90%—60%的幅度征收。

四 农村房地产保有税免税过渡期设计

国外房地产税收的实践表明，不应该以土地所有权不同而否定保有环节房地产税的全覆盖，此种情况下，应该重点解决"如何设定权变因子而区别对待"的问题，而不是"是否开征"的问题。[①] 农村税费改革历史实践和税收理论则要求我们须依据不同群体之间的利益差别确定税收负担能力。

结合这些经验，我们认为开征农村房地产保有税是我国城乡一体化社会经济和税制发展的必然趋势，但不能再采用历史中的平摊税费与忽视农民分化现实的"一刀切"，漠视农民中的不同群体利益，而应该通过免税过渡期的设计分类别、分阶段的逐步推进。

首先，在房地产保有税修改过程中，有必要直接从城乡一体房

---

① 贾康、梁季：《市场化、城镇化联袂演绎的"土地财政"与土地制度变革》，《改革》2015年第5期。

地产税收的规制角度将农村涵盖在内。一方面，是为了维护税法的稳定性与权威性。朝令夕改的法律体制会影响一国政治经济体制的稳定，这也是理论界对房地产税制的改革研究逐渐由"政策修补"提升到"立法"层面、呼吁顶层设计的根本原因。实践中，把以"小产权房"为代表的城乡接合部的房地产作为保有税收改革试点，摸索不含土地出让金的房地产保有税的征收并推行"税收财政"，也已成为不少学者的共识。因此，需要将房地产保有税的征收范围扩张到农村地区。另一方面，是为了减轻未来税收征管的困难。在城镇化扩张中，会不停地有新的农村地区被确定为城镇，如果不一次性直接将农村纳入征税范围，则会不停地要求调整，增加征管难度。[1]

其次，以集体建设用地入市改革的推进为依据确定第一阶段的农村房地产保有税免税期，即先将纳入入市流转范围内的集体土地上的房地产征税，其余免征。这不仅是取消现行城镇土地使用税中对集体土地的限制，也包括将现行房产税的征税范围扩大到农村。因为集体建设用地入市的最大改革亮点就是保持集体所有性质不变的前提下允许实施经营行为，而现行集体土地保有行为都被排除在税收调控范围以外，不符合城乡建设用地"同地同权"的理念，有待先期改善。

再次，以城镇规划为标准确定第二阶段的农村房地产保有税免税期，即先将已纳入城镇规划的近郊区农村和已发展为城镇的农村地区所有房地产保有环节设计征收，对未纳入城镇规划地区的农村暂时免征。一方面是由于农村范围广大，应税房地产分布分散、价值偏低，尤其是位置偏远的远郊区农村，征税成本可能超过收入本身，不符合征税效率原则。另一方面，城镇规划往往是对未来5—

---

[1] 奚卫华、尚元君：《论物业税征税范围的确定》，《中央财经大学学报》2010年第2期。

10年城镇化发展的计划，一旦规划公布，尤其是一些政府搬迁之类的规划，不仅使纳入规划区范围的土地价值会明显上涨，就连周边的土地也因招商引资、产业拓展等的预期而直接受益，诸如近几年的北京政府搬迁预期对河北毗邻地区房、地价的影响。因此，以城镇规划为依据，将规划区内的农村地区直接纳入保有税征税范围有一定的可行性。

复次，以用途为标准确定第三阶段的农村房地产保有税免税期，即对未纳入城镇规划地区的农村非居住类房地产保有税可适用优惠税率或部分减征；对居住类的则一律免征。这主要考虑到部分企业为节约用地成本或环保成本可能选择在略微偏远的农村地区投资生产，如果不将保有用地及房地产纳入征税范围，会在一定程度上诱发在农村建厂避税的钻营行为，不利于农村土地的保护。

最后，等到我国彻底完成城镇化目标，实现真正的城乡一体化，并单纯以保护土地资源为社会发展目标时，则可取消地域上的免征规定，仅以纳税能力为依据确定免税范围。

第七章

完善房地产制度及其税制改革的协调配套制度

房地产制度及其配套税制改革的良好交汇除了对农村集体土地入市、去"土地财政"和城乡一体化三种制度改革的直接要求外，还需要其他配套制度的保障，以充分实现房地产的物权化、财产化、资产化和房地产税制的公平性、稳定性和调控性。

第一节 深化农村"三权分置"改革

十八大以来，以农地三权分置为核心的农村深化改革顶层设计逐渐明朗化，2016年11月《关于完善农村土地所有权承包权经营权分置办法的意见》的出台，更是将农村土地所有权、承包权、经营权"三权分置"的改革提上土地制度和产权法治建设层面，既为未来农地承包经营权的市场化流转奠定了基础，也为通过税收调控提高农地资源配置效率创造了条件。

一 农地"三权分置"的要求

农地"三权分置"最早在2015年中央一号文件中提出，要求抓紧修改土地承包方面的法律，界定农村土地集体所有权、农户承包权、土地经营权的权利关系。这一主张是继 1978 年起在全国推行的"以家庭承包经营为基础、统分结合的双层经营体制"后的又一创新之举。

改革开放之初实行的家庭承包制旨在改变农村集体经济"大锅饭"的低效，以维稳、激励、增效为核心，将农民个人所有制引入农村集体的合作经济中，使过去"纯而又纯"的集体所有制变成集体所有制与个人所有制相结合的混合所有制①，是对集体统一经营体制的创新。其权属变动核心是土地所有权与承包经营权的分离，仍属于集体所有制的有效形式。由于赋予了农民完全的承包经营权，农民在土地上的"权、责、利"高度统一，从而积极调动了农民的生产、投资积极性和创造性，有力促进了农业生产的发展。

但在改革开放后社会经济的发展中，我国产业结构发生了巨大变化，第三产业发展势头迅猛，三大产业增加值在国内生产总值中的占比从 1978 年的 27.7∶47.7∶24.6 改变为 2000 年的 14.7∶45.5∶39.8，2016 年则变为 8.6∶39.9∶51.6，呈现出鲜明的第三产业产值越来越大、第一产业产值越来越小的趋势。这种改变既是社会经济发展、进步的必然结果，也自发调整着人们的就业趋势和从业选择。由于二、三产业的工资收入明显高于农业生产收入，再加上农业产业效率的提高，越来越多的农村人口开始"弃农从工、弃农经商"。1978 年，第一、二、三产业的就业人员分别是 28318 万人、6945 万人和 4890 万人，2000 年分别是 35177 万人、16600 万人和 18860 万人，2016 年则为 21496 万人、22350 万人和 33757 万人。由此可以看到，第一产业从业人员呈现先增后减的趋势，2000 年比 1978 年增加了 6859 万人，但 2016 年比 1978 年减少 6822 万人，比

---

① 许经勇：《我国农村土地制度改革的演进轨迹》，《湖湘论坛》2017 年第 2 期。

2000年减少13681万人。第二、三产业从业人员则明显增加,其中,第二产业从业人数2016年分别比1978年和2000年增加15405万人、5750万人;但第三产业则增加28867万人、14897万人,无论是增加数量、还是速度,都高于第二产业。这种三大产业从业人员的变化反映在农村,就是"家家包地、户户务农"的局面发生了改变,土地经营权的流转越来越普遍。2.3亿承包农户每户平均拥有的承包土地不到8亩,其中近30%的承包农户已全部或部分将承包地流转出去,不再从事农业生产;江苏、浙江等省份流出土地的农户比例已接近50%;北京市、上海市分别达到53%和79%。①

在这种现实下,推行"三权分置"既是现实要求的积极回应,也是时代发展的必然趋势。"三权分置"是在继承农村双层经营体制基础上的创新,仍然以家庭承包经营制为基础,旨在通过承包权与经营权的分离更好地优化农业资源配置,减少农地浪费。所谓所有权,说到底就是处置权、控制权、约束权;所谓承包权,说到底就是财产权,并为农民提供基本生活保障;所谓经营权,说到底就是收益权。② 因此,"明确所有权、稳定承包权、放活经营权"是"三权分置"改革的核心内容,其中,明确所有权要求坚持农村土地集体所有权属性不动摇,并通过发包权、调整权、知情权、监督权、决策权等予以实体权利的落实。稳定承包权要求坚持统分结合的双层经营体制不改变,并通过进一步明确占有权、使用权、自主组织生产经营权、处置产品和收益权、退出权、抵押权,以及转让、互换、出租、转包、入股等流转权能的落实,尊重并保护农民的承包效益。放活经营权要求在遵守集体所有权、保护承包权的基础上,充分尊重农民的经营意愿和社会资本经营意愿,以优化土地资源配置为核心,准予农民流转经营权,利用外来社会力量提升土

---

① 张红宇:《准确把握农地"三权分置"办法的深刻内涵》,《农村经济》2017年第8期。
② 许经勇:《我国农村土地制度改革的演进轨迹》,《湖湘论坛》2017年第2期。

地产出率，并保障农民的劳动效益和收入水平，即通过适度规模经营和现代农业发展提高资源利用率和劳动生产效率。

二　农地"三权分置"后的税收规制

农地"三权分置"推行后，出现了所有者、承包者和经营者三者分离的主体构成格局，三者权利范围和利益获取存在差别。而自2006年全国范围农业税免征后，增值税、所得税、土地使用税（除耕地占用税）等都没有向农村延伸，"三农"基本上游离于税收体系之外，税收功能和作用得不到体现，既不符合提高资源配置效率的房地产制度改革需要，也不符合城乡一体的税收公平原则。东、中、西区域性的经济水平差异使得一些发达地区农民收入远远超过欠发达地区城镇居民的收入，在对后者征税同时若仍将富裕农民排除在外，则会加大社会不公，根据能力大小对农民进行税收调节已是促进社会公平的重要手段之一。因此，无论是从税收对土地的调控趋势，还是城乡一体化下房地产资源公平配置的需要，未来，对农村承包经营地征税是发展的必然趋势。

但在今后一段时期内，为促进三农发展，对承包经营地的征税不可急功近利，需要分环节逐步推行，并设置一定的免税过渡期。

首先，随着土地承包经营权"三权分置"改革的推进，现有《农村土地承包经营法》肯定需要修订，借此时机，可将征税旨向及出发点写入其中，为以后的承包经营地征税提供法律依据和保障。一是可将"提高农村承包地使用效率"写入立法目的，即将第一条修改为"为稳定和完善以家庭承包经营为基础、统分结合的双层经营体制，赋予农民长期而有保障的土地使用权，维护农村土地承包当事人的合法权益，提高承包地使用效率，促进农业、农村经济发展和农村社会稳定，根据宪法，制定本法"。这既是对承包经营地征税的目的，也是目前"三权分置"改革的目的。二是将征税旨向写入其中，在第八条①中加入第三款"为提高土地资源利用效率，防止土地荒废，国家可对农村承包土地征税，具体按照有关税法规定执行"。这既是对未来征税的授权，也是通过征税保障承包地的权利。

其次，在流转环节，由于农业生产用途不变的情况下承包地的流转增值收益较低，在一些偏远地区甚至是负收益地区，为提高农用地效率、促进流转、培育规模经营和农业产业化，我们建议该环节继续实施税收优惠，不予征税。但若是农用地转为建设用地，则必须通过耕地占用税、土地增值税等予以调节，适用集体建设用地流转征税设计。

再次，在保有环节，为减少抛荒撂荒现象，鼓励主动退出承包经营权，可考虑开征农地使用税，通过增加税收成本提高使用效率。具体可将所有农业用地包括在内，以面积为税基，根据农地质量优劣设定不同等别和级别的比例税率范围。国土资源部目前已形成"定期全面评价、年度更新评价、年度监测评价"的耕地质量等别评价制度和体系，对耕地质量等别有较全面的掌握，可以此为基础，对不同质量等别的农地分级别规定比例税率及其上下限；然后授权省级政府根据农地评定级别和实际配置状况确定本省的等别税率类别及上下限，再由县级政府确定具体适用标准。国有农场、国有农地也应同等适用。

最后，征收农用地使用税时，还需利用税收优惠杠杆激励配置效率。一方面，应对规模达到一定程度（如总额达到当地户均农地面积的10倍或更多）的经营大户、农业企业的农地给以一定的减免优惠，可根据规模大小分档次减免20%—50%的农地使用税，规

---

① 《土地承包经营法》第八条"农村土地承包应当遵守法律、法规，保护土地资源的合理开发和可持续利用。未经依法批准不得将承包地用于非农建设。国家鼓励农民和农村集体经济组织增加对土地的投入，培肥地力，提高农业生产能力。"

模越大,减免越多。对因家庭户口迁出集体而主动退出农用地的,可在再次发包完成后给予5—10年的退税。另一方面,对受灾较大的地区或个人应予以减免;对偏远贫困山区耕作条件恶劣,无法实施规模化、产业化经营的农用地,应直接予以减免。这类地区只要有人愿意耕种已属不易,事实上还需政府给予补贴,鼓励耕种。

总体上,由于农业收益率低于非农业,而且农业又是我国国民经济基础,解决13亿人的温饱问题、支持农业现代化发展、提高农业产量是当前和今后一段时期内社会稳定发展的关键,因此,提高农用地使用效率同时对其设计一定幅度的税收优惠是促进"三农"发展的应有之意。等到未来农村和城市一样发达,农业和工业一样先进的时候,这些税收优惠政策范围可以逐步缩小,但不能完全取消,这是由农业的特殊性所决定,即使是已经实现农业现代化的发达国家,对农业用地也在优惠税收。例如美国就通过低评估值或低税率的方式对农场、耕地和特定类型林地给予优惠。①

三 逐步推行宅基地的"三权分置"

早在十八届三中全会《关于全面深化改革若干重大问题的决定》中,中央首次提出"农民住房财产权",这个概念范畴不同于宅基地,开始引发对宅基地常见的所有权、使用权的"二分法"予以深化。2018年中央一号文件《中共中央 国务院关于实施乡村振兴战略的意见》中则明确提出"完善农民限制宅基地和闲置农房政策,探索宅基地所有权、资格权、使用权'三权分置',落实宅基地集体所有权,保障宅基地农户资格权和农民房屋财产权,适度放活宅基地和农民房屋使用权"。

宅基地"三权分置"的基础是"一分为二"的视角,即宅基

---

① 栾庆琰:《美国房产税的税收优惠机制》,《中国城市经济》2011年第12期。

地的"底"是集体所有，农民仅享有占有、使用权；但宅基地上的"房"是农民私有财产，可以自己处置用于抵押、担保、转让等。但由于实体形态中房、地不可分，这就使宅基地的权利划分极其重要。

（一）马克思土地产权理论

马克思虽然没有明确提出"土地产权"这一范畴，但在《资本论》《剩余价值理论》《政治经济学批判》等经典著作中，其对土地产权的内涵与外延进行了充分论述，构成了完整、科学的土地产权权能理论。该理论包括如下几部分。

其一，土地产权是指由终极所有权及所有权衍生出来的占有权、使用权、处分权、收益权、出租权、转让权、抵押权等权能组成的权利束。① 土地产权权能的核心是终极所有权，最大特点是排他性。根据土地权能占有主体的不同，马克思将其分为完全土地所有权和经济意义或事实上的土地所有权。

其二，土地产权权能既可结合又可分离。马克思将土地产权权能的关系分为三种形式：一是小生产方式中所有权和占有权、使用权合而为一，土地所有者同时也是支配者和使用者。二是土地所有权与使用权、占有权相分离，分属不同的主体所有，主要存在于私有社会中。三是土地国有基础上的所有权与使用权、占有权的分离。即主权就是全国范围内集中的土地所有权，无土地私有权，虽然存在着对土地的和人的和共同的占有权和使用权。② 这说明当土地归国家所有时，不存在个人的私有所有权，但占有权、使用权可以分离出去，存在私人个体或共同的占有权和使用权。

其三，地租是土地所有权在经济上借以实现自己、增值自己的形式。马克思认为土地所有人可将土地交给土地使用人，并收取某

---

① 洪名勇：《论马克思的土地产权理论》，《经济学家》1998年第1期。
② ［德］马克思：《资本论》第3卷，人民出版社1975年版，第891页。

些费用,这些费用就是地租。根据形成方式不同,包括级差地租、绝对地租和垄断地租。在社会主义,以土地好坏不同为条件的经济收益差别依然存在,可以认定是社会主义级差地租。

其四,土地产权具有交易商品化和配置市场化的特点。马克思在商品经济条件下谈到农村土地产权时,都把农村土地产权当作商品来理解,指出"在这里,社会上一部分人向另一部分人要求一种贡赋,作为后者在地球上居住的权利的代价"①。即意味着土地产权不仅是一种收入源泉,而且作为一种产权和一种手段,可以生产出剩余价值并进行分割,在利益最大化的追逐下,土地权能的有偿使用成为常态,土地产权实质上已具备了交易商品化和配置市场化的特点。

(二) 构建农村宅基地产权概念

长期以来,我国已建立起基于集体所有、"一户一宅"和成员资格无偿申请获得三大要点为支柱的宅基地制度,也构成了我国农村宅基地产权的框架体系。但具体权能内容学者们众说纷纭。除了前述马克思的界定外,姚洋在分析中国农地制度现状时,将农地产权界定为包括法律所有权、剩余索取权、使用权、处置权以及这些权利的可靠性等多种权利束。② 周其仁认为农地产权的基本权利包括转让权、使用权和收益权。③ 徐汉明认为土地产权的权能结构包括归属权、控制权、利用权、流转权等。④

不论如何界定,农村宅基地作为土地特别用途的一个类型,其产权也应包括上述权能。现阶段,这些具体权能被认为具有不同的

---

① [德] 马克思:《资本论》第 3 卷,人民出版社 1975 年版,第 872 页。
② 姚洋:《中国农地制度:一个分析框架》,《中国社会科学》2000 年第 2 期。
③ 周其仁:《农地产权与征地制度——中国城市化面临的重大选择》,《经济学》2004 年第 10 期。
④ 徐汉明:《农村宅基地使用权流转问题研究——基于武汉市江夏区实地调研的思考》,《经济社会体制比较》2012 年第 11 期。

重要性，从强到弱依次为处分权、使用权和收益权。虽然所有权在理论上非常重要，但实践中如果使用权和处分权能够得到保证，所有权的归属对土地资源配置效率的影响就没有想象中的那样大。正因为如此，在对农村宅基地产权研究时，学者们更注重对使用权的研究，《物权法》也只明确规定了宅基地使用权。

正是基于对农村宅基地产权权能的划分和重要性的不同认识，学者提出了相对私有产权、公有产权和模糊产权三种性质界定。持私有产权观点的学者主要从产权的排他性来界定，根据财产收益"私有""共有"的差别程度，认为存在"宅基地＞自留地＞承包地＞集体公益用地"的产权明晰排序，提出"基于产权明晰和区位优越，农村的宅基地往往是土地集约化程度最高的土地资源……宅基地的排他性的收益和福利的预期显然比其他土地更突出和显著"。因此，"目前宅基地虽然在土地制度和有关法律上被定位为集体所有，但相对其他的农村集体土地，其产权的'私有'性质仍无法掩盖"[1]。

持公有产权观点的学者主要是从现行法律对农村集体土地的狭义所有权主体规定来界定的，由于集体土地归（农民）集体所有，并由所有成员或成员代表来行使相关权利，因此，我国农村土地集体产权制度是一种公有产权，公有产权的基本矛盾——个人既是所有者又是非所有者——使得现行农村宅基地使用权制度表现为农民是天然的使用权主体，具有必然的、不可剥夺的、与他人平等的使用权份额，并获得相应的收益。[2] 但同时农民作为所属集体土地的非所有者，如果不参与土地经营或放弃自己的土地使用权时，便无法获取土地收益。

---

[1] 郭正模：《市场经济体制下的我国农户宅基地的产权及其制度改革方向》，《中共四川省委省级机关党校学报》2010 年第 2 期。

[2] 张光宏：《农村宅基地使用权制度研究》，《中国流通经济》2009 年第 11 期。

模糊产权观点是当前学界对宅基地产权的主流界定，但对"模糊"的认定不同。一种观点认为[1]模糊产权主要表现为宅基地所有权主体模糊，并致使农村居民的房、地所有权分离，建在宅基地上的房屋成为仅依赖土地使用权而享有房屋所有权的"空中楼阁"，农民仅对房屋有处置权，对房屋所在的宅基地却不享有处置权。另一种观点将模糊产权界定为政府有意制造并占有稀缺资源后"将其有价属性在国家范围内形成的'公共领域'"，以及通过限制行为主体能力，"使所有者将法律上界定并可以实施的所有权，因政府限制而被迫放弃的那部分产权形成的'公共领域'"[2]。宅基地产权主体因自用、出租、抵押、对外出售等限制被迫放弃部分产权并留在"公共领域"；同时，农民会因成本、收益比较而自愿放弃建造高层房屋，放弃部分产权，将其留在"公共领域"，这些"公共领域"都使目前的宅基地产权成为模糊产权。[3]

上述内容对我国农村宅基地产权性质的认定观点有一定的代表性。相对私有产权观点仅从宅基地使用、收益权能出发予以定性，

---

[1] 持该观点的学者很多，如卢向虎、秦富《试论我国农村宅基地产权的特征和法律定位》，《重庆交通大学学报》（社会科学版）2007年第6期；陈金田《关于我国农村宅基地使用权流转问题的若干思考》，《延安大学学报》（社会科学版）2008年第2期；姜军松、杨建军、吕敏《我国农村宅基地产权排他性问题探析》，《湘潭大学学报》（社会科学版）2012年第6zz期等。

[2] 罗必良在对巴泽尔产权理论中的"公共领域"拓展分析后，认为无论是在所有权层面还是在产权层面，都存在所谓的5类"公共领域"：(1) 由于物品存在多种属性，其中部分属性由于交易费用或技术的限制，无法得到充分的界定从而形成巴泽尔意义上的"公共领域"——纯技术层面的"公共领域Ⅰ"；(2) 技术上可以界定，但法律界定或司法成本太高，会导致物品一部分有价值的属性被置于"公共领域"——法律层面的"公共领域Ⅱ"；(3) 以政府名义占有稀缺资源的排他性权利，相当于将稀缺资源的有价值属性在国家范围内置于"公共领域"——法律歧视制造的"公共领域Ⅲ"；(4) 所有权在法律上界定以后，当所有者实施所有权带来的收益弥补不了成本的损失时，所有者会自愿放弃一部分在法律上可以实施的所有权而将其留在"公共领域"——行为能力不完全所形成的"公共领域Ⅳ"；(5) 所有权在法律上界定以后，所有者即使在法律上可以实施但因为政府限制被迫放弃的部分产权也留在了"公共领域"——行为能力不完全所形成的"公共领域Ⅴ"。

[3] 吴远来：《农村宅基地产权制度研究》，湖南人民出版社2010年版，第77页。

存在片面性，但现实中，宅基地个人私有观念已比较普遍，农户也对自家宅基地有更强的自我归属感。彭长生在对安徽省调研时有68.8%的农户认为宅基地归自己所有，[①] 笔者在对甘肃省兰州市榆中县三角城乡高墩营村调研时，从宅基地使用期限、是否可以转让、继承等问题的回答中，也可以明显发现绝大多数农户认为宅基地应是自己的，属于"私有"。[②] 公有产权观点理论上合理，是长期以来我国集体土地政策遵循的基本导向，也是目前以维护农村稳定、保证国家根基不变目标下极力提倡的观点，但和现实中农民对宅基地产权的认可和期望存在一定的不符。模糊产权观点则是对当前现状的写实定性，更能反映出宅基地产权中的现存问题，也是目前要着力解决的关键。

宅基地所有权、资格权、使用权"三权分置"改革的推进，符合马克思"土地产权权能既可结合又可分离"的理论，是对我国宅基地产权确定方向的细化。其关键在于适应社会需求，进一步明确占有、使用、收益、处分等具体权能范围和方式，从而提高宅基地使用效益。

（三）推行宅基地"三权分置"的注意事项

一是要在前期制度安排上清晰设计、严密部署，引导宅基地使用权的适度"放活"，尤其预防一些地方的农民在宅基地使用权流转后，占用耕地建房现象的出现。

二是要完善法律的规范。无论是农村进城落户人员宅基地在集体经济组织内部的自愿有偿退出或转让，还是"房地合一""地随

[①] 彭长生：《农民对宅基地产权认知情况及其差异——基于安徽省6县1413个农户的问卷调查》，《华南农业大学学报》（社会科学版）2012年第2期。

[②] 调研中，89.6%的调研对象认为宅基地的使用不应该有期限，应长期世代居住；59.7%的人认为将宅基地用作建设住房以外的经营性用房是个人家庭住宅的事，只要自家愿意，就应该允许，政府不应干涉；72%的人表示转让宅基地时只要农户自己愿意就行；而宅基地是否可以被继承，所有被调研对象一致认为可以。这些数据从侧面反映了农民对宅基地私有性的认知。

房走"的宅基地及房屋抵押困惑,都需要法律的支持。因此,应尽快修改《土地管理法》《物权法》《担保法》等与宅基地相关的法律,出台细节政策,把宅基地流转问题纳入法制化、规范化的轨道。

三是在确定所有权的基础上,以稳定资格权、流转使用权为重心,从而增加土地供给,并提高农民财产性收入。现有立法在宅基地使用权的理解上,未能区分成员权和使用权,这种规制模式在一定程度上导致以成员权的身份性为理由,禁止宅基地使用权的转让,无法实现宅基地使用权的市场化资源配置。

新提出的"资格权"则是对宅基地使用主体成员权的特别界定。长期以来,宅基地的获得和使用始终基于"集体组织成员无偿获得",并受"一户一宅"限制。实际中,通过申请、审批方式,从所有权主体取得宅基地的分配环节可以较好地贯彻成员身份权;但在继受、共同共有关系中,这种成员资格权则无法完全落实。其中,继受包括继承、赠予和买卖方式,作为接受方,目前国家仅强调"城里人到农村买宅基地的口子不能开,严格禁止下乡人员利用农村宅基地建设别墅大院和私人会馆等",即仅对城里人的购买行为予以限制,但对户口从农村迁出、拥有继承权或接受赠予的非本农民集体成员而言,则破除了这种成员资格权。2010年,国土资源部、中央农村工作小组办公室、财政部、农业部联合发布的《关于农村集体土地确权登记发证的若干意见》明确规定,非本农民集体成员的农村或城镇居民,因继承房屋占用宅基地的,可按规定登记发证,该规定则明确了资格权的例外。另外,共同共有关系是因缔结为夫妻而以新增家庭成员身份分享使用已有宅基地的权利,判定标准应以是否迁入户口落户为主,如果落户,则应视为新增集体成员,有自动获取权;如果未落户,则不应获得。

流转使用权则要求在落实资格权的基础上,将使用权人范围扩大到资格权外，允许非集体成员使用宅基地，提高宅基地配置效率。为区分资格权和使用权，应仿照国有土地使用方式，明确不同使用类型下的使用期限，并规定到期后的回收、审核、续费等细节。事实上，宅基地使用权的流转也仅是用于租赁住房的出租，住房不能变更到别人名下，不能买卖。

四是探索与实践的结合。宅基地"三权"的内涵、权利边界及相互关系，需在理论和实践方面不断探讨和完善，由此引发的土地征收时利益的分配、"三权分置"的具体实现形式等，既可以结合发展乡村旅游、返乡下乡人员创新创业等先行先试，探索盘活利用农村闲置农房和宅基地、增加农民财产性收入、促进乡村振兴的经验和办法，也需要后续不断研究解决。

第二节　完善住房租售并举制度

长期以来，我国房地产"重买卖轻租赁"的倾向，导致租赁市场发展严重滞后，根据国家统计局数据，2015年全国房地产开发企业房屋出租收入为1600.42亿元，住房销售收入却高达65861.30亿元，前者仅为后者的2.43%。[1] 租售市场的长期失衡不仅制约了房地产市场的健康发展，也使得"人人享有适当住房"的预期目标难以达成。房地产制度改革中，迫切需要通过积极措施，引导住房产、供、销等各个环节体现租售并举，引导市场淡化对购买自有住房的依赖，通过规模化租赁住房的提供，合理配备租、售比，从而引导人们通过租房来解决居住问题，并促进商品住房市场热度的降低。从长远来看，住房租售并举制度的完善是构成房地产长效机制的必要举措。

---

[1] 黄燕芬、王淳熙、张超、陈翔云：《建立我国住房租赁市场发展的长效机制——以"租购同权"促"租售并举"》，《价格理论与实践》2017年第10期。

一 多主体供应

2015年，国务院在《关于深入推进新型城镇化建设的若干意见》中首次提出："以满足市民的住房需求为主要出发点，构建购房与租房并举、市场配置与政府保障相结合的住房制度"；之后，国家"十三五"规划纲要将租购并举的住房制度作为住房制度改革的主要深化方向。十九大和中央经济工作会议则进一步提出要推动建立多主体供应、多渠道保障租购并举的住房制度，也即包含"政府不再垄断供地，开发商不再垄断建房"的含义。

多主体供应实际上包括两重含义：既需要多主体供应房源，更需要多主体供应土地，后者是前者的必然前提。多主体供应房源包括租、售的同时推进，首先，继续推动并落实城市棚户区改造项目。近年来，国家将棚户区改造作为改善居民居住条件、推动新型城镇化建设的重要举措。而过去8年已经实现的8000多万住房困难群众的"出棚进楼"工作，既改善了民生，也带动了有效投资消费和去库存。在此基础上，中央再次启动2018—2020年的3年棚改攻坚计划，通过加大中央财政补助，增强金融、用地支持等，再改造各类棚户区1500万套。这一项目的推进使在城市层面的房地产供应增强。其次，增加公租房、租赁住房、共有产权住房的供应。鼓励除房地产企业以外的其他经营主体在权属不变、符合规划的条件下，参与公租房、租赁住房、共有产权住房的投资建设，尤其是增加人口净流入的一、二线城市的公共住房供给量。国务院出台的《关于加快培育和发展住房租赁市场的若干意见》（国办发〔2016〕39号），提出"到2020年基本形成供应主体多元、经营服务规范、租赁关系稳定的住房租赁市场体系"，这一目标即是对房地产市场多主体供应的细化。最后，积极推动"租售同权"，虽然目前"租售同权"因为"学区房"等备受争议，但从房地产制度的长远发展来看，逐步推进租房与买房居民在基本公共服务方面享有同等待遇，并通过法律制度的完善进一步明确、保护租赁当事人的合法权益和租金、租期等制度，是有效推动租房制度完善的必经之路，也可以有效推进多主体供给房源目标的实现。

多主体供应土地在我国国情下是指打破建设用地国家单一供应的垄断局势，增加集体供应。目前，在试点集体经营性建设用地直接入市的基础上，2017年8月，国土资源部和住房城乡建设部又联合下发通知，确定在北京、上海、南京、杭州等13个城市开展利用集体建设用地建设租赁住房试点，这是在多主体供应土地基础上推行的多主体供应住房改革。该改革被学者们认为有助于构建购租并举的住房体系，建立健全房地产平稳健康发展长效机制；有助于拓展集体土地用途，拓宽集体经济组织和农民增收渠道。具体推行中，坚持集体所有权属不变的前提下，要有效防范"以租代售"，切实发挥增加租赁住房的作用。同时，还需引入"招拍挂"的现行土地市场化机制运行手段，并通过这类相对公平的出清手段最大化增加集体利益。在目前地方政府仍以卖地为主获取土地财政的实际中，集体建设用地及企业用地供给只能是一种潜在补充，推行建设租赁住房试点中，集体土地入市后只能用于租赁，不可出售，故主要对应租赁住房和公共住房，对带动租赁市场、增加市场供应有积极作用。

二 多渠道保障

由于租赁房投资资金需求量大、回收期长，推行住房租售并举制度时需要多渠道的配套措施予以保障。一是需要积极培育住房租赁市场供给主体，包括支持、鼓励房地产开发企业开展租赁住房的业务，发展一批专业化的住房租赁企业，规范住房租赁中介机构，提升中介人员素质，提高服务质量等。二是通过财税制度促进住房租赁市场的发展。对需求方，结合正在进行的个人所得税改革，可以研究实施租房支出抵扣个人所得税，从而鼓励无能力购买住房的居民积极通过租赁方式满足居住需求，缓解购买压力。对供给方，应通过租赁企业的土地税收减免、租赁收入用于增值税抵扣等方式增加企业运营收益，进而刺激房地产开发企业提供租赁住房的积极性；同时，考虑从土地获得源头——土地出让金缴纳方式的转型上予以优惠，即可以从一次性缴清改为按年收取，减轻企业压力同时提高积极性。三是完善住房金融制度。在利用集体建设用地提供租赁住房时，可由地方政府、村集体与村民共同组建住宅合作社，对集体建设用地共同开发，开发费用可以集体土地作为抵押物向金融机构融资，也可以通过转让住宅合作社部分股权的方式，引入合作者，还可以将民营企业作为长期机构投资者引入租赁用房的建设运营环节，通过股权、分红、抵押、融资等配套金融服务保障租赁制度的推行，还可以拓展租赁住房资产证券化、房地产投资信托基金等新型金融产品，扩大服务范围。四是完善相关的公共服务。租售并举的住房制度不是简单地增加租赁房供给的数量，而是要让承租人住得安心、住得满意，与购房人一样享受平等的公共福利。现实中，住房销售市场中存在的"学区房"现象，其根本原因就是地方政府提供的公共服务不平等，鼓励租房，除房屋本身的质量、设施、配套等硬件要求符合规定外，教育、医疗、文体、治安等软性公共服务也要与之配套，满足居民生活需求，从而才能促进租购并举住房制度的形成。五是健全租房市场立法。无论是房屋租赁制度的顶层设计，还是房屋租赁中的权益和中介公司的责任，抑或是租房纠纷解决机制或市场监管，都需要通过立法的完善切实增强承租者的安全感，通过实现承租者的权益保障，才能使租房切实成为实现"住有所居"的重要途径。

第三节 协调房地产增值收益分配格局

2018年3月,国务院办公厅先后印发《跨省域补充耕地国家统筹管理办法》和《城乡建设用地增减挂钩节余指标跨省域调剂管理办法》,前者明确建设占用耕地跨省域补充的国家统筹措施;后者建立了增减挂钩节余指标的跨省域调节机制。其共同之处就是在确保耕地数量不减少、质量不降低的基础上,将指标调剂收益全部用于脱贫攻坚和乡村振兴。这既是我国土地管理制度的又一重大创新,也是实施脱贫攻坚工程和乡村振兴战略的有力举措,具有"一石多鸟"的重要作用。

耕地或城乡建设用地指标的跨省域调整基础是土地的收益性,其收益大小由土地自身的财产属性和可以获取流量财富资本品的特性决定,占有土地即意味着拥有存量财富以及获得流量财富的可能性。而收益分配的本质其实是权利的界定与分配。长期以来,我国城乡二元土地制度为城镇化建设提供大量廉价土地的同时,还通过土地收益分配中的"重政府、轻农户,重城市、轻农村"的不公平局面积累了巨额资金,这也是推动集体建设用地入市和去"土地财政"中的重要阻力。合理配置房地产增值收益分配在横向不同区域之间、纵向不同主体之间的分配格局,是保障房地产制度及其税制改革顺利推进的前提之一。

一 借鉴土地发展权内涵引导增值收益分配体系

土地发展权是英美法系国家的一项重要地权概念,作为可与土地所有权分离而单独处分的财产权,主要指土地所有权人或使用权人变更土地用途或改变使用性质而获得发展土地的权利。实际中,土地发展权被视为对土地增值的一种管理工具,为刚性土地利用规划与分区管制提供了一种矫正机制,缓解了土地开发利用活动中土地增值收益分配不公的矛盾①。国外的土地发展权归属做法各异,例如美国实施土地私有制,土地发展权以分区管制中的土地开发利用要求与条件为依据,自动归属所有者并具有私权性质,流转时通过土地发展权移转或征购来实现。英国土地名义上归英王所有,实际上私有,但在《城乡规划法》中将一切私有土地发展权移转归国家所有,私有土地变更用途必须许可批准,先行向政府购买土地发展权,这也成为英国土地增值收益分配的基础。法国通过"法定密度极限"制度和土地干预区制度来实施土地发展权的共享体系,其中,土地干预区内的开发权属于私权,归土地所有者或开发者,超出"法定密度极限"部分的开发权则属于公权,归国家所有。

我国没有有关土地发展权的规定,但土地利用实践中却出现了大量土地发展权转移和交易的做法,例如浙江省实施了以"折抵、复垦指标""待置换用地区"为基本要素的"区域内土地发展权转移"政策体系,和以"折抵指标有偿调剂""基本农田易地代保""易地补充耕地"为内容的"跨区域土地发展权交易"政策体系;②而天津市实施的"宅基地换房"模式,成都市的"城乡统筹"模式,重庆市的"地票"交易模式,以及各地实施的城乡建设用地增减挂钩试点等,都属于行政区域内地方政府主导的土地发展权转移。表面上看,是建设用地指标与耕地、宅基地等非建设用地指标的对换,根本上仍是基于各自地块的不同用途,也是发展权的不同而做的转换,是地方政府获取城市建设用地指标、支持城市发展的做法。

无论是从国外经验,还是从我国实践,都可以明确一点,土地

---

① 朱一中、曹裕:《农地非农化过程中的土地增值收益分配研究——基于土地发展权的视角》,《经济地理》2012年第10期。

② 汪晖、陶然:《论土地发展权转移与交易的"浙江模式"——制度起源、操作模式及其重要含义》,《管理世界》2009年第8期。

发展权作为从土地所有权基础上因国家管制权的行使而分立出来的一种物权，与土地所有权制度没有冲突，并能更好地保护土地所有权的神圣性。主要原因是土地发展权的实施实际上是将土地规划和用途管制机制市场化，通过市场交易机制使土地规划和用途管制的刚性在需要时具有弹性，既满足土地用途转变需求，还能保护土地所有人或原土地使用人的利益。这种权利已成为缓解我国建设用地计划管理体制与市场化条件下经济发展、城市扩张之间矛盾的手段之一，对缓解城市建设用地压力、提高土地配置效率有积极意义。学者们也提出虽然从法律体系上来看引入"土地发展权"不可行，但这并不能否认制度背后所隐含问题的普遍性，可以借鉴土地发展权的内涵和理念平衡土地使用权中公权力与私权利之间的张力，规制我国房地产增值收益分配体制的建立。

首先，从理论上，土地发展权包括广义和狭义两种，狭义上仅指农用地转变为建设用地或其他方式时的变化；广义上则指各类型土地因用途转变和强度提高而获得更多利益的权利。我国房地产制度中涉及的土地发展权可以界定为广义基础上因农村集体建设用地利用强度的改变而体现的权益归属及其分配，目前主要涉及集体经营性建设用地和宅基地两大类型。

其次，从参与权和收益权两个层面引入土地发展权理念，重在体现社会整体利益价值取向和国家干预。参与权强调城乡房地产制度增值收益分配制度要兼顾管理者和被管理者双方利益，既要保护村集体和村民作为所有者或成员对因集体土地用途改变而获得发展权收益的分配权益，还要保障国家的适当参与权。收益权强调因土地用途改变及发展权转让应该获得收益并公平分配。从土地增值的具体构成来看，一部分因土地使用者或经营者对土地连续追加投资后产生，属于人工增值，应本着"谁投资谁收益"的原则予以分配；另一部分则因社会经济发展、公共行为或政府造成，包括规划、基础设施改善、土地用途改变等外部因素，属于自然增值，该部分增值无法准确确定投资者，但绝大部分都可归因于国家，可本着"涨价归公"原则予以分配。

因此，集体经营性建设用地入市流转后其财产性收入可以认为是土地发展权的实现，根据政策意旨，大部分应通过基于产权的初次分配归农村集体所有；地方政府只能基于公平通过收取法定税收和城镇基础设施建设配套费参与第二次分配，并在集体内部进一步根据成员权等量化分配。

宅基地虽被禁止流转交易，但当前推行的"城乡建设用地增减挂钩"政策可认为是政府主宰的宅基地流转模式，整个过程可概括为"农民退出宅基地——地方政府统一整理、置换——节约出来的宅基地整理复垦为耕地——抵换相应城市建设用地指标"，体现了地方政府为获得宅基地退出复垦后节约出来的建设占用耕地指标而推进宅基地退出的目的，根本上属于宅基地在空间上的重新配置及交易关系，也是土地发展权的实现。实践中，该政策通过土地出让实现了宅基地的增值，但农民仅得到一部分收益，更多由政府在出让环节获得，并呈现溢价模式。这种分配方式明显与"土地发展权"的分配理念相悖，亟待改善。未来准予宅基地有条件的自主退出后，可将其先收归集体，然后按照集体经营性建设用地的收益分配方式予以实施，但在收归集体环节的收益分配需要保护农民权益。

最后，遵循提高管制效率的方向，适应集体建设用地指令性计划管理的市场取向改革趋势，探索从"转—征—供"三位一体的城乡建设用地供给管制框架到"城、乡平等供地"供给管制框架下土地发展权的变换表达形式及具体改进方案，保障集体建设用地直接入市后的收益合理分配，减少地方政府的直接介入，完善土地税收的二次分配作用。

二 建立城乡互动共享的土地收益分配机制

土地资源的有限造就土地用途和利用强度不同，产生的经济效益不同，土地自身的价值也不同。实践证明，符合规划的前提下，建设用地价值高于农用地价值，经营性建设用地价值高于非经营性建设用地价值，具体经营用途的不同，也使得商业用地、住宅用地和工业用地的价值在其他条件不变情形下依次递减。这种因用途差异产生的价值量差，是土地收益分配的对象，也是各方主体争夺的关键。

马克思指出土地的肥沃程度和位置造成了农业土地的级差生产力，对工商业来说，土地位置对建筑用地的地租起决定性影响。但在现代社会，土地的政策属性——用途管制也对其价值高涨发挥着重要作用。我国农村土地转变用途中的级差增值收益，离不开二、三产业发展中的土地需求，也离不开耕地保护政策与限制农地非农使用的政策管制。正是二者的共同作用，才使建设用地有了与原土地使用权人的劳动投入和资本投入关系不大的非原生性超额价值。土地经济学将增值分为所有者或使用者投入劳动、资本等要素形成的人工增值和基础设施改善、供求关系变化、政策转变以及用途转换等外部因素形成的自然增值，并存在基于土地私有制条件形成的"涨价归私论"，强调社会发展创造垄断的土地交换价值的"涨价归公论"和"公私兼顾论"三种收益分配观点。其中，"公私兼顾论"主张公平分配自然增值——"在公平补偿失地者的前提下，将土地自然增值的剩余部分用于支援全国农村建设"[①]，已成为绝大多数学者认同的观点。但该观点理论上可行，实践中因难以对表现为一个市场价格的增值收益追根溯源的分解而无法完全划分，再加上

---

① 周诚：《关于我国农地转非自然增值分配理论的新思考》，《农业经济问题》2006 年第 12 期。

土地私人产权保护与政府管制间的矛盾，实际中不断在"归公"与"归私"之间博弈平衡，需要进行协调。

（一）协调农民与政府的利益分配关系

如前所述，当前发展中，我国土地非农使用的价值并非来自土地数量，而是来自工商业发展对土地的巨大需求和严格的建设用地供给限制。如何在兼顾效率与公平同时对因用途变更和规划调整产生的土地增值收益进行分配，已成为社会经济发展中城乡土地管理及规划时需要慎重考虑的难题。城乡二元土地制度下，农村土地增值的真正享有者是政府，政府以低价征收、高价卖出方式获得土地出让收益的60%—70%，农民及村集体可获得30%—40%，其中，农民只得到5%—10%，补偿收益明显较低。

有学者根据建设用地流转过程认为我国土地增值包括三个环节，一是供应环节，即农民退出农用地或宅基地并获得政府征地补偿的过程，土地增值等于实际支付的征地补偿与农用地或宅基地价格的差额，由村集体和农民个人获得。二是出让环节，即地方政府出让征收的集体土地，增值表现为市场出让成交价款与土地前期开发费用和实际支付的征地补偿的差额，由地方政府获得。三是房地产开发环节，即支付了土地出让金并获得土地使用权的开发商们建设房地产并出卖，该环节的土地增值等于房地产销售价款与购买土地价款、建筑安装成本及相关税费和社会平均利润的差额，由开发商和政府获得，但目前因尚未普遍开征房地产税等相关税收，主要由开发商获得。[①]

随着农村集体建设用地直接入市和"去土地财政"的推行，上述三个环节会继续存在，但主体、方式会发生改变。我们主张每个环节的增值收益总体上本着"谁投资谁收益"的方式确定归属，对

---

① 杨红朝：《论农民公平分享土地增值收益的制度保障》，《农村经济》2015年第4期。

无法确定投资者的可"涨价归公"。但"归公"不等于归政府。首先，这是由我国国家所有和集体所有的土地性质决定，即使授予农户较全面的土地使用权，但尊重土地所有权始终是应有之意。其次，政府只是民众的代言人，"涨价归公"根本目的是公众层面的利益分享。再次，土地增值与地区内经济发展、社会进步、人口增多、财富增加等因素密不可分，是区域内所有民众贡献的结果，居民共享理所当然。最后，因土地用途变更和城乡规划调整而产生的土地增值收益，根本上产生于政府或公共行为引致的社会发展的正外部性，根据"谁受益谁付费"原则，应该为政府、其他公众支付部分对价。

因此，在纵向分配关系中，既要考虑贡献，又要考虑公平，既要尊重市场，又要遵守调控，可采用"初次分配按贡献+再次分配靠征税"的方式取代"低征高卖+国家垄断土地一级市场"的方式，实现土地增值收益在农民和政府间的合理配置。

一方面，各级政府作为管辖区民众的代理人，可以继续获得一定比例的土地增值收益，这具有合理性。但获取的这部分收益不能再以直接介入流转、直接交易、直接分享土地出让金的"三直接"方式获得，应该遵循"去土地财政"的根本旨向，以服务者、仲裁者的交易外第三方身份、以税收形式获得。政府还应该真正代表社会公众利益，将以税收形式取得的这部分土地增值收益继续用于公共利益支出，实现良性循环。

另一方面，应该保护集体土地所有者和使用者的利益，授予农民及村集体享有充分的表决权、谈判权、分配权，提高土地增值收益的分享。这种提高是在现有"以原用途"估算并给予的单一实物价值补偿基础上，增加对隐形价值损失或无法准确估算的价值的补偿，尤其是未来"被征地农民原有生活水平不降低"目标的实现。具体要求在引入"土地发展权"制度理念的基础上，将"谁投资归谁"和"涨价归公"的思路结合使用确定集体土地的增值分配。一是积极推进集体土地的直接入市，通过与国有土地同等竞争实现市场定价，提高集体土地价值，并将这部分价值分类，优先确定人工增值和原土地所有者或使用者的"土地发展权"价值，按照市场估价分配；其余由基础设施环境和公共服务环境改善引起的外部辐射性土地增值，由社会经济发展引起的普遍性土地增值，由市场调节引起的供求性土地增值，以及由土地用途转换或利用效率提高引起的效益性土地增值，[①] 实际中无法准确区分投资成本，理论上分别归地方政府和民众所有，实践中只能以税收方式收取，再由地方政府和国家进行内部财政配置。目前中央在集体建设用地入市试点中规定征收 20%—50% 的增值收益调节金，该方法既是对该环节房地产税收空缺的弥补，也是对影响地方政府财政空缺的弥补，未来房地产税收配套制度改革到位后，这一基金应逐步降低，直至取消。二是如果地方政府采用征收、储备方式将集体土地转为国有土地后再出让的，可认为国家将土地发展权收归国有，但需要以征收时点为界限，以同期市场价格为参考，向农民集体或农民支付补偿金，并对后期增值收益通过财政支出专项配置方式再次支持农村发展。

（二）协调城市与农村之间的分配

我国城乡土地二元制度存在阻碍土地要素流动和自由配置、加大城乡差距、用地集约度偏低、土地资源浪费严重等弊端的同时，不可否认的是为城镇化发展提供了诸多便利，包括提供了大量的廉价土地，大量政府无须提供社保、医疗、子女教育、养老等基本公共服务的廉价劳动力，更重要的是积累、提供了大量资金。一方面，地方政府得到的高额土地出让净利润为城镇化建设提供了丰裕

[①] 石晓平、魏子博、孙洁：《暴涨的土地增值收益如何分配更合理》，财新网 2016 年 7 月 (http://opinion.caixin.com/2016 - 07 - 11/100965110.html)。

的资金。1999—2014 年，全国地方政府土地出让收入共 24.08 万亿，其中仅 2003—2012 年的 10 年内就产生了 15.2 万亿，这笔出让金去掉征地补偿、土地开发成本后，政府得到净利润 5.95 万亿，其中 60% 用在城市基础建设上[①]。以 2010 年为例，当年全国土地出让收入总额为 29109.94 亿元，其中安排支出 26975.79 亿元，具体包括征地和拆迁补偿等成本性支出 13395.6 亿元，城市建设支出 7531.67 亿元，农村基础设施建设和补助农民支出 2248.27 亿元，廉租住房保障支出 463.62 亿元，城市基础设施配套支出 479.68 亿元等[②]，政府从中获得的纯收益为 15714.34 亿元。另一方面，地方政府以征收方式得到土地后，除部分用于招商引资、商业住宅和公益公用事业外，相当一部分又用于融资平台的资本金注入及土地收储，并以部分土地作为偿付保证，在资本市场取得融资贷款或发行城投债。据统计，仅 2012 年就获得约 6 万亿元的抵押贷款，审计署报告也指出，截至 2012 年底，11 个省级、316 个市级、1396 个县级政府承诺以土地出让收入偿还的债务余额 34865.24 亿元，占三级政府负有偿还责任债务余额的 37.23%；同期，城投债余额 14366 亿元，占银行间市场信用债券余额的 23%[③]。

由此可见，以"低征高卖"为流转模式的城乡二元土地制度事实上将更多的土地增值收益分配给了城镇。随着城乡一体化的推进，急需改变这种"重城市轻农村"的逆向收入再分配格局，需要权衡考虑公平及其效率。短期内需要提高征地补偿金额，增加失地农民的社会保障；通过支出定向提供更多的资金用于农村生态环境的改善、基础设施的完善、社会保障的增加等，加快新农村建设的

---

① 郑振源：《新型城镇化与土地制度改革》，《科学发展》2014 年第 3 期。
② 财政部：《关于 2010 年中央和地方预算执行情况与 2011 年中央和地方预算草案的报告》2011 年 3 月 5 日。
③ 戴双兴：《新型城镇化背景下地方政府土地融资模式探悉》，《中国特色社会主义研究》2013 年 6 月。

推进，从整体上提高农村生活质量、降低生活成本；并积极促进农村与社会的接轨，扩大"农村电商"的发展，使农民从过去城市基础设施和公共产品的成本负担者变为农村基础设施和公共产品的福利享用者，实现社会和谐发展。长期则需要加快农村集体土地流转制度的改革，以点到面、从经营性建设用地逐步扩大到宅基地，提高财产化、资产化水平；并通过房地产税收的改革取代地方政府过于依赖的"土地经营"制度，再配套转移支付制度的完善，从整个房地产制度及其配套财税体制的改革来协调土地增值收益在城市与农村之间的再分配。

（三）协调城郊农村与偏远农村之间的分配

无论采取什么样的土地制度，也不管是以集体建设用地入市、还是"小产权房"合法化的方式来让农民分享经济发展好处，事实上只是因土地恰好处在城郊或沿海发达地区的少数农民群体，其数量应该不超过1000万。但这个好处的数额可能极其巨大，以致可能巨大到户均数百万，从而形成一个新的土地食利阶层和一个条件最好、收入最高的农民强势群体。尤其是城中村的农民，依赖土地一夜暴富的比比皆是。除了这些个例，绝大多数农民仍被排斥在土地增值收益的分享者以外。因此，土地增值收益分配在注重城、乡之间比例时，还应该注重农村内部——城郊与偏远区域之间的分配。

一方面，在对待农民利益诉求时，要在制度上辩证对待，不能"一刀切"。现实中，城郊和沿海发达地区农村在强调土地被征收时的权益保护和增值收益的分配公平时，偏远农村可能只是期待农业生产条件的改善，降低体力劳动强度，实现农业生产的低投入高产出。在城市完全落户的"非农户"在彻底抛荒、对待土地可有可无的同时，"半进城户"可能完全转让了土地也无法在城市安家落户。因此，协调城郊农村与偏远农村之间的利益分配时，首先要求国家政策的兼顾，推动土地制度改革，既要考虑到郊区和沿海发达地区的土地流转需求，也要关注偏远农业区的改善生产、生活条件需求，不能以少代多、以偏概全。

另一方面，协调不同地区、地段农村内部的收益，仅靠市场力量根本不可行，必须凭借政府强制力予以调节。这种强制分配除了充分发挥税收的再分配职能外，还包括政府的转移支付和各类型专项扶助，如目前推行的"精准扶贫""对口帮扶"等。此外，房地产制度改革中，有必要继续有限制的推行政府主导的政策性建设用地流转制度，通过"占补平衡"方式使偏远地区农村享受到集体土地带来的好处，并在政府扶助下改善居住条件，改进生产条件。

三 合理配置房地产增值收益的地方政府层级比例

合理配置房地产增值收益的地方政府层级比例，除目前中央推行的对地方政府土地出让收益通过严格限制支出方向和规模的方式外，还需进一步对各级地方政府的财权、事权予以划分。

首先，中央政府对土地增值收益权仅拥有顶层规划和地方政府开支的宏观指导权，没有参与具体分享，这就使土地增值收益只涉及省、县（市）、乡三级政府层级。房产的增值收益在转让环节需要缴纳土地增值税、营业税、契税、印花税、所得税等，并且除居民居住用房外，其他房产还需在保有环节缴纳房产税、城镇土地使用税，但因房地产税种中只有印花税属于中央税，所得税属于中央、地方共享税，其他都属于地方税，意味着中央对房产的增值收益也较少分享。这种房地产增值收益的低比例对中央财政收支的整体强势并没有影响，1994年分税制改革以来，财政收入上，中央和地方大致五五分，但财政支出上却是二八分，由此造成"中央财政蒸蒸日上、省级财政稳稳当当、市县财政摇摇晃晃"。因此，还需平衡房地产增值收益在不同层级地方政府之间的分配。

其次，大致确定省、市、县三级地方政府的房地产增值收益分配比例。分税制改革的实施一直难以摆脱"分钱制"的质疑，除了中央与地方财权、事权的不对称外，省级以下的分税制几近无解，如何进行政府财力分配也格外困难。在房地产增值收益分配中，我们认为应本着"属地登记主义"的原则，兼顾省级政府的全局把握与乡级政府的基层服务，做好省、市、县、乡四级政府的分配。一是省级政府主要负责辖区内行政、安全、发展、社会等事务的中观管理和调控，应重在做好辖区内土地流转的监管审批职责，弱化对土地增值收益的分配享有权。二是市、县级政府作为我国行政基本单位和财政体系基础，因主要负责辖区内经济、行政、社会和公用事业发展等具体事宜，并对房地产外在增值发挥着重要作用，可将保有税完全按照"属地登记主义"原则确定归属、划归地方，尤其是"不动产登记条例"实施后，以此为标准确定征税主体更加容易。三是房地产流转税可在登记管辖的基础上，适度在县、市、省三级地方政府之间分成。这是由于房地产的增值主要是由二、三产业的发展和社会进步引起，产业发展和社会进步是各级政府从上到下共同努力的结果，非基层政府仅凭一己之力可以实现。具体分成时，可根据实际事权多少增加市、县级政府的税收收入权和支配比例。

最后，我国县乡之间的财政体制关系较为复杂，体制形式多样，多数地方长期延续诸如分级包干或总额包干的财政包干制，而农村税费改革带给农民实惠同时，明显影响到乡级财政收入和支出范围，收支矛盾进一步显现。这种财政体制稳定性差，保障能力弱，极大地影响了乡镇经济的持续发展和县域经济的协调发展。有学者提出县乡财政体制模式的改革完善可采用统收统支加激励模式和相对规范的分税制模式两种，并可因地制宜的根据县乡财政收支特色分别采用，易统则统、宜分则分，提高乡镇基本支出的保障能力。①

对于农业依赖型的乡镇地区和偏远农村地区，因房地产市场落后、税源单薄，赋予财权也无法组织到财力，应该更多地强调以转移支付方式实现财力与事权的对称。对非农业依赖型的近郊农村，因房地产市场活跃、税源充足，应强调财权的赋予，进而自行组织相应的财力，实现与事权的对称。介于二者之间的中间类型地区，可充分利用其房地产发展潜力，逐步从事权与财力的对称过渡到财权与事权的对称。即适用统收统支加激励模式时，乡镇仅作为县级财政的预算单位协助税收的征收即可，不享有直接税收权，具体由税务部门和财政部门负责按属地原则征收，集中上缴县金库；并根据权责执行情况从县级政府获得资金分配或转移支付。分税制模式下则需要根据县、乡事权与职能的不同划分税收的不同归属，可在上述省市县三级政府的房地产增值收益分配方式中，加入乡镇一级，按"属地原则"或与城镇发展、社会服务的密切度区分比例分配。

四 处理好土地的自然生态空间用途管制

2017年，国土资源部印发了《自然生态空间用途管制办法（试行）》，明确提出建立覆盖全部国土空间的用途管制制度，并在福建、上海、浙江、甘肃等省进行试点。随着自然资源部的组建，自然生态空间用途管制将在我国土地利用中的作用日益明显。而世界范围内的主要做法是通过土地用途区分，并辅之开发许可、发展权转移等手段，控制土地用途改变，维护公共利益。我国1998年修订的《土地管理法》中确立了土地用途管制制度，近30年来遏

---

① 高桂玲、王莉红：《县乡财政体制两种模式分析》，《中国财政》2009年第18期。

制了建设用地过快扩张、耕地大量减少的势头,但其覆盖范围小,对建设用地和耕地以外的其他类型国土空间未规制;生态功能保障基线、环境质量安全底线、自然资源利用上线"三线划定"缺乏协调;永久基本农田、城乡开发边界、生态保护"三条红线"落地不够。①

自然生态空间强调提供生产产品为主导,通过土地规划、授以用途落地的国土空间的复合利用区。其管制则以规划为基础,旨在优化以土地利用为基础的点、线、面、体、能五个层面的结构,从而实现居民点、建设用地、农业活动空间、休闲空间等土地利用与环境保护的双重并举。与其对应的规划管理也需要分线、分类、分级、分区、分深度的立体多层次、系统化的管理。

对以生态保护为核心的地区,因为要进行开发限制,在城镇化进程中,其农业空间、城镇空间、生态空间之间的转用需严格控制,鼓励通过整治将城镇空间转化为生产或农业空间,反向则应禁止。这一举措与目前地方政府积极追求的"土地财政"相悖,其财政缺口的弥补也成为推行生态保护、加强政府治理的关键。除建立以房地产税制为主体的地方税体系外,对这类地区还应构建稳定的转移支付机制,才能从根本上保障自然生态空间目标的实现。一是继续加大地方政府的财政资金灵活支配权,增加财力性转移支付资金量;二是适度减少专项转移支付,并降低地方政府的配套资金比例;三是注重转移支付向"土地财政"影响大、生态保护重点地区的倾斜与落实,鼓励产业转型,提高支付透明度,防止上级政府的不当截留。此外,还需继续推进"省直管县"和"乡财县管"的财政体制改革,解决基层财政的运转困难。

---

① 焦思颖:《五问自然生态空间用途管制》,《中国国土资源报》2018年5月21日第3版。

第四节 适时开征遗产税和赠予税

房地产制度的税收调控，除了对现行与房地产相关的税种进行改革调整外，还可以适时开设一些具有房地产调控功能的新税种，对外部因素引起的房地产增值，尤其是快速城镇化进程中催生的"暴富者"[①] 以及"一夜暴富"的随机性和偶然性对社会稳定协调产生的不利影响进行调节，我国主要考虑开征遗产税和赠予税。

一 遗产税

遗产税以遗产继承人、受遗赠人为纳税人，国外盛行。我国曾在分税制改革时规划为未来开征税种之一，并写入"九五"规划，提出"逐步开征遗产税和赠予税"，因争论较大，一直没有进展；直到 2013 年国务院在《关于深化收入分配制度改革的若干意见》中再次提到"研究在适当时期开征遗产税问题"。截至目前，仍属于讨论阶段，开征与否未达成一致意见。

（一）遗产税开征与否的双向观点

遗产税开征与否，我国学者从不同角度进行了分析，总体上呈现截然相反的两派观点。

赞同者 4 认为我国在财富收入、配套法律、征管方式、社会思想等方面都已经具备了开征遗产税的条件，有必要开征。如高凤勤、许可[②]都认为我国在针对财产开征的个人所得税、车船税、房产税、契税等方面已积累了丰厚的征管经验，加上税务征管系统的逐步完善、财产信息透明度的逐步提高，以及遗产税的"富人税"

[①] 包括房价上涨之前拥有房产的城市人或者拆迁过程中因补偿而获得多套房产的城中村和城郊农民。

[②] 高凤勤、许可：《遗产税制度效应分析与我国的遗产税开征》，《税务研究》2013 年第 3 期。

效应和继承法、物权法的完善，遗产税具有了相应的征管效应。单顺安[①]、刘荣、刘植才[②]认为遗产税有抑制贫富差距、完善税收调节功能、推动慈善事业发展、维护我国税收权益、增加税收收入等作用，不会对经济发展产生负面效应。陈少英[③]认为市场经济体制的日渐完善为遗产税开征提供了税源，为民主法治的完善提供了政治保障，为思想文化奠定了基础。

反对者则认为无论是征管水平，还是法律制度，抑或是经济发展，我国开征遗产税的条件都不成熟。如孙成军[④]认为我国当前国情下开征遗产税难以有效解决社会分配不公问题，并会对宏观经济增长、中小企业发展、社会财富积累等方面产生消极影响，而法律制度的缺陷、个人财产监管制度的缺失和税收征管水平的限制更是抑制了遗产税的开征。谢百三、刘芬[⑤]都认为我国经济实力的相对较弱和增速不稳使得缺乏开征遗产税的经济基础，股票、房价的高波动使遗产估值难，个人财产申报制度的不完善使财产统计难。

上述学者的观点从政治、经济、社会等角度出发，涉及不动产、企业资产、股票等多种标的，均有一定道理。围绕本研究的主题，我们仅从房地产角度予以论述。

（二）遗产税与房地产税的关系

房地产税此处指狭义意义上、针对居住用的房屋或土地在保有环节征收的税。首先，遗产税与房地产税具有一定的共性。二者均属于直接税，无法转嫁；均属于财产税，以不动产为主，遗产税还

[①] 单顺安：《我国开征遗产税的意义及制度安排》，《税务研究》2013年第3期。

[②] 刘荣、刘植才：《开征遗产税——我国经济社会发展的历史选择》，《税务研究》2013年第3期。

[③] 陈少英：《论走向"税收国家"的中国遗产税之建制基础》，《政法论丛》2015年第1期。

[④] 孙成军：《当前我国开征遗产税不具可行性》，《山东社会科学》2014年第1期。

[⑤] 谢百三、刘芬：《再论中国近期不宜开征遗产税》，《价格理论与实践》2014年第2期。

包括股票、车船、文物等一切可以估算、并具有经济价值的动产和无形资产，范围更广。征收目的旨在调节社会财富再分配、公平收入分配。

其次，房地产税与遗产税之间存在区别，主要体现在征收环节上。房地产税旨在对当代人的保有社会财富进行调配，实现当代公平；遗产税是对代际之间社会财富的转移进行调配，旨在减少代际遗传的不公平。

最后，房地产税与遗产税的同时征收已是世界趋势。目前，世界各国对遗产税与房地产税的征收政策有三种：两种税都开征的包括世界 86 个国家地区（约 37.6 亿人）；有房（地）产税但无遗产税的有 21 个国家地区（约 3.5 亿人）。两种税都没有的仅在伊斯兰国家、极度贫穷或人口极少国家，以及阿联酋、中国、朝鲜和古巴（前社会主义国家的东欧和越南已开征）。① 这和我国日益提高的经济政治地位及大国形象不太吻合。

（三）我国对房地产开征遗产税的可行性

从税源角度看，近些年来我国房地产市场的迅猛发展引起了不动产价值的激增，也使社会贫富差距日益加大。一边是房价偏高，远远超出很多一般收入家庭的支付能力，使得普通消费者越来越多地成为"房奴"，住房类负债成为家庭负债的主要缘由，占到总负债的 92.66%，2014 年个人购房贷款占房地产贷款的比重已达到 66.3%。另一边是房产分配不均，"房叔""房婶"现象严重，这一小部分人因位高、权力、多钱，强势垄断社会资源并形成"利己"分配体系，造成房地产资源分配的严重不公。而总财产价值越高的家庭，房产价值占比越高。调查数据也显示，2015 年我国大众

---

① 周新华：《世界各国的遗产税房产税一览表》，价值中国网 2010 年 12 月（http://www.chinavalue.net/Finance/Blog/2012-8-19/924546.aspx），此处的房（地）产税针对个人居住用房而言。我国虽开征了房产税，但居民个人住房暂免征收，被列为双无范围。

富裕阶层自有住房已成为主要财产。其中，95.1%的人拥有自有住房，35.1%的人拥有一套住房，45.1%人拥有2套住房，14.9%的人拥有三套及以上住房，并且这一阶层比例随着年龄增长日益递增。拥有房产的比例从30岁以下的71.9%增长为30岁以上的超九成，而60岁及以上仅有1.5%没有自己名下的住房[①]。与此同时，居民家庭财产构成中，房产集中率高于总财产的基尼系数，房产净值量约占69.2%，对财富的代际分配不均起着扩大作用，也使得遗产税有着较充足的不动产税源。

从政府征收角度看，随着《不动产登记条例》的实施，不动产财产登记制度日益健全，以及信息的全国联网，政府将对居民拥有的不动产数量及其权属变动监控更加容易，能较好实现税源的监控。

从影响面来看，美国学者A. A. Nevitt指出，房地产问题是人类社会不公平的集中表现，解决好住房问题是实现基于社会安全的公平目标的前提。而对房地产的代际传承征收遗产税，能够有效缩小社会贫富差距，保障横向公平、机会公平与起点公平，提高市场的资源配置效应，并积极发挥财产税和所得税的社会收入调节功能。因此，遗产税征收的功能主要是调节社会贫富差距，并非组织财政收入，也不是反腐败或其他。实际中，遗产税征税范围狭窄，通常只针对极其例外的富人，甚至只对巨富征收，不会课及中产阶级，更不会涉及普通百姓。因此，开征遗产税对绝大多数普通民众并没有税负影响。

（四）我国开征房地产遗产税时的注意事项

在开征不动产遗产税时，一是需要解决好征收模式问题，在先税后分的总遗产税模式、先分后税的分遗产税模式和先税后分、分

[①] 陈明艺、李倩：《我国遗产税征税范围探讨及国际经验借鉴》，《税务经济研究》2016年3月。

后再税的总分遗产税三种模式中，可选择适合我国国情的先税后分模式。这既可减轻税收征纳压力，尽可能缩小影响面，还可以减轻当代继承人的税负，减少抵触心理。

二是需要解决好不动产的估价问题，此问题与房地产税基的确定息息相关，二者的衡量基数完全一致。要求准确掌握房地产"量"的数据信息，还要有市场化的、合理的"价"评体系，以及完善的监控体系。

三是解决好税率的问题，通常采用累进比例税率更能体现对税负的边际调节效应，实现课税的纵向公平，并需配合较高的免税额，遵循血缘亲疏灵活制定。

四是要解决好免税额的问题，既要考虑到遗产税的整体影响效应，使其始终只对极其例外的高收入人群进行调整，还要考虑民生、民情，有利于保护创造财富的积极性，兼顾社会公平和社会责任。

二　赠予税

为防止以财产赠予方式躲避遗产税，国外通常在征收遗产税的同时征收赠予税，并采用不单独设立赠予税，分设两税并行征收，两税交叉合并课征三种方式。基于我国税收征管现状，建议采用并行征收方式，即二者作为所得税和资本利得税的辅助税种，除征收行为不同——前者直接针对继承行为，后者针对赠予行为以外，其他的都同等适用，以对不劳而获的过度财富集中起到积极限制作用。

第八章

乡村振兴视域下房地产和税制改革动态衔接制度体系化构想

推行"产业兴旺、生态宜居、乡风文明、治理有效、生活富裕"的乡村振兴战略是党十九大报告的突出亮点。学者们认为该战略理论上摒弃了以往的"中心—外围"发展理论，转而强调城乡并重的包容性发展理论；实践上改变传统经济学主张的"城市带动、工业反哺"的三农发展模式，转而探索城乡并举的融合发展模式，是中国特色社会主体理论的重大创新和实践探索。[①] 从根本上来看，乡村振兴战略五项目标的实现彼此关联、互为前提、共同配合，但都离不开土地的利用，需要直接或间接的土地制度为保障，这也使得最大可能地盘活农村资源要素，做活土地文章成为核心。在乡村振兴视域下构建房地产和税制改革动态衔接制度的体系，既有利于乡村振兴战略的落地，又有利于城乡房、地产制度改革的推进，对未来发展有积极意义。

第一节 乡村振兴战略中的房地产制度要求

制度经济学认为"制度构成人们行为的激励和约束"。作为一

---

① 陆梦龙：《抓住两个"融合"解乡村振兴难题》，中国社会科学网，2018年4月（http://www.sohu.com/a/227861478_739032）。

种规则、规矩，制度不仅通过明确每个经济主体的权利和义务来直接影响成员行为，还为所有主体提供了互惠的合作环境，制约不同利益的经济参与者在追求各自差异目标时，不致出现相互损害和肆意的侵权。房地产制度及其税收制度作为规制、保障房地产业健康运行的规则，涉及国民经济诸多领域，并需要适应发展不断地调整，不能也不应该一成不变。因此，乡村振兴战略的推行中，围绕"生活富裕"总体目标，构建与今后一段时期经济社会发展需求相适应的房地产制度及其税收制度改革的动态衔接制度体系，既是促进两种改革自身顺利推进和配套作用的必然要求，也是实现城乡协调、共享发展的经济体制改革的根本要求。

一　做好基本的土地制度政策支撑

土地是人类赖以生存的空间载体和最基本的生产生活资料，相应的土地制度则是国家的基础性制度，也是我国特色社会主义基本属性的体现。乡村振兴战略的推行亦离不开土地制度的支撑保障。

（一）乡村振兴战略的推行离不开土地要素

乡村振兴战略旨在实现乡村产业、人才、文化、生态和组织五方面的振兴，其中，产业与生态振兴直接受到土地要素配置限制。基于"土地公有制性质不改变、耕地红线不突破、农民利益不受损"的三条底线，农村二、三产业振兴所需要的建设用地如何解决成为关键。对农村集体而言，历史上形成的以乡镇企业用地为基础的存量集体建设用地应当是首选来源；此外，在与"生态振兴"不冲突的情况下，合理利用荒山、荒地进行建设也可以作为选择；剩余能够被挖掘的建设用地就只有已被用于建设的宅基地了。而生态振兴更是离不开土地，无论是"绿水青山"的保护，还是"生态农村"的建设，都要求减少对现有生态的破坏，甚至是对现有土地利用形态的改变，如"退耕还林""退牧还草"等。

除土地资源外,乡村振兴中的劳动力资源也很重要。而事实上,仅凭本地农民的现有能力是无法完全实现乡村振兴目的的,需要外来人才的充实,除返乡创业人员以外,更需要拓展范围、引入各行各业的适农人才,但这些外来人员的住房、创业都需要土地。目前租赁权利主体的权利保障比较弱,尤其是农村,有被农户随时收回的风险,无法通过长期租赁满足土地要素需求;转让土地也行不通,农地与宅基地的"三权分置"尚未完全定性、推广。禁止城市居民在农村买房意味着现有农村住房体系基本上是一个封闭系统,外来人口无法合法取得。

如何破解乡村振兴战略中土地利用的瓶颈,是农村房地产制度及其配套税制改革中亟待解决的问题。

(二)乡村振兴实践中土地使用的注意事项

十九大报告提出,健全城乡融合发展体制机制,关键是要加快清除阻碍城市要素下乡的各种障碍。没有农村各种要素进城就没有城市的繁荣,同样,没有城市各种要素下乡就无法实现乡村的真正振兴。这种情况下,需要在保障农户权益的同时,探索更多的途径合理开发利用农村大量闲置土地,形成农户和社会主体利益共分的良性平衡状态,只有解决好了土地问题,乡村振兴战略才可以顺利进行。

一是要尊重长期以来历史形成的农村产业发展规律。改革开放40年来,我国农村地区经济、产业发展程度差距明显。占据区位优势和发展优势的东南沿海城市带地区农村,乡镇企业推行早、乡村工业化实现早,二、三产业繁荣,非农用地紧缺,促使整体农村土地价值高,农民宅基财产性收益多。其余占全国农村和农民90%的广大中西部一般农业型地区农村则因缺少区位优势和错失90年代乡村工业化的机遇,随着现如今工业向园区集中的发展趋势,不可能再出现大规模乡村工业化的可能,再加上经营条件、耕种条件、人口耕种需求等限制,也不可能发育出大量规模经营的农户。[①]因此,乡村振兴战略中追求产业兴旺时,需要尊重现有农村的产业发展规律,不能盲目追求土地制度的市场化改革而急于求成、揠苗助长。

二是推动农村产业融合发展时不得违背农村土地的利用规律。2017年底国土资源部和国家发改委联合出台《关于深入推进农业供给侧结构性改革做好农村产业融合发展用地保障工作的通知》(国土资规〔2017〕12号),要求完善农村、农业用地政策,重点支持乡村休闲旅游养老等产业和农村一、二、三产业的融合发展。这被视为顺应我国农业农村发展进入新阶段后的应为之举,也被好多地方定为乡村振兴中"产业兴旺"的主要手段。但在发展一、二、三产业融合的休闲农业、乡村旅游、田园综合体等新业态时,尊重区位条件和资源限制,合理规划并利用土地才是合理之举。有学者指出,全国最多有5%的乡村适合三产融合并从中获益,如果不加限制、不合理规划,过多乡村盲目发展"全域旅游""全农休闲",必定会造成同质竞争,从而导致分散市场,造成三产融合的亏损。[②]田园综合体的构建中,"钱"也不是最重要的能力,重要的是做什么农业、农业怎么做、怎么做市场、怎么实现增值效应,这些都需要在保护原住农民利益不受损的前提下,政府作为利益平衡协调的平衡者、公共服务者,尊重农村土地生产、居住、休闲利用规律的基础上来构建。

三是继续深化以"三权分置"为核心的农村土地制度改革。其中,宅基地"三权分置"制度直接涉及农村房、地产制度的改变,其初衷也是在"坚持农村土地集体所有"这一底线条件下,兼顾

---

① 贺雪峰:《关于实施乡村振兴战略的几个问题》,《南京农业大学学报》(社会科学版)2018年第3期。

② 同上。

"既让农户不丧失其宅基地使用权、又让没有身份限制的社会主体（土地承租者）得以利用宅基地"的目标，从而实现农民集体、农户、社会主体三方对宅基地权利的分享。[①] 如果对农村目前的部分闲置宅基地整理并释放，会为农村二、三产业和新产业的发展以及环境整治等提供用地保障。但"三权分置"改革及其推行中，需要慎重并作长远考虑，不能为贪图眼前利益而造成新一轮的"烂尾工程"、土地闲置，尤其是偏远地区的农村，"需不需要整治""整治后有没有人来用"等问题都需要提前考虑。

四是推进土地综合整治。土地综合整治不等于"赶农民上楼"，也不等于"装点门面"，而是在"不占用永久基本农田、不突破建设用地规模、不破坏生态环境和人文风貌"的前提下，通过建设用地整理、环境整治和生态修复等，积极发挥内生动力，合理规划并科学安排农村各项土地利用活动，推动产业用地、农民住房、基础设施和公共服务设施等人居环境明显改善，通过国土空间的开发利用实现人居空间整洁化、田园化，生态空间文明化、优美化，从而建立美丽乡村。

二 做好运行制度的保障与实践

乡村振兴战略的推行需要结合地域特色因地制宜地制定发展对策。无论是休闲农业，还是乡村旅游，抑或是特色小镇，即便被定为重点推行的农村产业新业态，也不能无条件地全面推广，不具备区位优势和资源条件的一般型农村仍然只能从事传统农业生产，并处于小农经营的格局。历史证明，农村的发展离不开城市的支持，农业的发展离不开"四化"体系的共同作用。在房地产制度方面，乡村振兴战略的推行需要将农业农村现代化与工业化、城镇化作为

[①] 田耿文：《宅基地"三权分置"须保护各方权益》，《农村金融时报》2018年3月19日第8版。

有机整体，形成工农互促、城乡互补、全面融合、共同繁荣的新型工农城乡房地产关系，这也需要一系列运行制度的配套与保障。

(一) 户籍制度

长期以来，我国将户籍制度与住房、消费、教育、社会保障等利益直接挂钩，不同的户籍待遇不同，并存在鲜明的"农业人口"与"非农业人口"的二元格局。尤其是房地产制度中，无论是城市住房的购买，还是农村宅基地的获得，都受到户籍制度的影响与限制。2017年，我国城镇化率达到了58.52%，城镇人口达到7.9亿，但实际中的户籍人口城镇化率与常住人口城镇化率还有16个百分点的差距，也就是说，目前在城镇就业的2.8亿农民工，还未真正实现在城镇落户。与此同时，乡村振兴战略推行中，产业兴旺中的建设用地，生态宜居中的环境用地，生活富裕的生存用地，以及非农人口的入村创业，村庄内部的入户、退户，都与农村房、地产制度紧密挂钩，也与户籍制度紧密相连，其改革不容忽视。

(二) 乡村治理制度

乡村善治是国家治理体系和治理能力现代化的基础。村庄作为我国最基层的民主管理机构，在协助政府推进土地流转、村庄环境整治、农业补贴、集体经济管理等治理任务时，都需要"民主管理"，即通过乡镇政府管理与村民自治协调互动，村干部对农民民主权力的尊重实现自治、法治、德治的有效结合。优化乡村治理是一个改革与探索的过程，风险与收益并存，随着农村经济的加快发展、城乡隔阂的日益淡化、人口的双向流动、外来资本的进入、产权关系的复杂，以及利益主体、组织资源的日趋多元，以及解决新时代美好生活需求和发展不平衡、不充分的矛盾，既要通过创造宽松的改革容错环境发挥基层自治积极性，大力支持乡村治理实践；又要将其约束在法治范围内，健全决策机制、强化民主监督、维护农民权益、杜绝违法治理。同时，还需要引导农民自我管理、自我教育、自我服务，增强乡贤和以德化人的德治影响，形成良好村民风气和社会美德，降低农村社会运行的摩擦成本。而农村房、地改革作为当前主要任务，更是需要在良好乡村治理制度下推行与实践。

（三）扶贫攻坚制度

从1994年起，我国就开始将扶贫攻坚作为发展重任，无论是以贫困县为对象的县级区域性扶贫战略，还是2001年开始的以贫困村为对象的村级区域性扶贫战略，抑或是2011年起针对14个集中连片特困地区进行重点扶贫，2014年起全面推行的以贫困人口为对象的精准扶贫，既体现了我国长期以来以扶贫促发展的根本理念，也标志着从资金、项目倾斜的"粗放式"扶贫转向瞄准农户的微观精准式扶贫，是富有中国特色扶贫开发模式的战略深度调整和贫困治理能力现代化有效的实践变革路径，理论上体现出充分的因地制宜性和创新性。扶贫攻坚制度的推行，可以为乡村振兴提供物质资本和人力资本，削减因贫穷和资本存量不足导致的发展停滞，也可以更好地在平等基础上激发农民的自主能力，创造真正属于自己的生活。这与乡村振兴战略推行中坚持农民主体原则、按照农业农村优先发展的要求重塑城乡关系的根本理念相符。从具体手段来看，学者们认为我国土地要素是贫困地区最重要的"沉睡"资源、资产和资本，根据土地不同的自然功能和环境属性、产权关系与经济属性、流通功能与增值属性，因地制宜的实施土地扶贫政策，可以促进土地质量提升、数量保障、资本融通。因此，扶贫攻坚制度无论是宏观上的效力，还是具体手段的运用，都可以很好地推动乡村振兴战略，从而能够在城乡平等原则下尊重乡村自主发展的房、地产制度，使其发展进程不再为了服从工业和城市的需要而延缓。

（四）基本法律制度

基本法律制度是各项改革推进的保障和基础，乡村振兴战略的推行也不例外，而农村房地产方面的法律制度因无法满足现实并予以相应调节，目前已被视为改革推进的障碍，亟待完善。2017年7月27日，《土地管理法修正案》上报国务院审批。在农村集体建设用地方面，删除了现行土地管理法第43条，将第44条改为第43条，并在第二款中将建设占用农地审批权上升至由"国务院批准"，在第63条规定中增加了国家建立城乡统一的建设用地市场的具体法律细则。在宅基地方面，强化了对宅基地农民居住权益的保障，新增第49条，强调征收宅基地和地上房屋应当按照先补偿后搬迁、居住条件有所改善的原则并在第64条中新增第6款，体现国家集约用地方针，鼓励进城居住的农村居民依法自愿有偿退出宅基地。在农村土地征收制度方面，新增第44条，细化了征收农民集体土地的具体条件；对第46条进行了修订，对征收土地的程序作了具体规定，保证被征地人的知情权和监督权；对第47条进行了修订，强调了保证被征地人原有生活水平不降低、长远生计有保障作为确定征地补偿费用的基本原则；新增第48条，要求以片区综合地价为参考，制定农地征收的补偿费和安置补助费标准。[①] 由于集体土地制度改革事关重大，国家对《土地管理法》的修订慎之又慎，如何在"资源配置市场化"的主流共识下对相关改革提供法律保障，依然未定。

第二节 以房地产市场机制效率和公正为改革指针

效率与公正是法经济学研究的两种分析方法，也是社会发展的两大目标。效率强调最大限度地激发生产者潜能并充分调动生产要

---

① 杜伟、黄敏：《关于乡村振兴战略背景下农村土地制度改革的思考》，《四川师范大学学报》（社会科学版）2018年第1期。

素所有者的积极性、主动性和创造性，在人类偏好和现有技术一定的条件下，利用有限资源取得最大限度的产出价值。公正在《现代汉语词典》里被解释为"公平正直，没有偏私"，属于制度层面的概念，强调通过制度及其执行来实现社会正义，即社会基本价值取向的正当性和"一视同仁"性，"应然"成分多一些。与其相近的概念是"公平"，二者含义指向一致，但公平是工具层面的概念，"现实"成分多一些，更多强调衡量标准的同一性和均等性。公正的含义之一就是要公平，在与效率比较时，可以互通使用。

效率和公平既对立又统一，社会发展需要不断地解决二者矛盾。从邓小平同志提出"效率优先、兼顾公平"，到后来两代领导人提出"兼顾效率与公平""妥善处理效率和公平的关系，更加注重社会公平"，再到习近平同志提出的"初次分配和再分配都要兼顾效率和公平，再分配更加注重公平"，充分反映了我国在社会主义市场经济体制建立过程中，随着社会经济发展新形式的出现，党和国家在处理公平与效率问题时的不同出发点与侧重点。这一思路直接影响着乡村振兴战略下房地产制度及其税制改革衔接制度的体系化，要求首先要以房地产市场机制的效率和公正为指针。

一 乡村振兴战略下房地产市场机制的效率与公正要求

作为资源配置方式，房地产市场机制效率既受到多种因素影响的制约，也是多种因素综合作用的结果，具体包括纵向与横向两个方面的要求。从纵向来看，近些年市场化的推进使我国房地产市场机制效率不断提升，但同时出现了两个明显的不公平——住房市场调节明显强于土地市场调节，城市房地产调节明显强于农村房地产调节。从横向来看，房地产资源配置的市场化程度低于其他资源市场，这既是房地产市场自身的不完全竞争性决定，无法保证自动实现最优配置，也是长期以来政府基于解决非效率性而直接参与配置，反而加剧了低效率的结局。也意味着乡村振兴战略中提高房地产市场机制效率，一方面需要坚持以市场配置资源为基础，继续推进农村宅基地改革，重点完善建设用地价格和农村房地产的市场形成机制；另一方面需要实行适时、恰当的政府规制，通过产权界定、完善制度等降低交易成本。

公正是人类追求的永恒目标，但不能为了达到公正而付出巨大代价。事实上，效率与公正有着一致的调节功能，高层次的公正是高效率的保障，高效率则是实现更高层次公正的前提。法经济学代表人物波斯纳更是明确指出"公正"有两种含义：以一定程度的经济平等为核心的分配正义，和在兼顾"为取得非经济的正义理想所应作的让步代价"基础上的公正——"也许是最普通的含义"的"效率"。[①] 市场机制无法自发形成公正，需要政府参与调控，也意味着房地产市场机制的公正，既要考虑到结果的公平，实现房地产收入与财富的分配平等，体现全体利益主体特别是弱势群体的意愿；更要注重过程的公正和规则的公正，通过政府宏观调控，对农村、农民集体和农民提供与城市、城市居民同样的发展机会。对远郊区农村、农民集体和农民提供与近郊区农村、农民集体和农民同样的发展机会，只有以公正作为乡村振兴战略下房地产市场发展的基本价值取向，确保发展机会平等，按贡献进行分配并开展合理调整，才能有效防止和消除市场经济固有的"效率至上"缺陷。

二 乡村振兴战略下房地产市场效率与公正目标的实现机制

基于实现效率与公正主体功能的房地产市场机制不是一个孤立的改革过程，需要相关机制的配合。

一是建立农村房地产市场激励相容的制度机制。无论是集体建

---

① ［美］理查德·A. 波斯纳：《法律的经济分析》，蒋兆康译，中国大百科全书出版社1997年版，第40页。

设用地的入市，还是宅基地的退出转让权属划分，都反映出我国房地产制度改革"牵一发而动全身"的特殊性，涉及中央政府、地方政府、农村集体组织、农民以及房地产开发商、用地企业、居民等诸多主体的利益变动，并且各主体利益目标取向各异。通过激励机制减少各主体对农村房地产市场的排斥、抗拒，有利于保障整体房地产市场机制效率与公正目标的实现。由于农村房地产市场机制的建立是在缩减地方政府现有利益基础上的改革，为减少抵触，中央政府首先需要通过顶层设计激励地方政府的改革积极性，包括财权的扩大、事权的缩小、地方税权的完善等，促使地方政府从直接参与土地市场转为间接调控与服务。而该改革对其他主体而言都利于利益增加，只需完善现有机制，进一步推动改革就可发挥激励参与作用，如积极推进集体建设用地的入市，增加建设用地供给量，降低地价等。

二是建立政府调控干预农村房地产市场的平衡机制。房地产市场的非完全竞争性，既是政府干预调控的结果，也是其特殊性决定。政府如何根据地方经济发展情况促进房地产市场，尤其是农村房地产市场的有效和公平并找出平衡点是该机制的核心。平衡既体现为通过调控提高城、乡一体房地产市场效率和通过干预实现一体房地产市场公平和谐之间的平衡，还体现为农村房地产市场资源配置中政府和市场调控的平衡。两种平衡的核心都是地方政府，需要地方政府适应房地产市场发展需求做好角色转型，逐步放手，减少对房地产市场的直接参与范围和干预力度，适度引入市场机制，遵循市场规律；同时要增加宏观指导、间接调控和直接服务的能力，在"放权""扩权"和"约束权力"同时并存的改革中更好地发挥作用。

三是建立城乡统一的房地产运行机制。要求以权利配置理论为基础，以现行房地产用益物权制度为立足点，结合我国现实社会经济情况，从集体经营性建设用地流转逐步推向宅基地流转，最后实现城乡统一建设用地市场。要把地方政府从房地产市场的"参与者""运动员"转变为"监督者""服务者"，实现对待集体建设用地与国有建设用地流转时的"一视同仁"，建立真正的城乡一体土地市场；实现对待宅基地与城市居民住房的"一视同仁"，建立城乡一体的房产市场。这既是房地产制度改革的应有之义，也是房地产及其税制改革衔接制度体系构建中应遵循的指针和实现房地产市场机制效率和公正目标的前提。

第三节 税制改革服从房地产市场体制公正和效率需求

城乡一体的改革中要求既要发挥源配置中市场机制的基础作用，又要重视宏观调控的"补缺"功能，具体到房地产税制的改革和设计上，就要处理好税收调控与房地产制度改革的关系。

一 房地产税制改革要配套房地产制度改革

房地产制度改革的对象是规范土地、建筑物及附着物的所有、使用和管理权益的规则；房地产税制改革的对象是对土地、建筑物及附着物在占有、使用、流转、处分过程的收益予以调节的税收规则。从二者的规范对象来看，房地产制度改革包括房地产税制改革，房地产税制改革是为保障房地产制度改革顺利推行并予以调控、规范的配套措施，不能脱离房地产制度改革而独立实施。

目前正在推行的集体经营性建设用地入市改革，实际上是国家对生产要素——土地资源初次分配的改革，也是房地产制度改革的精髓。理论上，资源初次分配应遵循市场机制，价格由市场供求状况决定，政府通过法律法规调节和规范就可以。但土地作为功能多样的特殊稀缺资源,在我国特有的城乡分治制度下,长期以来都由政府代表国家垄断供应,价格也因垄断供给而部分失真,天价"地王"频现。允许集体经营性建设用地入市就是以增加供给的方式部分引入市场竞争机制。该过程中,房地产税制改革应充分发挥税收的调节、规范功能,通过利益诱导和惩戒影响个人、企业、农村集体和地方政府的经济行为,使其符合国家宏观经济政策和房地产制度改革及调控的要求。

二 房地产税制改革要服从房地产市场体制改革

发达国家、地区的经验表明,与市场经济发展水平吻合、贯彻国家宏观经济政策及调控意图的高效、完善的房地产税收制度,是建立结构健全并合理运行的房地产市场的前提。如前所述,目前我国房地产市场体制改革强调既要促进效率还要保障公正,两个目标要齐头并进。作为配套措施的房地产税制改革,需要同样贯彻这两项目标并服从房地产市场体制的公正、效率要求,结合当前社会经济条件的制约和未来一定时期的预期,既能够让房地产产权人缴纳与其房地产收益规模相当的税款,把收益差距控制在合理区间;又要能够继续保证房地产市场的积极性和运行效率,并通过财政预算及公共支出安排将其用于保障和改善民生,最终让社会大众共享房地产收益。这也符合理论上对理想房地产税制的要求,即具有课税范围广泛、制度设计统一、不对经济活动造成扭曲至少不是累退的横向公平,以及易于管理、规定简单、有利于民主政治等特点[①]。

三 房地产税制公正与效率的实现机制

房地产税制的公正和效率密切相关,二者是互相促进、互为条

---

① 刘威:《房地产税税收限制的国际经验及启示》,《涉外税务》2013年第6期。

件的统一体。效率是公正的前提，如果房地产税制的公正阻碍了经济发展，即便公正，也没有意义；公正是效率的必要条件，失去了公正的房地产税制也不会发挥高效率。

房地产税制的公正包括广义和狭义两层。狭义上仅指房地产税自身的税收公平原则；广义上则指房地产税收调节收入分配的公正，即符合以支付能力作为征税依据的能力原则和以纳税人从政府公共支出中获益多少为征税依据的受益原则。根本上，其公正重在对私法所有权调整下形成的横向公平的再调整，是公权对私权领域的适度干预，目的是从横向的、形式的纠正正义走向纵向的、实质的分配正义。

房地产税制要求在遵守税收法定原则的同时，实现社会纵向分配的正义，其关键规范在于两点：税前扣除和税率。税前扣除可视为第一次调整，该对象是满足基本生存生活需求的房地产，是依据民商法而取得的财产收入，受私法中物权法的保护和调整。扣除时无论依据房地产套数还是面积，贯彻原理都可认为是私法中的物权保护和权利平等原则。不同税款的征收可视为第二次调整，是根据每个纳税人负担税收能力不同采取不同的税率，减免或征收不同程度的税费，贯彻税收法定原则和"量能课税"原则。通常通过房地产税累进性的发挥来体现，既要区别经营性与非经营性，城市、近郊区和远郊区；还要充分考虑土地增值而房屋贬值的矛盾，使房地产税整体设置上"重保有、轻流转，重土地、轻房产"，客观发挥资源配置和收入调节功能，从而保证房地产税制改革的权威性和公正性。

房地产税制的效率则指以最小的税收成本取得最大的税收收益，包括征收过程本身的效率和对经济运转效率的影响，即征收效率、经济效率和社会生态效率三个层面。在征收效率方面，要求兼顾我国税收征管现状，利用现代化技术降低征管成本，提高办税效率。这就需要税务、国土、房地产管理等部门的有效配合和信息共享，充分减少信息重复征集的成本浪费。经济效率则要求房地产税的征收要有效发挥调节功能，使其所引起的市场经济福利损失最小化。这就要求房地产税制的改革和房地产制度的改革必须同时进行，通过二者的配合使各方利益增减变化幅度有限，从而有效引导市场选择正常化。对地方政府，可以采用增加地方税收、缩减事权、增加转移支付等多项配合方式弥补"去土地财政"后的财政收支缺口；对地理条件优越的集体组织和农民，可通过城乡一体房地产市场的建立，逐步增加集体建设用地的直接入市指标，扩大受益范围和程度，并通过房地产税进行增量调节；对偏远地区的集体组织和农民，可通过政策性集体建设用地入市的推行和转移支付的方式提高发展收益的分享；对房地产需求方，可通过"去土地财政"降低成本，并通过房地产税调整收益。这种增减搭配的调整有利于房地产市场各类主体的税收额外负担最小化，从而实现经济效率。社会生态效率要求房地产税征收有利于生态环境的保护以及土地资源的有效利用。无论是对房产保有环节的征税，还是对闲置土地的惩罚性征税，房地产税以及配套税制的设置都可以很好地体现这一效率。

第四节 采用"试点、扩大、推广"的逐步改革路径

"中国的问题，压倒一切的是需要稳定。没有稳定的环境，什么都搞不成，已经取得的成果也会失掉。"[①] 在稳定思想指导下，我国经济改革始终坚持先试点，后推广，再到全面普及的稳定推进。

---

① 《邓小平文选》第 3 卷，人民出版社 1993 年版，第 284 页。

乡村振兴战略下的房地产制度及其税制改革同样不例外。

一 强化立法先行、顶层设计的功能

房地产制度及其税制改革涉及经济体制改革深处，如果缺乏顶层设计的相互配合，则可能产生制度摩擦。例如，2011年上海、重庆推行房产税试点改革时，两市各自印发的《对部分个人住房征收房产税改革试点的暂行办法》与国务院颁布实施的《房产税暂行条例》并不一致，学者们从税收法定原则对其法律效力产生质疑，认为立法依据不足，难以形成税负公平的认同感，甚至引发税收不遵从问题。[①]

近几年的研究也已充分表明，我国理论界对房地产制度及其税制改革研究逐渐由"政策修补"提升到"立法"层面，并已达成"先立法、再推进"的共识。在过去房地产制度及其税制改革探索中，不可否认中央政策起到了极大的推动作用，但也存在稳定性不够、缺乏可操作性、缺失制度的根源性规定等局限。仅房地产税制改革方向，从2003年《中共中央关于完善社会主义市场经济体制若干问题的决定》中提出开征物业税以来，先后经历2010年多部委联合出台调控措施时的加快推进"房产税改革试点工作"，和"十二五"规划以来的"推进房地产税立法"三种定调，事实上三类名称涉及的征税范围存在着明显区别。政策的这种易变也造就了房地产税制改革方向、措施的不确定，增加了改革难度。

而农村房地产制度则是目前国家改革的重点之一，无论是宅基地的抵押、退出及其"三权分置"的推进，还是集体经营性建设用地的入市，因与《物权法》《土地管理法》《担保法》等鲜明冲突，

[①] 详见徐国良《我国开征房产税的宪法学思考》，《江汉大学学报》2013年第3期；李丽娜《我国房产税的法理分析——以上海、重庆房产税改革试点为例》，硕士毕业论文，广州大学，2012年，第17—24页。

往往是"先授权、再改革",这是符合发展及改革需求的。但试点到一定阶段、时期后,就需要通过立法修订予以确定,否则,法律的权威性会受到影响。

房地产税收更是如此。税收的特性之一是"固定性",法与政策相比,具有明显的稳定性,这就要求房地产税必须通过立法方式予以固定,从根源上解决其创设问题和实践操作的不确定。目前全国人大常委会在立法规划中正在制定的"房地产税"就要发挥这种作用,通过法律的前瞻性将房地产税制放在地方税体系长期制度建设框架内整体考虑,实现财政收入与公平财富分配之间的合理配置功能,并将基本改革方向、目标、任务、阶段等确定下来,细节根据社会发展状况逐步适应。

二 采取"试点—扩大试点范围—全国推广"的改革路径

针对税制改革,哈维·S. 罗森指出"放慢向新税制转变的速度可能是合适的"[①],B. 盖伊·彼得斯也认为"除非万不得已,不要去改变税制"[②]。这些学者们的观点表明税制改革需要兼顾其经济影响和社会反应,循序渐进。

房地产税因涉及与国民经济息息相关的房地产制度,其改革往往具有"牵一发而动全身"的效应。面对改革的复杂性,更是应该从整个税收体系的平衡和房地产制度的完善考虑,按照"试点—扩大试点范围—全国推广"的改革路径长期而谨慎的推行。首先,房地产税的立法权限应该交回中央,全国人大应加快出台《房地产税法》,规制宏观征收目标、任务、对象等税制要素。但房地产税属于地方税,所以应该授予地方政府开征与否的决定权与申请权。其次,授予省级政府房地产税的开征决定权,并在《房地产税法》范

---

① [美] 哈维·S. 罗森:《财政学》第 7 版,中国人民大学出版社 2006 年版,第 288 页。
② [美] B. 盖伊·彼得斯:《税收政治学》,江苏人民出版社 2008 年版,第 189 页。

围内出台本地实施细则,报国务院审批后实施,试点范围可从市逐步扩大到省。最后,基于宏观调控需要,中央可先要求经济发达、房地产需求旺盛、价格过高的一线城市试点推行,进而逐步扩大到二线、三线城市,最后全国推广。在农村地区,可以先对集体经营性建设用地征收,然后逐步扩展到宅基地和农业经营用地;先从东南沿海城市农村和近郊区农村开始,然后扩展到中西部一般农业地区和远郊区。

由于各地房地产市场情形各异,在维护全国统一大市场的前提下,先行试点地区可结合当地调控需求后积极探索创新,后试点地区则可在总结先期试点成功经验的基础上,结合本地省情再完善。这一路径程序体现了政治上的合理性和可行性,有利于保持国家社会的稳定,也是乡村振兴视域下房地产制度及其配套税制改革路径的合理选择。

第五节 制度变迁中的次优选择

无论是房地产制度改革,还是房地产税制改革,都是一个制度变迁的过程。制度变迁中既存在路径依赖,使制度系统循着相当稳定的路径、顺着惯性缓慢演变;还存在打破既有规则的分散化试验,以及分散化自发选择中的各种制度创新的被认可,直到它们获得一个临界多数而变成新规则或被拒绝。[①]

诺斯认为制度变迁的路径取决于交易市场和收益市场两个因素。通常,市场自身的纷繁复杂及"市场失灵"的固有特性导致信息不完备及交易成本高,而制度设计者的有限理性决定着无法也不可能完全消除这两种弊端,设计出完全吻合市场需求的制度变迁初

---

① 柯武刚、史漫飞:《制度经济学——社会秩序与公共政策》,商务印书馆2008年版,第477页。

始制度内容，即初始制度的选择不可能是单一的，往往多种选择并存。因此，此时的选择只能是现有条件约束下的次优选择，会不断适应社会经济条件的改变而进一步变迁。在追求利益的变迁目的和收益递增的变迁效果的共同作用下，优势制度会产生自我强化力量，并以"路径依赖"形式促使制度变迁沿着既定方向在既有路径中不断发展、强化。

对于集体土地各种权利直接入市后的税收制度，其形成路径事实上受到诺斯提出的制度变迁因素的影响。一方面，我国目前正在推行的城乡一体房地产市场尚处于建设阶段，无论是交易方式，还是估价制度，各项要素都尚不完备并处于摸索阶段。这就使得房地产制度及其配套税制只是诸多选择中的一种，是在制度设计者有限理性和现有条件约束下的次优选择。另一方面，这种次优制度的选择不是固定不变的。作为一种相对较优的初始制度，会随着今后社会经济条件的改变、现实生活中的支持和制度有效自我实施机制，根据"税源变化引致税制变革"的税制变迁规律，在不断的学习、协调、适应中向更完善、更发达的状态变迁，进而形成收益递增。也会使政策制定者为追逐变革目标而适应变动的社会环境不断的反复实验，将相对无效的制度选择从中辨别、剔除，维护并推行相对较优的选择，使制度变迁轨迹良性化。但也有可能出现认识与实际不符的情形，政策制定者选择自以为相对较优而实际无效的制度，并在利益集团维护下形成路径闭锁，顽固抵制新的制度创新。

除此之外，集体土地各种权利的入市及其具体税收制度设计还受到了既定条件的限制。

一方面取决于我国的具体国情。我国的房地产制度有着不同于国外的特殊国情，包括土地国家所有权制度、城乡二元制度、身份权约束下的农村土地制度，以及在此基础上产生的宅基地与房屋二重产权、小产权房等。这些特殊国情下的问题，外国不可能有现成的理论和法律制度直接借鉴，与其对应的房地产税制也不能简单的照抄照搬。相反，应该根据具体国情与经济社会政策目标来确定制度框架与具体措施。

在具体制度选择中，一是不能忽视我国问题的特殊性，把用来解决外国问题的理论和制度作为根据，直接套用并提出我国的解决方案。如国外税收经济学研究房地产税与地方政府公共服务提供之间关系时，常用 Tiebout 模型中的"用脚投票"机制予以对策建议，但我国的户籍制度使该机制无法完全实施，意味着该理论无法用于准确衡量我国房地产税与地方公共服务的关系。

二是不能忽视我国问题背后复杂的社会因素，片面、孤立、缺乏全局意识地"因点而论"。在集体土地入市后的税收设计、选择中，既要考虑长期以来农村对城市发展的贡献，较好地贯彻"工业反哺农业、城市反哺农村"理念，还要考虑城市近郊区与沿海地区农村的发展已与城市相近，需要税收的同等调控问题。既不能以分享到城市化利益的极少发达农村代替全部农村，以偏概全，也不能完全忽视不顾。

三是不能超越我国发展的历史阶段，忽视国外已经先进、发达的现状和完善的法制规则，直接将其理论引入或将现成制度借鉴而提出解决我国问题的方案。我国房地产登记制度、估价机制、政府规划制度、税收法制的不健全，使从香港地区单一借鉴而来的土地出让金制度在有效筹集资金、促进城镇化发展的同时，出现了诸多负面效应。华生教授就指出"香港有特殊的卖地背景，当时是一个殖民地城市，没有农村、农民，不用收农民的地去卖，当年从所谓'官地'、从中国批出去的土地都在政府手上，所以我们的土地财政是学了世界上最坏的典型——就是香港"[①]。而前些年主张实施的对房、地保有环节的"物业税",也极易和香港地区的"物业税"混淆,引起功能、效果的误解。因此,借鉴外国或发达地区的成熟理论与制度时,要考虑我国国情,建立起与我国经济社会发展相适应的房地产税制才是适宜之举。

另一方面应适应我国城乡一体化的发展趋势。集体土地各种权利的入市及其具体税收制度选择应该坚持辩证的方式,以总量概念全方位设计,以动态理念瞻前设计,适应未来城乡一体化后的格局。

一是确定征税范围时,既要考虑到土地资源的有限,还要考虑到房地产价值增值的原因。从动态角度来看,当前我国农村集体土地非农使用后的价值高低不仅仅由集体土地数量多寡决定,更重要的是由工业化、城镇化发展对建设用地的需求以及建设用地市场供求情况决定。这就意味着房地产的级差收益除土地使用者自身投资以外,更多的是因社会发展政策、工商业发展需求等引致,国家有理由参与这种增值收益的再分配。

二是城乡一体化发展中,能较好享受到社会发展和房地产增值收益的农民只是沿海发达地区或地理位置靠近城市的近郊区农村的少量农民,这部分农民在争取更多土地权利的同时,可以凭借特定位置获得巨大的房地产收益,并可能过度利用土地权利而增加与政府的谈判筹码,需要通过国家权力进行一定的限制,也使得将其纳入房地产征税范围有一定的可行性。

三是对依然处于弱势地位的农业生产区农民,在城乡一体化尚未完全实现之前,有理由继续享有减税优惠,在城乡一体化程度较高阶段,则需取消城乡区别待遇。

[①] 华生:《小产权房是对法治社会的挑战》,和讯网(http://tv.hexun.com),2012年9月26日。

第六节　以税收制度保障土地的资源属性和房屋的居住属性

一　以税收制度保障土地的资源属性

集体土地各种权利的入市是市场经济条件下土地在产业间配置的变化过程。这个过程要求充分尊重土地的资源属性——有限性，既要充分发挥土地应有的价值效率，又要实现可持续的长期利用。长期以来，我国土地资源配置以政府制定规划、计划、最低出让价等行政管制手段为主，并因掌握信息不充分、土地管理者目标异化、交易寻租等原因，政府刚性管制不但没有解决市场问题、充分发挥土地的资源属性，反而加剧了"鬼城""高库存""无人村""形象工程"等房地产的过度开发利用，产生了政府失灵。与此同时，产权不清、市场发育不全、外部性明显等客观缺陷导致我国房地产资源配置并不完全具有市场机制产生作用的前提，价格体系不能完全反映资源利用中的外部成本和收益，又产生了市场失灵，为政府干预创造了条件。

因此，乡村振兴战略推行中，农村房、地产制度的改革步伐不能过大，推进市场化的同时通过反映市场价格体系的税费手段进行干预，弥补政府刚性调节低效与市场失灵并存的缺陷不容忽视。税收作为政府干预市场的重要经济政策工具和手段，其激励、约束功能可以改变产权施行行为成本，改变资源配置时的保有、流转取向，进而对资源集约利用决策产生影响；而税收又关系到地方政府的收入及支出，可以为资源配置提供良好的环境。集体土地各种权利入市后，充分发挥税收制度保障土地资源属性的积极作用，可通过以"简化税制、提高效率"为目标的流转环节税收改革来实现。

二 以税收制度保障房屋的居住属性

相比以"提高效率"为核心的城乡房地产流转税而言，我国保有环节房地产税收更是被赋予资源再配置、收入再分配、筹集财政收入、调控房地产市场、抑制房价等多种功能。在房价高企的今天，抑制房价已成为社会民众赋予保有环节房地产税开征的主要目标，但实际中税收并不是稳定房价的主要政策工具，开征后对房价的影响效果也无从得知。从土地财政的角度，房地产税被赋予组织财政收入、筹集公共资金的主要功能，但因收入水平和整体税负的限制，这一目标也有很大局限性。相比之下，调控资源再配置，从而保障房屋居住属性的目标无论是税收本身的保障、激励功能，还是房地产市场完善或制度改革的旨向，都更容易达成一致并实现。

我们认为在集体土地入市的新形势下，税收制度设计应以提高城乡房地产资源配置效率为核心，兼顾效率与公平，并在因房地产导致社会财富分配不公加剧、收入分化愈加严重的情形下，将体现基于公平理念的房地产制度设计与完善为重心，减少因提高效率而出现的扭曲，通过税收制度充分保障住房的居住属性。这和十八届三中全会提出的"初次分配和再分配都要兼顾效率和公平，再分配更加注重公平"的新型社会主义市场经济体制改革理念相吻合；也和当前推行的房地产制度改革目标以及地方政府与社会民众的预期相吻合，有利于解决地方政府的财政困境，缓解因财产占有不均而导致的贫富差距拉大趋势，实现"房子是用来住的"的调控理念，促进城乡房地产资源配置的一体化及发展的相对公平。

三 集体土地各种权利入市后的主体税种

"税源变化引致税制变革"的变迁规律意味着课税对象和税源状况对税制发展有重要影响。集体土地分为农用地、未利用地和建设用地三类，未利用地可根据用途转变为其余两种，因此，集体土地各种权利的入市事实上指农用地的承包经营权和建设用地的使用权。在"资源配置效率为核心、兼顾效率与公平"的税制设计总目标下，本着"简化税制、统一税种，整体转型、重在保有"的改革理念以及我国农业发展的特殊性，农用地可逐步推行保有环节的农地使用税。建设用地流转环节重在"简化税制、提高效率"，建议形成买方以契税为主、卖方以土地增值税为主的税制结构，包括取消印花税，全面完善土地增值税。保有环节重在"统一税种、整体转型"，即将房产税与土地使用税合并，共同征收"房地产税"。

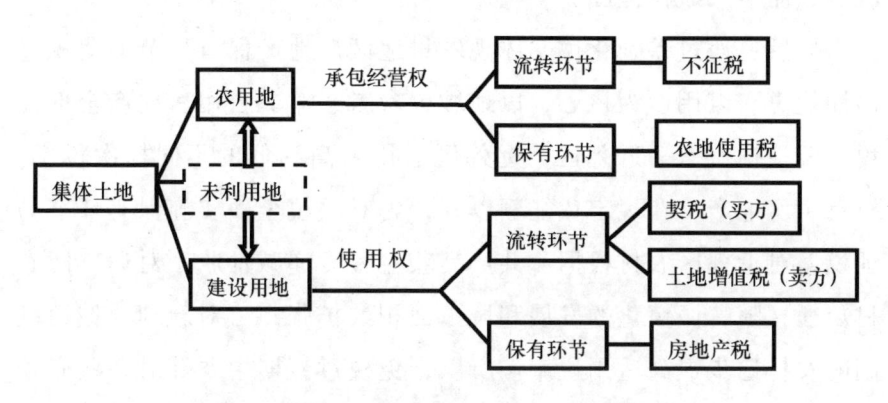

图 8—1　集体土地各种权利入市后的主体税种设计

四　农村房地产免税过渡期的设定与城乡一体化

集体建设用地的入市推进着城乡房地产市场一体化的形成，也要求建立起城乡一致的房地产产权范围。税收天然具有的产权确认与保护机制既是城乡房地产"同流转"的保障，也构成了城乡房地产市场一体化中"流转同税"的要求。但因农村与城市以及农村内部的地域差异、受益差异和收益差异，城乡一体房地产市场中的"流转同税"不可能完全一致，需要在同税种规制的前提下设置有期限、有差别的优惠政策和免税过渡期。

首先，广义房地产征税范围需要从地域上扩至全国，从环节上扩至各类建设用地的流转和保有环节。

其次，农村建设用地，包括未来的宅基地，应根据初次流转与再流转适用不同免税过渡期。农村房地产市场发展初期，初次流转实行税收优惠，再流转可与城市房地产流转一视同仁。等到市场成熟后，初次流转环节的优惠政策亦可取消。保有环节则应根据用途区分：经营性建设用地及其地上建筑物应该全部纳入征税范围，但可适当优惠于城市；公益性建设用地及其地上建筑物免征；宅基地分为自用和营业。自用性质的在地方核定标准内免税，对超出部分征收房地产保有税；营业性质通过出租、有偿借用等方式获得额外收益，需纳入缴税范围。

最后，通过差别化税率体现农村地区房地产保有环节的免税过渡期优惠。以用途为核心，以地域为参考，对非自用房地产全部征税，但根据城市—近郊区—远郊区适用由高到低的不同档次税率。对自用房地产，在规定免征额以外，先对城镇全面实施保有环节的征税，对近郊区农村根据公共产品获益程度递减征收，对远郊区农村免征；随着城镇化的发展和城镇面积的扩张，可对新划入城镇范围的农村逐步提高适用税率。所以，免税过渡期主要针对一些介于近郊区与远郊区之间的农村地区，这些地区在未实现城镇化之前，部分免税；但实现城镇化，并从政府公共产品提供中获益较多时，即可取消免税优惠。而该期限既要依赖城镇化的推进，还要依赖社会环境的改善。

参考文献

[1] Adma Wasilewski, Krzysztof Krukowski. Land Conversion for Suburban Housing: A Study of Urbanization Around Warsaw and Olsztyn, Poland [J]. *Environmental Management*, 2008, 34 (2).

[2] Dennis R. Heffley, Daniel P. Hewitt. Land-Use Zoning in a Local Economy with Optimal Property Taxes and Public Expenditures [J]. *Journal of Real Estate Finance and Economics*, 1988, (1).

[3] Edward L. Glaeser. The incentive effects of property taxes on local governments [J]. *Public Choice 1996*, (89).

[4] Geoffery Keith Turngull. Property taxes and the transition of land to Urban Use [J]. *Journal of Real Estate Finance and Economics*, 1988, (1).

[5] Jan K. Brueckner, Hyun-A Kim. Urban Sprawl and the Property Tax [J]. *International Tax and Public Finance*, 2003, (10).

[6] John D. Benjamin, N. Edward Coulson, Shiawee X. Yang. Real Estate Transfer Taxes and Property Values: The Philadelphia Story. [J]. *Journal of Real Estate Finance and Economics*, 1993, (7).

[7] John E. Anderson. Two-Rate Property Tax Effects on Land Develop-

ment [J] . *Journal of Real Estate Finance and Economics*, 1999, 18 (2) .

[8] John M. Clapp, Carmelo Glaccotto . Estimating Price Trends for Residential Property: A Comaparison of Repeat Sales and Assessed Value Methods [J] . *Journal of Real Estate Finance and Economics*, 1992, (5) .

[9] John M. Clapp. A New Test for Equitable Real Estate Tax Assessment [J] . *Journal of Real Estate Finance and Economics*, 1990 (3) .

[10] Jonathan H. Mark and Norman E. Carrthers. Property Values as a Measure of Ability-to- pay: An Empirical Examination [J] . *The Annals of Regional Science*, 1983, 17 (2) .

[11] Joshua Vincent. Neighborhood Revitalization and New Life: A Land Value Taxation Approach [J] . *American Journal of Economics and Sociology*, 2012, 71 (4) .

[12] Jyh-Bang Jou &, Tan Lee. Neutral Property Taxation Under Uncertainty [J] . *Real Estate Finan Econ*, 2008, (37) .

[13] Jyh-Bang Jou &, Tan Lee. Taxation on Land Value and Development When There Are Negative Externalities from Development [J] . *Real Estate Finan Econ*, 2008, (36) .

[14] Man Cho, Isaac F. Megbolugbe. An Empirical Analysis of Property Appraisal and Mortgage Redlining [J] . *Journal of Real Estate Finance and Economics*, 1996, (13) .

[15] Mercy Brown-Luthango. Access to Land for the Urban Poor—Policy Proposals for South African Cities [J] . *Urban Forum*, 2010 (21) .

[16] Seong-Hoon Cho, Seung Gyu Kim, Roland K. Roberts. Measuring

the Effects of a Land Value Tax on Land Development [J]. *Appl. Spatial Analysis*, 2011, (4).

[17] Shelley M. Mark & Hiroshi Yamauchi. Agricultural Use Value Taxation and Farmlands Preservation: A Basic Inconsistency [J]. *The Annals of Regional Science*, 1982, 16 (2).

[18] [英] 阿弗里德·马歇尔:《经济学原理》,廉运杰译,华夏出版社 2004 年版。

[19] 北京大学中国经济研究中心宏观组:《中国物业税研究:理论、政策与可行性》,北京大学出版社 2007 年版。

[20] 布坎南:《自由、市场与国家》,上海三联书店 1989 年版。

[21] 蔡红英、范信葵:《房地产税国际比较研究》,中国财政经济出版社 2011 年版。

[22] 陈志勇、陈莉莉:《"土地财政"问题及其治理研究》,经济科学出版社 2012 年版。

[23] 程瑶:《土地财政与中国房地产税》,南京大学出版社 2013 年版。

[24] 邓宏乾:《中国房地产税制研究》,华中师范大学出版社 2000 年版。

[25] 邓宏乾:《中国城市主体财源问题研究——房地产税与城市土地地租》,商务印书馆 2008 年版。

[26] 丁芸:《中国土地资源税制优化研究》,经济科学出版社 2010 年版。

[27] 贺雪峰:《地权的逻辑——中国农村土地制度向何处去》,中国政法大学出版社 2010 年版。

[28] 贺雪峰:《地权的逻辑Ⅱ——地权变革的真相与谬误》,东方出版社 2013 年版。

[29] [德] 柯武刚、史漫飞:《制度经济学——社会秩序与公共政

策》,商务印书馆 2000 年版。

[30] 江华、杨秀琴:《农村集体建设用地流转——制度变迁与绩效评价》,中国经济出版社 2011 年版。

[31] [美]理查德·A. 波斯纳:《法律的经济分析》,蒋兆康译,中国大百科全书出版社 1997 年版。

[32] 卢现祥、刘大洪主编:《法经济学》,北京大学出版社 2007 年版。

[33] 卢现祥、朱巧玲主编:《新制度经济学》,北京大学出版社 2007 年版。

[34] 骆祖春:《中国土地财政问题研究》,经济科学出版社 2012 年版。

[35] 李晶:《中国房地产税收制度改革研究》,东北财经大学出版社 2012 年版。

[36] 刘洋:《房地产税制经济分析》,中国财政经济出版社 2009 年版。

[37] 马克思:《资本论》(全 3 卷),人民出版社 2004 年版。

[38] 《马克思恩格斯选集》(全 4 卷),人民出版社 1972 年版。

[39] 潘世炳:《中国城市国有土地产权研究》,企业管理出版社 1991 年版。

[40] 秦勇:《"土地财政"法律规制改革研究》,中国政法大学出版社 2013 年版。

[41] 吴次芳、靳相木:《中国土地制度改革三十年》,科学出版社 2009 年版。

[42] 汪晖、陶然:《中国土地制度改革难点、突破与政策组合》,商务印书馆 2013 年版。

[43] 王洪卫:《房地产租税费改革研究》,上海财经大学出版社 2005 年版。

[44] 汪利娜：《中国城市土地产权制度研究》，社会科学文献出版社 2006 年版。

[45] 王世元主编：《新型城镇化之土地制度改革路径》，中国大地出版社 2014 年版。

[46] 谢伏瞻：《中国不动产税制设计》，中国发展出版社 2006 年版。

[47] 徐洪才：《中国产权交易市场研究》，中国金融出版社 2006 年版。

[48] ［英］亚当·斯密：《国民财富的性质和原因的研究》，郭大力、王亚南译，商务印书馆 1972 年版。

[49] 杨遂全等：《"小产权房"处置与土地制度创新——以城乡房上联建权合法化为突破口》，法律出版社 2013 年版。

[50] ［美］约翰·G. 斯普兰克林：《美国财产法精解》，钟书峰译，北京大学出版社 2009 年版。

[51] 张琦、邹晓云、王宏新、王昊：《中国土地制度改革的新思考》，北京师范大学出版社 2014 年版。

[52] 张立彦：《中国政府土地收益制度研究》，中国财政经济出版社 2010 年版。

[53] 张学诞：《中国房地产税：问题与探索》，中国财政经济出版社 2013 年版。

[54] 朱润喜：《中国涉农税制研究——基于现行税制的分析》，经济科学出版社 2009 年版。

[55] 邹伟等：《中国土地税费的资源配置效应与制度优化》，科学出版社 2013 年版。

[56] 黄睿：《我国政府土地优先购买权制度研究》，硕士学位论文，西南政法大学，2011 年。

[57] 朱小平：《国家土地所有权的行使》，博士学位论文，西南政

法大学，2015 年。

[58] 朱良元：《新增建设用地指标分解技术方法和研究——以陕西省为例》，硕士学位论文，长安大学，2009 年。

[59] 谭日辉：《城乡一体化：一个社会选择理论的分析视角》，《湖南社会科学》2010 年第 3 期。

[60] 刘守英：《中国的二元土地权利制度与土地市场残缺——对现行政策、法律与地方创新的回顾与评估》，《经济研究参考》2008 年第 31 期。

[61] 宓明君：《论中国发展城市房地产的不公平及其克服——基于二元社会结构的视角》，《社会科学战线》2013 年第 5 期。

[62] 郑云峰、李建建：《我国城乡建设用地市场一体化的问题探究与对策前瞻》，《江西农业大学学报》2012 年第 2 期。

[63] 陈志刚、曲福田、韩立、高艳梅：《工业化、城镇化进程中的农村土地问题：特征、诱因与解决路径》，《经济体制改革》2010 年第 5 期。

[64] 赵晋琳：《当前我国房地产税制中存在的主要问题》，《涉外税务》2004 年第 4 期。

[65] 宋丽颖、唐明：《开征物业税——现行房地产税制改革的契机》，《财政研究》2005 年第 1 期。

[66] 石坚：《关于优化我国房地产税制结构的设想》，《税务研究》2008 年第 4 期。

[67] 李秀梅：《关于我国现行房地产税制的思考》，《经济论坛》2011 年第 7 期。

[68] 沈晖：《改革我国房地产税制的法律思考》，《政治与法律》2002 年第 3 期。

[69] 岳树民、王海勇：《我国现行房地产税制的现状与问题分析》，《扬州大学税务学院学报》2004 年第 9 期。

［70］张娟锋、刘洪玉：《中国房地产制度改革的内在逻辑及其发展趋势分析》，《河北经贸大学学报》2009 年第 11 期。

［71］夏心写：《中国房地产制度设计的难度及方向》，《国际融资》2014 年第 5 期。

［72］徐诺金：《我国房地产市场的根本出路在于深化市场化改革》，《征信》2014 年第 1 期。

［73］陈美球、刘桃菊：《城乡发展一体化目标下的农村土地制度创新思考》，《中国土地科学》2013 年第 4 期。

［74］刘明慧、崔惠玉：《建立房地产保有环节课税制度的探讨》，《税务研究》2007 年第 6 期。

［75］郭维真、刘剑文：《论房产保有之税制改革》，《税务研究》2010 年第 8 期。

［76］国务院发展研究中心课题组、谢伏瞻、林家彬：《不动产税的税种、税率设计和税收归属的探讨与建设》，《中国发展观察》2006 年第 8 期。

［77］马国强、李晶：《房产税改革的目标与阶段性》，《改革》2011 年第 2 期。

［78］李明会：《房地产税改的难点、步骤及深层次问题综述》，《重庆工商大学学报》（西部论坛）2007 年第 1 期。

［79］石坚：《论我国房地产税制改革的目标与途径》，《涉外税务》2007 年第 7 期。

［80］吴旭东、王春雷、李晶：《我国不动产课税体系设计研究》，《财经问题研究》2008 年第 7 期。

［81］巴曙松：《当前中国房地产税制改革的政策选择》，《内蒙古金融研究》2010 年第 1 期。

［82］雷根强：《试论我国财产课税制度的改革和完善》，《财政研究》2000 年第 3 期。

[83] 史玲:《构建合理的房地产租税调节体系》,《税务研究》2005年第5期。

[84] 钟大能:《土地出让金去租改税的动因、效应及对策研究》,《西南民族大学学报》(人文社会科学版)2013年第3期。

[85] 马克和:《我国开征物业税的难点及现实选择》,《税务研究》2004年第4期。

[86] 杜一峰:《从税收增长及宏观调控看房地产税制改革》,《税务研究》2008年第4期。

[87] 樊勇:《深化我国房地产税制改革:体系构建》,《中央财经大学学报》2008年第9期。

[88] 胡洪曙、杨君茹:《财产税替代土地出让金的必要性及可行性研究》,《财贸经济》2008年第9期。

[89] 周天勇、张弥:《城乡二元结构下中国城市化发展道路的选择》,《财经问题研究》2011年第3期。

[90] 郭云钊、巴曙松、尚航飞:《物业税改革对房地产价格的影响研究——基于土地出让金视角的面板分析》,《经济体制改革》2012年第6期。

[91] 何振一:《物业税与土地出让金之间不可替代性简论》,《税务研究》2004年第9期。

[92] 刘尚希:《财产税改革的逻辑》,《涉外税务》2007年第7期。

[93] 唐在富:《中国政府土地相关收入的财政学属性分析——兼论土地出让收入渝房地产税并存的理论依据》,《发展研究》2013年第11期。

[94] 白彦锋:《土地出让金与我国的物业税改革》,《财贸经济》2007年第4期。

[95] 奚卫华、尚元君:《论物业税与土地出让金的关系》,《宁夏大学学报》(人文社会科学版)2010年第2期。

［96］费茂清、石坚:《对我国房地产税制改革的几点看法》,《涉外税务》2012年第11期。

［97］钟大能:《土地出让金去租改税的动因、效应及对策研究》,《西南民族大学学报》(人文社会科学版) 2013年第3期。

［98］姜玉娟:《房地产税制改革若干问题的探讨》,《北京石油管理干部学院学报》2012年第2期。

［99］王小映:《平等是首要原则——统一城乡建设用地市场的政策选择》,《中国土地》2009年第4期。

［100］张银银、陶振华:《试论我国城乡二元土地制度的弊端与对策》,《商业时代》2010年第10期。

［101］刘昭:《城乡一体化进程下的土地制度探究》,《襄樊学院学报》2012年第7期。

［102］郑云峰、李建建:《近十年我国房地产宏观调控政策的回归与思考》,《经济纵横》2013年第10期。

［103］吴春岐、李嘉:《我国集体建设用地流转制度研究》,《中国房地产》2013年第2期。

［104］黄小虎:《建立城乡统一的建设用地市场研究》,《上海国土资源》2015年第2期。

［105］汪晓华:《构建城乡统一建设用地市场:法律困境与制度创新》,《江西社会科学》2016年第11期。

［106］刘玲、邹文涛、林肇宏、陈诗高:《农村集体经营性建设用地入市定价空间的经济学分析》,《海南大学学报》(人文社会科学版) 2015年第7期。

［107］樊丽明、李华、郭健:《城镇化进程中的房地产税制改革研究》,《当代财经》2006年第7期。

［108］谢罗奇、易利杰、黄运:《统一城乡税制:条件、问题与步骤》,《财经理论与实践》2007年第5期。

[109] 王诚尧：《现阶段持续推进城乡税制统一改革的意见》，《财政研究》2011年第10期。

[110] 戴双兴：《开征累进物业税的战略构想》，《财经科学》2010年第2期。

[111] 郑卫东、张瑞琰：《对个人房产征收房产税若干问题的思考》，《经济体制改革》2013年第3期。

[112] 郭玲、王玉：《国情约束下的房产税税制设计分析》，《郑州大学学报》（哲学社会科学版）2013年第3期。

[113] 鲁晓明：《论城乡二元房地产制度的困境与解决路径——从城市房价高企现象展开》，《2010年度（第八届）中国法经济学论坛论文集》（上册）。

[114] 王凤飞：《我国房地产税制的优化设计及可行性研究》，《河北经贸大学学报》（综合版）2014年第3期。

[115] 靳东升：《中国开征物业税面临的若干问题》，《中国金融》2009年第12期。

[116] 程瑶：《发达国家房地产税制体系比较与借鉴》，《大连理工大学学报》（社会科学版）2012年第6期。

[117] 涂京骞、王波冰、涂龙力：《房地产税立法与改革中几个重要问题的破解思路》，《国际税收》2014年第4期。

[118] 席克正：《从威廉·配第到大卫·李嘉图的古典学派财政学说》，《财经研究》1986年第9期。

[119] 吴兆莘：《马克思恩格斯论租税——论资本主义租税的本质》，《中国经济问题》1962年第10期。

[120] 冯鸿：《从辩证逻辑角度理解级差地租Ⅱ》，《南京财经大学学报》2005年第2期。

[121] 洪名勇：《论马克思的土地产权理论》，《经济学家》1998年第1期。

[122] 郭新年、辛元：《土地产权制度三题》，《人文杂志》1999年第4期。

[123] 任寿根：《产权税收理论初探》，《涉外税务》2005年第4期。

[124] 刘晔：《对税收本质的重新思考——基于制度视角的分析》，《当代财经》2009年第4期。

[125] 王炫燕：《集体经营性建设用地使用权流转法律问题研析》，《中国不动产法研究》第12卷。

[126] 谭荣华、温磊等：《从重庆、上海房产税改革试点看我国房地产税制改革》，《税务研究》2013年第2期。

[127] 汪凤麟、经庭如、董黎明：《房产税试点改革的方向与路径选择》，《经济体制改革》2013年第5期。

[128] 张铭洪：《城市土地收益制度的国际比较与启示》，《中国经济问题》1998年第5期。

[129] 李渊丰：《从分税制看土地财政的产生和解决——兼与美国地方政府财政之比较》，《阴山学刊》2013年第1期。

[130] 王旭：《加州宪法第13条修正案与美国财产税改革》，《史学集刊》2014年第2期。

[131] 王宏利：《美国土地财政收入演进规律及启示》，《地方财政研究》2011年第5期。

[132] 杨冬梅：《我国不动产税制存在的问题及改革措施》，《对外经济贸易大学学报》2004年第4期。

[133] 吴福象、徐宁：《基于财产税视角的我国房地产税制改革研究》，《现代管理科学》2012年第8期。

[134] 王晓颖：《英国土地制度变迁史及对我国的启示》，《经济体制改革》2013年第1期。

[135] 罗明：《对我国土地立法的思考——从英国土地法规体系谈

起》,《中国土地科学》1995年第6期。

[136] 金洪:《欧洲物业税征收经验及借鉴研究》,《中国集体经济》2010年第4期。

[137] 周义:《英国的房地产市场与住房政策及其启示》,《学术研究》2003年第6期。

[138] 骆祖春、赵奉军:《香港房地产财税体制设计及对内地改革的参照意义》,《地方财政研究》2016年第2期。

[139] 戴霞:《香港房地产法律制度给我们的启示》,《港澳经济》1996年第10期。

[140] 李泠烨:《土地使用的行政规制及其宪法解释——以德国建设许可制为例》,《华东政法大学学报》2015年第3期。

[141] 赵尚朴:《德国的城市土地使用制度》,《中国房地产》1994年第6期。

[142] 郇公弟:《德国房价缘何十年不涨》,《新湘评论》2011年第4期。

[143] 陈洪波、蔡喜洋:《德国住房价格影响因素研究》,《金融评论》2013年第1期。

[144] 谷彦伟:《德国房地产税制及启示》,《中小企业管理与科技》2012年第10期。

[145] 汤祺、刘云:《日本不动产保有税浅析》,《国际研究参考》2013年第9期。

[146] 董裕平、宣晓影:《日本的房地产税收制度与调控效应及其启示》,《金融评论》2011年第3期。

[147] 张弛:《土地制度和土地政策：台湾与大陆的比较研究》,《河北经贸大学学报》2013年第5期。

[148] 厦门市地方税务局课题组:《海峡两岸房地产税制比较研究》,《福建论坛》(人文社会科学版)2011年第9期。

[149] 林国建：《借鉴台湾地区经验，完善大陆房地产税制》，《华商》2008年第18期。

[150] 晓邢：《试比较大陆与台湾的土地改革》，《殷都学刊》1995年第4期。

[151] 承勇：《台湾地区土地税的地位和作用》，《中外房地产导报》2000年第18期。

[152] 李昌平、周婷：《台湾的土地制度》，《江苏农村经济》2010年第1期。

[153] 桂华：《城乡建设用地二元制度合法化辨析——兼论我国土地宪法秩序》，《法学评论》2016年第1期。

[154] 宋茂华、杜明才等：《农地产权、征地制度与农民利益关系研究》，《商业经济研究》2016年第1期。

[155] 詹王镇、刘振宏：《城乡一体化进程中农民土地权益保障路径及实现机制研究》，《江汉大学学报》2016年第3期。

[156] 贾生华、张宏斌等：《城市土地储备制度：模式、效果、问题和对策》，《现代城市研究》2001年第3期。

[157] 夏方舟、严金明：《土地储备、入市影响与集体建设用地未来路径》，《改革》2015年第3期。

[158] 杨庆媛、鲁春阳：《重庆地票制度的功能及问题探析》，《中国行政管理》2011年第12期。

[159] 李晶：《中国新一轮税制改革的重点与安排》，《宏观经济研究》2015年第1期。

[160] 王树锋、霍丽娟：《我国房地产税收改革核心策略初探》，《财会月刊》2016年第29期。

[161] 罗昌才：《土地财政、房地产调控与土地增值税制度》，《现代经济探讨》2014年第8期。

[162] 王婷婷：《缺位与再造：农村集体建设用地流转的税收问题

检思》,《广西社会科学》2016年第8期。

[163] 陈义国、孙飞:《地方政府推动城市化发展的理论分析》,《贵州社会科学》2014年第3期。

[164] 徐阳光:《房地产税制改革的立法考量》,《税务研究》2011年第4期。

[165] 韩康:《启动中国农村宅基地的市场化改革》,《国家行政学院学报》2008年第4期。

[166] 曹强:《农村宅基地流转法律问题研究》,《特区经济》2012年第1期。

[167] 张守文:《论税法上的"可税性"》,《法学家》2000年第5期。

[168] 翟全军、卞辉:《城镇化深入发展背景下农村宅基地流转问题研究》,《农村经济》2016年第10期。

[169] 苏明、施文泼:《我国房地产税制度改革研究研究》,《经济参考研究》2016年第9期。

[170] 刘保奎:《拓权延利:将城郊作为推进土地制度改革的突破口》,《中国房地产》2013年第15期。

[171] 郭克莎:《中国房地产市场的宏观定位、供给机制与改革取向》,《经济学动态》2015年第9期。

[172] 张换兆、郝寿义:《制度租、土地增值收益与政府行为》,《制度经济学研究》2008年第2期。

[173] 王国清、费茂清、张玉婷:《房地产税与土地产权的理论研究》,《财政研究》2015年第8期。

[174] 何杨:《存量房房产税征收的效应分析与影响测算》,《中央财经大学学报》2012年第3期。

[175] 安体富、窦欣:《我国土地出让金:现状、问题及政策建议》,《南京大学学报》2011年第1期。

[176] 邓靖:《土地财政模式转型的思考》,《中国财政》2013年第14期。

[177] 杜娟:《税制改革视角下的中央和地方财政关系调整研究》,《河南社会科学》2013年第11期。

[178] 陶钟太朗:《论城乡一体化视域下集体土地所有权的走向》,《中国土地科学》2015年第3期。

[179] 贾康、梁季:《市场化、城镇化联袂演绎的"土地财政"与土地制度变革》,《中国发展观察》2015年第5期。

[180] 蔡旺清:《我国房地产税费租的协调性研究》,《税收经济研究》2015年第5期。

[181] 杨遴杰、周文兴:《中国政府土地优先购买权功能分析》,《中国土地科学》2011年第2期。

[182] 夏方舟、严金明:《土地储备、入市影响与集体建设用地未来路径》,《改革》2015年第3期。

[183] 胡学奎:《房地产税改革:基于财政改革整体性与受益原则的制度设计》,《地方财政研究》2015年第6期。

[184] 刘明慧、赵敏捷:《房地产税改革定位的相关问题辨析》,《财政金融研究》2014年第3期。

[185] 徐文:《集体公益性建设用地政治与经济属性开发论》,《西南民族大学学报》(人文社科版)2015年第8期。

[186] 杨璐璐:《我国城镇化建设、土地政策关联度及其实态因应》,《经济管理》2013年第3期。

[187] 袁业飞:《新型城镇化:解套土地财政——新型城镇化如何破题?》,《中华建设》2013年第9期。

[188] 许经勇:《高房价、高地价与房产税的深层思考》,《南通大学学报》(社会科学版)2011年第2期。

[189] 陶然、孟明毅:《土地制度改革:中国有效应对全社会住房

需求的重要保证》,《国际经济评论》2012年第2期。

[190] 钟大能:《公平与效率:我国房地产税制的功能取向与税种设置改革研究》,《改革与战略》2008年第8期。

[191] 潘文轩:《改革关联视角下我国房地产税改革问题分析》,《经济体制改革》2015年第3期。

[192] 邱泰如:《论房产税的公平、效率及政策》,《经济研究参考》2014年第45期。

[193] 温来成:《我国房产税税式支出政策改革探究》,《税务研究》2012年第11期。

[194] 王克强、赵露、刘红梅:《城乡一体化的土地市场运行特征及利益保障制度》,《中国土地科学》2010年第12期。

[195] 贾康、苏京春:《财政分配"三元悖论"制约及其缓解路径分析》,《财政研究》2012年第10期。

[196] 杨晚香:《房地产税保有阶段税收规制研究》,《财税法论丛》(第15卷)。

[197] 汪利娜:《房地产税的关联因素与良性方案找寻》,《改革》2015年第4期。

[198] 李燕:《高房价时代,"小产权房"应何去何从》,《中华建设》2009年第7期。

[199] 李光德:《产权论视域下小产权房开发管制的经济分析》,《云南师范大学学报》2010年第9期。

[200] 黄维芳:《产权理论框架下小产权房的开发管制研究》,《经济体制比较》2011年第1期。

[201] 赖华子:《农村小产权房及其流转的法律规制》,《农业经济》2013年第7期。

[202] 许经勇:《我国农村土地制度改革的演进轨迹》,《湖湘论坛》2017年第2期。

[203] 张红宇：《准确把握农地"三权分置"办法的深刻内涵》，《农村经济》2017年第8期。

[204] 栾庆琰：《美国房产税的税收优惠机制》，《中国城市经济》2011年第12期。

[205] 洪名勇：《论马克思的土地产权理论》，《经济学家》1998年第1期。

[206] 姚洋：《中国农地制度：一个分析框架》，《中国社会科学》2000年第2期。

[207] 周其仁：《农地产权与征地制度——中国城市化面临的重大选择》，《经济学》（季刊）2004年第10期。

[208] 徐汉明：《农村宅基地使用权流转问题研究——基于武汉市江夏区实地调研的思考》，《经济社会体制比较》2012年第11期。

[209] 郭正模：《市场经济体制下的我国农户宅基地的产权及其制度改革方向》，《中共四川省委省级机关党校学报》2010年第2期。

[210] 张光宏：《农村宅基地使用权制度研究》，《中国流通经济》2009年第11期。

[211] 彭长生：《农民对宅基地产权认知情况及其差异——基于安徽省6县1413个农户的问卷调查》，《华南农业大学学报》（社会科学版）2012年第2期。

[212] 黄燕芬、王淳熙、张超、陈翔云：《建立我国住房租赁市场发展的长效机制——以"租购同权"促"租售并举"》，《价格理论与实践》2017年第10期。

[213] 朱一中、曹裕：《农地非农化过程中的土地增值收益分配研究——基于土地发展权的视角》，《经济地理》2012年第10期。

[214] 汪晖、陶然：《论土地发展权转移与交易的"浙江模式"——制度起源、操作模式及其重要含义》，《管理世界》2009年第8期。

[215] 周诚：《关于我国农地转非自然增值分配理论的新思考》，《农业经济问题》2006年第12期。

[216] 杨红朝：《论农民公平分享土地增值收益的制度保障》，《农村经济》2015年第4期。

[217] 郑振源：《新型城镇化与土地制度改革》，《科学发展》2014年第3期。

[218] 戴双兴：《新型城镇化背景下地方政府土地融资模式探悉》，《中国特色社会主义研究》2013年第6期。

[219] 高桂玲、王莉红：《县乡财政体制两种模式分析》，《中国财政》2009年第18期。

[220] 高凤勤、许可：《遗产税制度效应分析与我国的遗产税开征》，《税务研究》2013年第3期。

[221] 单顺安：《我国开征遗产税的意义及制度安排》，《税务研究》2013年第3期。

[222] 刘荣、刘植才：《开征遗产税——我国经济社会发展的历史选择》，《税务研究》2013年第3期。

[223] 陈少英：《论走向"税收国家"的中国遗产税之建制基础》，《政法论丛》2015年第1期。

[224] 孙成军：《当前我国开征遗产税不具可行性》，《山东社会科学》2014年第1期。

[225] 谢百三、刘芬：《再论中国近期不宜开征遗产税》，《价格理论与实践》2014年第2期。

[226] 陈明艺、李倩：《我国遗产税征税范围探讨及国际经验借鉴》，《税务经济研究》2016年第3期。

［227］贺雪峰：《关于实施乡村振兴战略的几个问题》，《南京农业大学学报》（社会科学版）2018 年第 3 期。

［228］杜伟、黄敏：《关于乡村振兴战略背景下农村土地制度改革的思考》，《四川师范大学学报》（社会科学版）2018 年第 1 期。

［229］刘威：《房地产税税收限制的国际经验及启示》，《涉外税务》2013 年第 6 期。

后 记

房地产制度及其税制改革是一个综合、复杂的体系，涉及政府、农村集体、城乡居民、工商企业等多方主体的博弈与利益平衡，也涉及城乡间、区域间、民众间的房地产要素流动与再分配，还涉及国家城镇化、工业化战略的推进，以及推进过程中的宏观政策调控与经济、社会、政治等各方面的发展，因此，二者的改革交汇运行应该是一个多目标实现、多环节配套、多层次结构相互作用的过程，研究意义重大，也值得我们从不同的研究领域或角度进行深入研究。本书仅从集体经营性建设用地入市、去"土地财政"和城乡一体化三个角度对房地产制度及其税制改革的交汇对策予以研究，受知识水平、资料与篇幅所限，并囿于数理分析的欠缺，对一些结论的分析细化程度还略显不足，今后需要继续深化研究。事实上，房地产制度与房地产税制的改革因涉及国民经济的方方面面，无论是改革的设计，或是改革的推进，都难以全面兼顾，做到十全十美，对其研究也只能局部析之。"路漫漫其修远兮"，还需继续深化而求索。

时光荏苒，岁月如梭，书稿的完成是几年来孜孜不倦学习的成果，更是昔日四川大学博士在职学习生涯的收获。感谢恩师杨遂全教授自入学后到今日持续不断的悉心调教、精心指导，无论任何时候，恩师从不敷衍对我学习的指点，认真审阅并提出详细修改意见，帮我提炼主题、提高层次，取得一步步的学业进展。感谢工作单位孙光慧处长、陈永奎处长和学院领导及诸多同事的帮助，无论是工作、学习中提供的各种便利、鼓励和帮助，还是书稿思路的拓展、修正和出版，都有难以忘怀的感激。感谢父母一直以来对我各个阶段学习道路选择的支持，感谢爱人和孩子的陪伴，苦乐兼具，五味杂陈。

奋斗至此，感激不尽，感恩终身。

孙阿凡

2018 年 6 月 18 日